PRACTICE
MAKES
PERFECT®

Italian
Reading and
Comprehension

Riccarda Saggese, PhD

McGraw Hill Education

New York   Chicago   San Francisco   Athens   London   Madrid
Mexico City   Milan   New Delhi   Singapore   Sydney   Toronto

1 2 3 4 5 6 7 8 9 10   QVS/QVS   1 0 9 8 7 6 5 4

ISBN   978-0-07-179895-2
MHID   0-07-179895-1

e-ISBN   978-0-07-179896-9
e-MHID   0-07-179896-X

Library of Congress Control Number 2013947036

McGraw-Hill Education products are available at special quantity discounts
to use as premiums and sales promotions or for use in corporate training
programs. To contact a representative, please visit the Contact Us pages at
www.mhprofessional.com.

This book is printed on acid-free paper.

A Giuseppe
a Luca e Jennifer, Bruno e Christine, Paolo e Kristen
a Gabriella, Antonio, Valentina, Sabrina, Matteo e Massimo
perchè siete sempre con me

Contents

v

Introduction

What better way to learn a language than to be fully immersed into the everyday life, culture, and traditions of people who speak it? This book guides the reader through a journey of cultural and linguistic growth, which will improve his or her knowledge of the Italian language in all four skill areas: listening, speaking, reading, and writing. The goal of this book is to expose the reader to Italian culture, while providing him or her with the necessary skills for learning and expanding his or her use of the Italian language. The readings relate to everyday life as well as to holidays and traditions. They are the result of research done in books, magazines, newspapers, and websites, and from memories of the author. Authentic contemporary Italian literature provides essential insight to proper writing strategies. The organization of this book and the information it contains are consistent with the Five C's of Foreign Language Education as recommended by the American Council on the Teaching of Foreign Languages (ACTFL).

The book is divided into three sections:

- Part I: A representation of important topics valuable for gaining knowledge and understanding of Italian society and lifestyles.
- Part II: An examination of Italian holidays and traditions designed to give precious background information of history and culture.
- Part III: An introduction to four contemporary writers, highlighting their works and contributions to literature. Each literary passage engages the reader by offering a look into the lives of Italians from childhood through adolescence, from the post-WWII era to the present.

Each chapter is structured systematically with pre-reading and post-reading segments:

1. **Prima di leggere (pre-reading).** This section, meant to be studied before reading the literary passage, provides vocabulary lists to introduce nouns, verbs, adjectives, adverbs, and phrases that will help you understand the text that follows. Each vocabulary section includes useful exercises that reinforce the acquisition of the new vocabulary and prepare the reader for the literature.

2. **Leggiamo.** These segments present reading material and texts on a wide range of diverse topics.

3. **Al lavoro (post-reading).** These post-reading sections in each chapter include exercises for the comprehension of the text as well as grammar and vocabulary practice. Recommended assignments such as projects, writing activities, and web searches are given at the end of this section. Movie recommendations accompany most of the topics.

The reader, whether a beginner or an intermediate learner, will be immersed in the discussion topics. The book is designed so that each chapter can be read separately depending on the level of the reader and the topics of interest. The engaging readings progress in difficulty to match the reader's growing comprehension skills. Whether the book is used for class or individual study or to gain an in-depth knowledge of contemporary Italian society, the reader is presented with meaningful and authentic practice for learning the rich Italian language and culture. **Buona lettura!**

LA SOCIETÀ ITALIANA

L'Italia

Prima di leggere

VOCABOLARIO

Nomi

le **Alpi**	*Alps*
gli **Appennini**	*Apennines*
la **capitale**	*capital (of a country)*
il **capoluogo**	*capital (of a region)*
il **confine**	*border*
l'**est** (m.)	*east*
il **fiume**	*river*
l'**isola**	*island*
il **lago**	*lake*
il **mare**	*sea*
il **monte**	*mountain*
il **nord**	*north*
l'**ovest** (m.)	*west*
il **paese**	*country*
la **pianura**	*plain*
la **regione**	*region*
il **sud**	*south*
il **vulcano**	*volcano*

Aggettivi

centrale	*central*
confinante	*bordering*
estivo/a	*summery*
meridionale	*southern*
occidentale	*western*
povero/a	*poor, lacking*
settentrionale	*northern*

Verbi

attraversare	*to cross*
bagnare	*to surround*
confinare	*to border*
sfociare	*to flow*

VERBI

PRESENTE **ESSERE**	PRESENTE **AVERE**
io sono	io ho
tu sei	tu hai
lui/lei/Lei è	lui/lei/Lei ha
noi siamo	noi abbiamo
voi siete	voi avete
loro sono	loro hanno

si trova	*it is located*
si trovano	*they are located*

ESERCIZIO
1·1

Osserva la cartina e completa le frasi con i termini geografici presenti nella sezione "Vocabolario". *Look at the map and complete the sentences by using the geographical terms from the "Vocabolario" section.*

1. Francia e Svizzera sono due _____ con l'Italia.

2. Il Po, il Tevere e il Volturno sono _____.

3. La Sicilia e la Sardegna sono due _____.

4. Il _____ di Garda e il _____ di Como si trovano ai confini con la Svizzera.

5. Il _____ Adriatico si trova ad est dell'Italia.

6. Bari, Potenza e Catanzaro sono _____ del sud.

7. Il Piemonte, la Lombardia e il Veneto sono _____ del nord.

ESERCIZIO
1·2

Abbina ogni parola o espressione della colonna A con una delle definizioni presentate nella colonna B. *Match each word or expression in column A with its definition presented in column B.*

A	B
1. _____ è la capitale d'Italia	a. le montagne più alte d'Italia
2. _____ Alpi	b. Pianura Padana
3. _____ è opposto al sud	c. Roma
4. _____ è attraversata dal Po	d. lago
5. _____ il Maggiore si trova al nord	e. Vesuvio
6. _____ è un vulcano	f. nord

ESERCIZIO
1·3

Rispondi alle seguenti domande. *Answer the following questions.*

1. Abiti in una città grande o piccola? Come si chiama?

   _____

2. In quale stato si trova? Qual è la capitale di questo stato?

   _____

3. La tua città è vicino al mare, in pianura o in montagna?

   _____

4. C'è un fiume o un lago nella tua città?

   _____

5. Quale città italiana conosci? In quale regione si trova?

   _____

Leggiamo

Monti e isole

L'Italia è una penisola. Confina a nord con la Francia, la Svizzera, l'Austria e la Slovenia, e a Est, a Ovest e a Sud con il Mar Mediterraneo. A nord si trovano le altissime e bianchissime montagne delle Alpi, di cui° fa parte il monte Bianco (4.810 m.), il monte più alto d'Europa. In Italia ci sono due vulcani attivi, l'Etna e lo Stromboli, e un vulcano inattivo°, il Vesuvio, che nel 79 d.C. ha coperto° completamente le città romane di Ercolano e Pompei.

Le isole maggiori sono la Sicilia e la Sardegna. Bellissime isole minori sono: l'isola d'Elba e l'isola del Giglio nell'arcipelago toscano, Capri e Ischia nel golfo di Napoli, in Campania, e le isole Eolie a nord della costa siciliana.

di cui	*of which*
inattivo	*dormant*
ha coperto	*(has) covered*

Fiumi e laghi

I principali fiumi sono situati nelle regioni settentrionali e centrali. Il Po è il fiume più lungo (652 Km) d'Italia. Nasce dal Monviso in Piemonte, attraversa° la Pianura Padana con i suoi numerosi affluenti° e sfocia nel Mare Adriatico. Altri fiumi importanti sono: l'Adige, che nasce in Alto Adige; l'Arno, che passa per Firenze e Pisa; il Tevere, il celebre fiume di Roma. Al sud il territorio è povero d'acqua a causa della scarsità di piogge nei periodi estivi. Oltre ai fiumi che scorrono° in Campania: il Garigliano, il Volturno e il Sele, nelle altre regioni ci sono molti torrenti°.

Anche i laghi sono situati nel nord del paese. Di essi i più importanti sono: il Lago Maggiore, tra il Piemonte e la Lombardia; il Lago di Como, in Lombardia; il Lago di Garda, tra la Lombardia, il Veneto e il Trentino Alto Adige. Nell'Italia centrale famoso è il Trasimeno, quarto lago italiano, situato tra l'Umbria e la Toscana. Vicino a Viterbo, nel Lazio, si trova il Lago di Bolsena di origine vulcanica.

attraversa	crosses
affluenti	tributaries
scorrono	flow
torrenti	streams

La Repubblica

L'Italia è una repubblica democratica, divisa in venti regioni. A capo della Repubblica c'è il Presidente, eletto ogni° sette anni dal Parlamento e da cinquantotto rappresentanti regionali. Tra i vari poteri e compiti° del Presidente della Repubblica c'è quello di indire° le elezioni e i *referendum*, presiedere il Consiglio Superiore della Magistratura°, nominare, dopo opportune consultazioni, il Primo Ministro (o Presidente del Consiglio) e, su proposta di questi°, i ministri. Il Parlamento è formato dalla Camera dei Deputati e dal Senato, eletti dal popolo, e da alcuni senatori a vita, nominati dal Presidente della Repubblica. La capitale d'Italia è Roma, che è anche il capoluogo della regione Lazio.

L'Italia ha un immenso patrimonio artistico e culturale. Ci sono 3.400 musei, circa 2.100 aree e parchi archeologici e 43 siti UNESCO°. Famose sono le città d'arte, come Milano, Venezia, Torino, Ferrara, Ravenna, Firenze, Roma, Napoli, ma ogni regione ha il suo patrimonio culturale che richiama° ogni anno milioni di visitatori da ogni parte del mondo.

L'Italia è membro fondatore dell'Unione Europea che fin dal 1999 ha adottato l'euro come moneta° unica.

In Italia ci sono due stati completamente indipendenti: la Repubblica di San Marino e la Città del Vaticano, sede del papato°.

eletto ogni	elected every
poteri e compiti	powers and responsibilities
indire (p.p. indetto)	to call
Consiglio … Magistratura	Superior Judicial Council
su … questi	upon his proposal
UNESCO	United Nations Educational, Scientific, and Cultural Organization
richiama	attracts
moneta	currency
papato	papacy

Al lavoro

Osserva la cartina e rispondi alle domande con frasi complete. *Look at the map and answer the questions with complete sentences.*

1. Dove si trovano la Sardegna e la Sicilia?

_____

2. Di quale regione fanno parte le isole di Ischia e di Capri?

_____

3. Quali sono i più importanti fiumi del nord?

   _____

4. Qual è la pianura più grande d'Italia?

   _____

5. Individua sulla cartina dove sono i principali laghi.

   _____

6. In quale regione si trova Roma?

   _____

7. In quali regioni si trovano le città d'arte?

   _____

ESERCIZIO
1·5

Osserva la cartina dell' Esercizio 1·4 ed indica quattro città vicino al mare e quattro città lontano dal mare. Indica, poi, la regione in cui si trova ogni città. *Look at the map in Esercizio 1·4 and indicate four cities situated near the sea and four cities situated far from the sea. Name the region in which they are located.*

1. Città vicino al mare _____

2. Città lontano dal mare _____

ESERCIZIO
1·6

Rileggi il testo e completa le frasi con parole ed espressioni appropriate. *Reread the text and complete the sentences with the appropriate words or phrases.*

Monti e isole

1. I tre quarti (¾) dell'Italia sono bagnati dal _____.

2. Il _____ è il monte più alto dell'Europa.

3. In Italia ci sono tre _____, due attivi e uno _____.

4. La Sicilia, la Sardegna, l'isola d'Elba, Capri e le isole Eolie si trovano nel

   _____.

Fiumi e laghi

5. Il fiume Po attraversa la Pianura Padana. Nasce dal _____

   e sfocia nel _____.

6. L'Adige si trova nella regione _____.

7. L'Arno e il Tevere scorrono nell' Italia _____.

8. Al sud non ci sono molti fiumi, ma molti _____.

9. Anche i laghi più grandi sono situati al _____. Nell'Italia centrale

si trovano il lago _____ e il lago di _____.

La Repubblica

10. A capo della Repubblica italiana c'è il _____, eletto dal

_____ e da _____.

11. Il Presidente della Repubblica nomina il _____.

12. La Camera e il Senato formano il _____.

13. Molte città d'arte si trovano nel _____.

14. L' euro è la moneta dell' _____.

15. San Marino e la Città del Vaticano sono _____.

ESERCIZIO
1·7

Di dov'è? Abbina ogni persona famosa con la sua città natale e poi forma delle frasi complete. Se non sei sicuro/a, cerca le risposte in Internet.
Match each famous person with his/her native city. Then make a complete sentence. If you are unsure, you may find the answers on the Internet.

ESEMPIO   Dante—Firenze   *Dante è di Firenze.*

A

1. _____ Luciano Pavarotti

2. _____ Enrico Caruso

3. _____ Lorenzo de Medici

4. _____ Cristoforo Colombo

5. _____ Galileo Galilei

6. _____ Sofia Loren

7. _____ San Francesco

8. _____ Marco Polo

9. _____ Eros Ramazzotti

B

a. Napoli

b. Modena

c. Firenze

d. Pisa

e. Pozzuoli (Napoli)

f. Genova

g. Venezia

h. Roma

i. Assisi

1. _____

2. _____

3. _____

4. _____

5. _____

6. _____
7. _____
8. _____
9. _____

Volgi al plurale. *Change to the plural.*

1. la capitale _____
2. il confine _____
3. il fiume _____
4. l'isola _____
5. il lago _____

6. il mare _____
7. il monte _____
8. il paese _____
9. la pianura _____
10. la regione _____

Riflessioni. Un tuo amico italiano ti invita a visitare la sua città. Tu accetti l'invito e prima di partire ti documenti su: la regione in cui la città è situata, i luoghi da visitare, le feste e le tradizioni, il piatto tipico ed infine un personaggio famoso. *An Italian friend invites you to visit his hometown. You accept the invitation, but before visiting you gather some information about the region in which the city is located, places to visit, festivities and traditions, regional food, and famous people.*

_____
_____
_____
_____

Film consigliati

Basilicata coast to coast di Rocco Papaleo
Stanno tutti bene di Giuseppe Tornatore
Benvenuti al sud di Luca Miniero
Benvenuti al nord di Luca Miniero

La famiglia

Prima di leggere

VOCABOLARIO

Nomi

l'**anziano/a**	*elderly person*
la **bomboniera**	*favor*
la **chiesa**	*church*
il **confetto**	*Jordan almond*
il **cugino/a**	*cousin*
i **figli**	*children*
il/la **figlio/a**	*son/daughter*
il **fratello**	*brother*
il **genero**	*son-in-law*
il **genitore**	*parent*
la **madre**	*mother*
il **marito**	*husband*
il **matrimonio**	*marriage*
la **moglie**	*wife*
la **nascita**	*birth*
il/la **nipote**	*nephew/niece*
il/la **nonno/a**	*grandfather/grandmother*
le **nozze**	*wedding*
la **nuora**	*daughter-in-law*
il **padre**	*father*
i **parenti**	*relatives*
la **sorella**	*sister*
la **sposa**	*bride*
gli **sposi**	*newlyweds*
lo **sposo**	*groom*
la **torta**	*cake*
lo/la **zio/a**	*uncle/aunt*
il **viaggio di nozze**	*honeymoon*

Aggettivi

contento/a	*happy*
inutile	*useless*
materno/a	*maternal*
numeroso/a	*numerous, large*
paterno/a	*paternal*

Verbi

adottare	*to adopt*
aiutare	*to help*
contribuire	*to contribute*
crescere i figli	*to grow, to raise children*
divorziare	*to divorce*
separarsi	*to separate*
sposarsi	*to get married*
vivere	*to live*

VERBI

PRESENTE **AIUTARE**	PRESENTE **VIVERE**
io aiuto	io vivo
tu aiuti	tu vivi
lui/lei/Lei aiuta	lui/lei/Lei vive
noi aiutiamo	noi viviamo
voi aiutate	voi vivete
loro aiutano	loro vivono

PRESENTE **OFFRIRE**	PRESENTE IN **-ISC CONTRIBUIRE**
io offro	io contribuisco
tu offri	tu contribuisci
lui/lei/Lei offre	lui/lei/Lei contribuisce
noi offriamo	noi contribuiamo
voi offrite	voi contribuite
loro offrono	loro contribuiscono

ESERCIZIO

2·1

Completa le frasi con una delle parole elencate nella sezione "Vocabolario". *Complete each sentence with one of the words from the "Vocabolario" section.*

1. La madre di tuo cugino è tua _____.

2. Un altro figlio di tuo padre e tua madre è tuo _____.

3. Il padre di tuo padre è tuo _____.

4. Tu e tua sorella siete i/le _____ dei vostri genitori.

5. La figlia di tuo fratello è tua _____.

6. Tu e tuo cugino siete _____.

7. Se Maria è tua zia, tu sei suo/a _____.

ESERCIZIO

2·2

Per ciascun vocabolo della colonna A cerca il suo contrario nella colonna B. *Match each word in column A with its antonym in column B.*

A

1. _____ anziano

2. _____ contento

3. _____ utile

4. _____ sposarsi

5. _____ numeroso

B

a. inutile

b. giovane

c. divorziare/separarsi

d. scarso

e. triste

ESERCIZIO

2·3

Rispondi alle seguenti domande. *Answer the following questions.*

1. Quante persone ci sono nella tua famiglia?

   _____

2. Come si chiamano i tuoi genitori? Dove sono nati? Abitano in città o in campagna?

   _____

3. Come si chiama tuo fratello/tua sorella?

   _____

4. Come si chiamano i tuoi nonni? Quanti anni hanno? Dove abitano?

   _____

5. Hai molti cugini? Come si chiamano? Li (*them*) vedi spesso?

   _____

Leggiamo

La famiglia italiana moderna

La famiglia italiana non è più numerosa come negli anni passati. Ci sono differenze tra le diverse aree geografiche: al centro e al nord, infatti, il nucleo familiare è formato dai genitori e uno o, raramente, due figli, mentre al sud è ancora possibile trovare una famiglia con tre figli.

Secondo l'ISTAT°, nei primi dieci anni del nuovo secolo le mono-famiglie (le famiglie, cioè, formate da una sola persona) sono aumentate del 39%, quelle composte° da due persone del 20% e quelle di tre persone del 2,1%. Le famiglie numerose sono in diminuzione. I *single* sono circa sette milioni, di cui° 3,3 milioni hanno più di sessantacinque anni.

L'Italia invecchia°. Nascono meno bambini sia tra gli italiani, sia tra gli immigrati. In genere, le donne italiane diventano madri per la prima volta verso i trentun anni e mezzo e molte anche dopo i quaranta. Inoltre, se entrambi i genitori lavorano, la nascita di un bambino crea seri problemi sia dal punto di vista economico°, sia da quello organizzativo. Spesso sono i nonni che si occupano dei nipoti. Li accudiscono°, se sono molto piccoli, o, dai tre anni in poi, li accompagnano a scuola, giocano con loro, li aiutano a fare i compiti e, se necessario, li portano in piscina o in palestra. I nonni sono molto contenti di stare con i nipoti perchè si sentono ancora attivi e non inutili.

ISTAT	*Istituto Italiano di Statistica*
quelle composte	*those with*
di cui	*of them*
invecchia	*gets (is getting) old*
dal punto di vista economico	*from the economic point of view*
accudiscono	*take care*

Matrimonio, separazione e divorzio

I matrimoni, sia civili, sia religiosi, sono in diminuzione. Molti preferiscono convivere creando le cosiddette "coppie di fatto", cioè due persone eterosessuali, ma anche omosessuali, che vivono insieme senza° essere sposate. Separazioni e divorzi sono in aumento. In genere, un matrimonio dura quindici anni; la separazione avviene intorno ai quarantacinque anni per l'uomo e ai quarantadue per la donna. Anche se l'Italia è un paese di religione prevalentemente cattolica, i dati dell'ISTAT indicano che nel 2011 i matrimoni con rito civile hanno superato quelli con rito religioso, il 51,7% rispetto al 48,3%.

Comunque sia celebrato il matrimonio, molte coppie festeggiano l'evento con un grande ricevimento in un albergo o in un ristorante. Dopo il taglio della torta la coppia distribuisce agli invitati le "bomboniere", piccoli oggetti di diversa forma e di diverso valore con confetti bianchi. L'evento è seguito quasi sempre da un "viaggio di nozze" o "luna di miele" in Italia o all'estero.

senza	*without*

Tra moglie e marito non mettere il dito.

Le associazioni dei genitori separati

Quando una coppia si separa o divorzia, la vita diventa difficile, sia° per il genitore che ha in affidamento° i figli, perchè deve dividersi tra il lavoro e la famiglia, sia° per il genitore che resta solo, perchè deve contribuire alla crescita° dei figli. Per questo sin° dagli anni Novanta si sono formate in tutta Italia varie associazioni di genitori separati (come l'"Associazione Padri Separati d'Italia" a Bologna, "La Casa del Papà" a Milano o l'"Associazione Mamme Separate" a Como) che ospitano madri e padri separati o divorziati e li aiutano a migliorare° la qualità della loro vita.

sia ... sia	*both ... and*
affidamento	*custody*
crescita	*raising*
sin	*since*
hanno ... aiuto	*need assistance*
migliorare	*to improve*

VERBI	
PRESENTE **SEPARARSI**	PRESENTE **ANDARE**
io mi separo	io vado
tu ti separi	tu vai
lui/lei/Lei si separa	lui/lei/Lei va
noi ci separiamo	noi andiamo
voi vi separate	voi andate
loro si separano	loro vanno

L'unità familiare

Tuttavia, in generale, la famiglia italiana conserva ancora oggi il suo carattere tradizionale°. Spesso i figli vivono con i genitori fino ai trent'anni perchè non hanno ancora trovato un lavoro fisso° o perchè desiderano mettere da parte un po' di soldi° per poi sposarsi o andare a convivere con il proprio compagno. Il pasto serale° rappresenta un'opportunità per tutti i membri della famiglia per dialogare e scambiarsi idee e consigli°. Battesimi, prime comunioni, matrimoni, compleanni e lauree, come anche Natale e Pasqua, sono occasioni per nonni, zii, nipoti e parenti per vivere momenti felici insieme. In molti casi i genitori anziani vivono con i figli e con la loro pensione° contribuiscono alle spese della famiglia.

conserva … tradizionale	*maintains . . . its traditions*
lavoro fisso	*permanent job*
soldi	*money*
pasto serale	*evening meal*
scambiarsi … consigli	*exchange . . . advice*
pensione	*pension*

Al lavoro

ESERCIZIO 2·4

Indica se le seguenti affermazioni sono vere o false. *Indicate whether the following statements are true (V) or false (F).*

La famiglia italiana moderna

1. La famiglia italiana moderna con più di due figli vive al nord.   V   F

2. Le famiglie composte da tre persone sono aumentate del 20%.   V   F

3. Tra i *single* ci sono molte persone anziane.   V   F

4. Il numero dei figli degli immigrati è in aumento.   V   F

5. In genere, quando arriva il primo figlio, la madre non è molto giovane.   V   F

6. Spesso i nonni offrono il loro aiuto ai nipoti.   V   F

Matrimonio, separazione e divorzio

7. Le "coppie di fatto" sono formate da marito e moglie.   V   F

8. Molte coppie si separano intorno ai quarant'anni.   V   F

9. Il 48% dei matrimoni è celebrato in chiesa.   V   F

10. Gli sposi distribuiscono piccoli regali agli invitati.   V   F

11. Un viaggio in Italia o all'estero segue la celebrazione del matrimonio.   V   F

Le associazioni dei genitori separati

12. Per i genitori separati o divorziati la vita è stressante.   V   F

13. Le varie associazioni danno un concreto supporto ai genitori separati o divorziati.   V   F

L'unità familiare

14. I figli restano in famiglia soprattutto per ragioni economiche.   V   F

15. Le feste sono occasioni per tutta la famiglia per stare insieme.   V   F

16. La famiglia non può contare sul contributo economico dei nonni.   V   F

ESERCIZIO
2·5

Rispondi alle seguenti domande. *Answer the following questions.*

1. Qual è il ruolo dei nonni nella famiglia italiana?

_____

2. Perchè è difficile per un genitore solo crescere i figli?

_____

3. Che cosa offrono le associazioni alle donne e agli uomini separati o divorziati?

_____

4. Quali sono alcuni dei motivi principali per cui (*for which*) i giovani restano a casa con i genitori fino ai trent'anni?

_____

5. In quali occasioni tutta la famiglia si incontra?

_____

Per ciascun vocabolo della colonna A cerca il suo sinonimo nella colonna B. *Match each word in column A with its synonym in column B.*

A		B	
1. _____ crescere		a.	accompagnare
2. _____ portare		b.	costituito
3. _____ formato		c.	genitore
4. _____ separarsi		d.	vecchio
5. _____ padre		e.	occasione
6. _____ anziano		f.	allevare
7. _____ opportunità		g.	dividersi

Usa i vocaboli della colonna A dell'Esercizio 2·6 per completare le seguenti frasi. *Use the words listed in column A of Exercise 2·6 to complete the following sentences.*

1. Il bambino porta lo stesso cognome del _____.

2. Il signor Bianchi è molto _____: ha novant'anni.

3. Per _____ bene, devi mangiare sano.

4. Ogni mattina il nonno deve _____ Matteo a scuola.

5. A Milano ci sono molte _____ di lavoro.

6. Non è bello per i figli vedere i genitori _____.

7. Massimo ha _____ una compagnia di costruzioni con un amico.

ESERCIZIO 2·8

Scrivi l'infinito delle seguenti voci verbali e poi forma delle frasi usando le parole presenti nella sezione "Vocabolario". *Give the infinitive form of the following verbs and then build sentences using the words listed in the "**Vocabolario**" section.*

INDICATIVO PRESENTE	INFINITO PRESENTE
1. aiutano	_____
2. portano	_____
3. vanno	_____
4. sono	_____
5. giocano	_____
6. si separa	_____
7. vivono	_____

1. _____
2. _____
3. _____
4. _____
5. _____
6. _____
7. _____

ESERCIZIO 2·9

Riflessioni. Che idea ti sei fatto della famiglia italiana? In che cosa è simile e in che cosa è diversa dalla famiglia del tuo paese? *What is your perception of the Italian family? In what ways is the Italian family life similar and in what ways different from family life in your country?*

_____

_____

_____

_____

Riflessioni. Descrivi i membri della tua famiglia. Per ognuno di loro indica il nome, l'età, il tipo di parentela, le qualità fisiche e morali, la professione, ecc. Scegli almeno tre aggettivi che meglio rispecchiano la sua personalità. Descrivi il membro della tua famiglia che ammiri di più e spiega il perchè. *Describe the members of your family. For each one, indicate name, age, relationship to you, physical and moral qualities, his or her profession, etc. Choose at least three adjectives that best reflect each one's personality. Describe the member of your family that you admire the most, and explain why.*

_____

_____

_____

_____

_____

Film consigliati

La famiglia di Ettore Scola

Mio fratello è figlio unico di Daniele Luchetti

Le chiavi di casa di Gianni Amelio

La scuola

Prima di leggere

VOCABOLARIO

Nomi

l'alunno/a	student
l'asilo nido	nursery school
l'esame di maturità	high school final exam
l'interrogazione	questions asked by a teacher on a specific topic
il **libro**	book
la **lingua straniera**	foreign language
il/la **maestro/a**	elementary school teacher
la **materia (di studio)**	subject
la **mattina**	morning
l'orario	school hours, schedule
la **pagella**	report card
il **pomeriggio**	afternoon
la **prova orale/scritta**	oral/written exam
la **scuola dell'obbligo**	requirement to attend school from age six through sixteen
la **scuola professionale**	vocational school
la **scuola primaria (elementare)**	elementary school
la **scuola secondaria di primo grado (media)**	middle school
la **scuola secondaria di secondo grado**	high school
lo/la **studente/ssa**	student
il **tema**	composition
il **voto**	grade

Aggettivi

buono/a	good
discreto/a	fairly good
distinto/a	very good
insufficiente	unsatisfactory
ottimo/a	excellent
severo/a	strict
sufficiente	satisfactory

Verbi

bocciare	*to fail someone*
essere bocciato/a	*to fail*
essere bravo/a in	*to be good in*
essere promosso/a	*to pass*
fare i compiti	*to do homework*
fare un esame	*to take an exam*
frequentare	*to attend*
interrogare	*to ask questions about a specific topic*
interrompere	*to interrupt*
iscriversi	*to enroll*
marinare la scuola	*to cut school*

ESERCIZIO
3·1

Completa ciascuna delle seguenti frasi con una delle parole o espressioni elencate nella sezione "Vocabolario". *Complete each of the following sentences with the appropriate forms of the words or expressions from the "**Vocabolario**" section.*

1. Il mio bambino di un anno può frequentare l'_____.

2. Se non studi, sei _____.

3. La mia _____ preferita è la storia.

4. Gli studenti di sedici anni frequentano la scuola secondaria

   di _____.

5. Il francese e lo spagnolo sono due _____.

6. Per essere promosso devi prendere buoni _____.

ESERCIZIO
3·2

L'intruso. Individua la parola che non si abbina con le altre. *Select the word that does not belong in each group.*

1. studente	alunno	professore
2. storia	libro	matematica
3. problema	composizione	tema
4. voto	pagella	scuola
5. prova scritta	tema	interrogazione

ESERCIZIO
3·3

Rispondi alle seguenti domande. *Answer the following questions.*

1. C'è un asilo nido nella tua città? È vicino alla scuola primaria?

   _____

2. Ricordi il tuo maestro/la tua maestra della scuola elementare? Puoi descriverlo/la?

   _____

3. Fai i compiti tutti i giorni?

   _____

4. Quale materia ti interessa di più?

   _____

5. Qual è il voto più alto che hai ricevuto alla scuola media?

   _____

6. Sei mai stato bocciato?

   _____

7. I tuoi genitori parlano qualche lingua straniera?

   _____

8. Quali materie studiano gli alunni della scuola secondaria di primo grado del tuo paese?

   _____

Leggiamo

Tutti a scuola

Il sistema scolastico italiano è molto ben organizzato ed è molto efficiente. Tutti i genitori possono mandare i propri figli a scuola senza spendere molti soldi. Ci sono ottime scuole private, ma in generale le famiglie preferiscono le scuole pubbliche che offrono una preparazione adeguata ed una buona formazione.

I piccolissimi, da tre mesi a due anni e mezzo vanno all'"asilo nido", dove passano la mattina o il pomeriggio, o anche l'intera giornata in compagnia dei loro coetanei°.

A due anni e mezzo i bambini cominciano a frequentare la "scuola dell'infanzia" che non è obbligatoria, ma che li° aiuta a socializzare e li prepara alla scuola dell'obbligo.

coetanei	*of same age/peers*
li	*them*

La scuola primaria

A sei anni i bambini iniziano la scuola primaria (scuola elementare) che dura° cinque anni. Ci sono due orari principali di lezioni, uno di ventisette, l'altro di quaranta ore. Il sistema di valutazione durante l'anno è in voti, da 0 a 10. Sulla pagella invece si usano i termini "insufficiente, sufficiente, discreto, buono, distinto, ottimo" che sintetizzano con una parola il giudizio° espresso dall'insegnante. Per essere promossi è necessario avere la sufficienza, cioè il 6, in ogni disciplina.

dura	*lasts*
giudizio	*assessment*

La scuola secondaria di primo grado

La scuola secondaria di primo grado (scuola media) dura tre anni. L'orario varia da un minimo di trenta ad un massimo di quaranta ore settimanali. Le materie studiate sono Italiano, Storia e Geografia, Matematica, Scienze, Lingua inglese, Seconda lingua comunitaria°, Arte e Immagine, Musica, Scienze motorie e sportive. C'è anche l'ora di Religione cattolica o, per studenti di altre religioni, un'attività alternativa ad essa°. Al termine dei tre anni gli alunni devono superare l'esame di licenza media per iscriversi alla scuola superiore.

comunitaria	*european*
ad essa	*to it*

La scuola secondaria di secondo grado

Gli studenti scelgono il liceo classico se desiderano studiare latino e greco; il liceo scientifico se sono interessati alla matematica o alle scienze; il liceo artistico se amano l'arte; il liceo linguistico se vogliono avere contatti con tutto il mondo; il liceo musicale se sono appassionati di musica.

Per coloro che° vogliono cercare lavoro dopo la scuola secondaria c'è l'Istituto Tecnico il cui corso di studi dura cinque anni come quello dei licei.

Gli studenti dell'Istituto Professionale° alla fine del terzo° anno possono interrompere gli studi e scegliere° di lavorare.

Tutti gli studenti alla fine dei cinque anni di studio devono sostenere un difficile esame finale, l'esame di maturità, che permette loro di ottenere il diploma di maturità, con il quale, se vogliono, possono iscriversi all'università. Per ottenere tale diploma è necessario un voto finale di almeno sessanta su cento (60/100).

per coloro che	*for those who*
Istituto Professionale	*vocational school*
terzo	*third*
scegliere	*to choose*

> *Chi va a scuola qualcosa impara sempre.*

In conclusione

In generale gli studenti italiani di età compresa tra i sei e i sedici anni sono obbligati ad andare a scuola. I professori assegnano molti compiti, per cui° non c'è spazio per altre attività. Infatti, gli studenti dedicano quasi tutti i pomeriggi a studiare per il giorno dopo per eventuali "interrogazioni" o per qualche prova scritta (tema, versione°, problema). I voti variano da 0 a 10, ma i docenti sono molto severi e gli otto, i nove e i dieci sono quasi impossibili da ricevere, specialmente in una prova scritta. Per essere promossi alla classe successiva è necessaria la sufficienza (6/10) in tutte le discipline. Alla fine dell'anno scolastico nell'atrio di ciascuna scuola sono esposti° i risultati, i cosiddetti "quadri", tabelle che presentano l'elenco dei nomi degli studenti di ciascuna classe insieme con i voti di ciascuna materia e il giudizio finale° di "ammesso alla classe successiva" (o "promosso") o non ammesso alla classe successiva (o "bocciato").

per cui	*therefore*
versione	*translation*
esposti	*posted*
giudizio finale	*final decision*

Al lavoro

ESERCIZIO
3·4

Scegli la risposta giusta. *Choose the appropriate answer.*

Tutti a scuola

1. La scuola aiuta i genitori a _____.
   a. spendere soldi
   b. educare i figli
   c. non interessarsi dei propri figli

2. I bambini dell'asilo nido possono _____.
   a. stare tutto il giorno a scuola
   b. andare a scuola solo la domenica
   c. stare a casa

La scuola primaria

3. L'orario delle lezioni della scuola primaria _____.
   a. varia da cinque a ventisette ore
   b. varia da ventisette a quaranta ore
   c. varia da zero a dieci ore

4. Con il giudizio di "insufficiente" _____.
   a. lo studente è promosso
   b. il professore è promosso
   c. lo studente è bocciato

La scuola secondaria di primo grado

5. Lo studente della scuola secondaria di primo grado può _____.
   a. studiare il cinese
   b. studiare due lingue straniere
   c. non studiare l'inglese

6. Il diploma di licenza media permette agli studenti di _____.
   a. non frequentare la scuola
   b. andare all'università
   c. scegliere la scuola secondaria di secondo grado

La scuola secondaria di secondo grado

7. Se uno studente è appassionato d'arte sceglie _____.
   a. il liceo classico
   b. il liceo musicale
   c. il liceo artistico

8. Chi frequenta l'Istituto Professionale per ricevere un diploma può studiare solo _____.
   a. un anno
   b. due anni
   c. tre anni

9. Per andare all'università gli studenti devono _____.
   a. saper parlare inglese
   b. superare un esame difficile
   c. praticare uno sport

In conclusione

10. Per legge gli studenti devono frequentare la scuola fino a _____.
    a. sedici anni
    b. dicotto anni
    c. venti anni

11. Temi, versioni e problemi sono _____.
    a. interrogazioni
    b. esami
    c. prove scritte

12. Per sapere se è stato promosso o bocciato uno studente deve andare a scuola per _____.
    a. esaminare un quadro
    b. vedere i quadri
    c. presentare un'opera d'arte

ESERCIZIO
3·5

Se studio ... imparo. Abbina ogni materia della colonna A con un contenuto della colonna B. *Match the school subjects in column A with the content of column B.*

A. MATERIA	B. CONTENUTO
1. _____ storia	a. corpo umano
2. _____ religione	b. mari e monti
3. _____ matematica	c. Dante
4. _____ geografia	d. San Francesco
5. _____ italiano	e. Mussolini
6. _____ scienze	f. Pitagora
7. _____ arte	g. Leonardo
8. _____ inglese	h. Noël
9. _____ francese	i. Thanksgiving

ESERCIZIO 3·6

Nei paragrafi "Tutti a scuola" e "La scuola primaria" trova il presente o l'infinito dei verbi in -are, in -ere e in -ire, poi completa la tabella. *In the paragraphs "Tutti a scuola" and "La scuola primaria," find the present tense or infinitive form of the verbs ending in -are, -ere, and -ire. Then complete the chart.*

PRESENTE VERBI IN **-ARE**	PRESENTE VERBI IN **-ERE**	PRESENTE VERBI IN **-IRE**
mandare		
	essere promossi (da promuovere—forma passiva)	

ESERCIZIO 3·7

Completa la coniugazione del presente indicativo di volere, potere, dovere. *Complete the conjugations of the present indicative of the verbs **volere, potere,** and **dovere**.*

	VOLERE	POTERE	DOVERE
io	*voglio*		
tu		*puoi*	
lui/lei/Lei			*deve*
noi			
voi			
loro			

Trova i contrari delle seguenti parole o espressioni, secondo il modello. *Give the antonyms of the following words or phrases by following the model.*

PAROLA O ESPRESSIONE	CONTRARIO
socializzare	*isolarsi*
essere promosso	
facile	
frequentare	
iniziare	
massimo	
severo	

Riflessioni. Scegli un libro su cui studi ogni giorno e descrivilo. Non dimenticare di includere: l'autore e il titolo del libro; la città, la casa editrice e l'anno di pubblicazione; il numero delle pagine; il contenuto dei vari capitoli; le illustrazioni e i diagrammi; gli esercizi; il motivo della tua scelta. *Choose a book from which you study every day, and describe it. Do not forget to include: the author and the title of the book; the city, the publisher, and the year of publication; the number of pages; the contents of the various chapters; illustrations and diagrams; the exercises; the reason for your choice.*

Film consigliati

La scuola di Daniele Luchetti

Notte prima degli esami di Fausto Brizzi

Caterina va in città di Paolo Virzì

La cucina

4

Prima di leggere

VOCABOLARIO	
Nomi	
l'aceto	*vinegar*
l'acqua	*water*
l'anguria	*watermelon*
la bevanda	*beverage*
la bibita	*soft drink*
la birra	*beer*
la carne	*meat*
la carota	*carrot*
la cena	*dinner*
la ciliegia	*cherry*
la colazione	*breakfast*
il contorno	*side dish*
i fagiolini	*string beans*
il formaggio	*cheese*
la fragola	*strawberry*
la frutta	*fruit*
il mandarino	*tangerine, mandarin*
la mela	*apple*
la melanzana	*eggplant*
la minestra	*soup*
l'olio d'oliva	*olive oil*
la padella	*pan*
il pasto	*meal*
la patata	*potato*
la pentola	*pot*
il peperone	*pepper*
la pèsca	*peach (fruit)*
la pésca	*fishing*
il pesce	*fish*
il piatto	*dish/plate*
i piselli	*peas*
il pomodoro	*tomato*
il pranzo	*lunch*

Nomi (continued)

gli **spinaci**	*spinach*
la **tavola**	*table*
il **tegame**	*skillet*
l'**uva**	*grapes*
il **vino**	*wine*

Aggettivi

cotto/a	*cooked*
crudo/a	*raw*
fritto/a	*fried*
frizzante	*sparkling*
leggero/a	*light*
ripieno/a	*stuffed*
squisito/a	*delicious, tasty*
vegetariano/a	*vegetarian*

Verbi

apparecchiare	*to set the table*
condire	*to season*
cucinare	*to cook*
sparecchiare	*to clean the table*

Espressioni

alla brace	*grilled*
al forno	*baked*

ESERCIZIO
4·1

I colori della frutta e della verdura. Dividi la frutta e la verdura per colore. Qual è il colore dominante? *Complete the table by inserting each fruit or vegetable in the appropriate column. What is the dominant color?*

BIANCO	ROSSO	VERDE	ARANCIONE	VIOLA
_____	_____	_____	_____	_____
_____	_____	_____	_____	_____
_____	_____	_____	_____	_____
_____	_____	_____	_____	_____
_____	_____	_____	_____	_____

ESERCIZIO
4·2

L'intruso. Individua la parola che non si abbina con le altre. *Select the word that does not belong in each group.*

1. mela   carota   mandarino

2. uva   ciliegia   patata

3. fragole   fagiolini   piselli

4. carota   uva   melanzana

5. mela   rosso   arancione

6. contorno   formaggio   mozzarella

7. padella   piatto   pentola

ESERCIZIO
4·3

Rispondi alle seguenti domande. *Answer the following questions.*

1. Che cosa mangi di solito a colazione, a pranzo e a cena?

_____

2. Sei vegetariano/a? Che cosa non mangi?

_____

3. Preferisci mangiare carne o pesce? Che tipo di carne? Che tipo di pesce?

_____

4. Mangi molta verdura? Ti piace cotta o cruda? Ti piace l'insalata?

_____

5. Che tipo di frutta ti piace? Prepari delle torte alla frutta?

_____

6. Dove compri la frutta e la verdura, al supermercato o al mercato all'aperto?

_____

Leggiamo

Chi cucina?

In ogni famiglia il momento più atteso° della giornata è quello della cena, quando tutti i membri si riuniscono intorno alla tavola apparecchiata per mangiare e conversare dopo ore di studio o di lavoro. Se fino a pochi anni fa era° quasi sempre la donna che cucinava°, oggi è facile vedere anche l'uomo alle prese° con pentole e fornelli. Spesso i figli apparecchiano e sparecchiano la tavola e mettono piatti, tegami, posate e bicchieri in lavastoviglie°.

atteso	*expected, awaited*
era	*it was*
cucinava	*cooked*
alle prese	*struggling*
lavastoviglie	*dishwasher*

L'appetito vien mangiando.

Il menu

Un menu tipico invernale è formato da una minestra, da un piatto di carne o di pesce e da contorni di verdure quali° broccoli, spinaci, fagiolini, piselli, patate e carote. In estate appaiono sulle tavole coloratissime insalate, da quella° di riso alla caprese, alle insalate miste, preparate con verdure di stagione e condite con olio d'oliva. Nelle località di mare è facile trovare pesce fresco da cuocere al forno o alla brace. Il pesce azzurro° (alici, sgombri, aguglie°) è molto richiesto° perchè nutre, costa poco ed è ottimo anche fritto. Mozzarella e formaggi vari con contorni di melanzane a funghetti°, o di zucchine alla scapece°, o di peperoni in padella rappresentano un buon piatto serale°. Talvolta° un piatto leggero estivo è costituito° da un'insalata di pollo e zucchine, o anche da pomodori ripieni, o da melanzane alla parmigiana. Anche la pasta fredda, come i fusilli con melanzane e fontina o le penne con mozzarella, pomodori, olive e capperi, è una ottima soluzione per una cena all'aperto. Su ogni tavola non manca mai la frutta di stagione: mele, mandarini e frutta secca° in inverno e uva, angurie, meloni, fragole, ciliegie, pesche, e albicocche in estate. La domenica dolci di vario tipo (cannoli, sfogliatelle, babà, ma anche crostate e torte) concludono il pranzo.

quali	*such as*
da quella	*among these*
pesce azzurro	*Mediterranean fish*
alici … aguglie	*anchovies, mackerel, garfish*
molto richiesto	*in great demand*
melanzane a funghetti	*eggplant cooked like mushrooms*
alla scapece	*with vinegar and mint*
serale	*evening*
talvolta	*sometimes*
costituito	*made*
frutta secca	*dried fruit*

VERBO

PRESENTE **APPARIRE**

io appaio
tu appari
lui/lei/Lei appare
noi appariamo
voi apparite
loro appaiono

Le bevande

Ogni pasto è accompagnato da un bicchiere di vino, di solito rosso in inverno e bianco in estate. Molti giovani preferiscono bere birra fredda. Qualcuno beve acqua frizzante o qualche bibita gassata°. Completa sempre la cena una tazzina di caffè con o senza zucchero. In estate per grandi e piccoli c'è la "tentazione del gelato", preparato in vari squisiti gusti°. In tutta Italia, infatti, è molto diffusa la consuetudine di gustare il gelato preparato artigianalmente, molto più buono di quello industriale.

bibita gassata	*soda*
gusti	*flavors*

Al lavoro

ESERCIZIO
4·4

Rileggi il testo e completa le frasi con parole ed espressioni appropriate.
Reread the text and complete the sentences with the appropriate words or phrases.

1. La sera a cena la famiglia _____.

2. Oggi anche l'uomo _____.

3. Broccoli, spinaci e piselli sono _____.

4. L'olio d'oliva serve a _____.

5. Il pesce può essere cucinato _____.

6. Il pollo può essere preparato _____.

7. I fusilli e le penne sono tipi di _____.

8. La frutta secca si mangia _____.

9. Per bere si può scegliere tra _____.

10. Alcuni italiani bevono il caffè con lo _____.

11. Di solito il gelato è preparato _____.

ESERCIZIO

4·5

Nel paragrafo "Chi cucina?" trova le voci verbali del presente indicativo e poi completa la tabella, secondo il modello. *In the paragraph "Chi cucina?" locate the present indicative verbs, and then complete the table by following the model.*

PRESENTE

è _____

_____

_____

_____

_____

INFINITO

essere _____

_____

_____

_____

_____

ESERCIZIO

4·6

Completa le coniugazioni del presente indicativo dei verbi essere, fare e preferire. *Complete the conjugations of the present indicative of the verbs **essere**, **fare**, and **preferire**.*

	ESSERE	FARE	PREFERIRE
io	_____	_____	_____
tu	_____	*fai* _____	_____
lui/lei/Lei	*è* _____	_____	_____
noi	_____	_____	_____
voi	_____	_____	_____
loro	_____	_____	*preferiscono* _____

ESERCIZIO
4·7

Riflessioni. Hai deciso di aprire un negozio di generi alimentari vicino alla scuola media e al liceo della tua città. Quali prodotti metterai sugli scaffali? Quali prodotti non dovranno mai mancare? *You have decided to open a grocery store close to the middle school and the high school of your city. Which products do you put on the shelves? Which products should never be out of stock?*

Film consigliati

Un americano a Roma di Steno

Storia di ragazze e ragazzi di Pupo Avati

Io sono l'amore di Luca Guadagnino

La pentola

Prima di leggere

VOCABOLARIO

Nomi

l'**acciaio**	*stainless steel*
l'**argento**	*silver*
l'**argilla**	*clay*
la **brace**	*embers*
la **carne**	*meat*
la **casseruola**	*casserole*
il **coperchio**	*lid*
la **cucina**	*stove*
il **forno**	*oven*
il **fornello**	*burner*
il **legno**	*wood*
la **padella**	*pan*
la **pentola**	*pot*
la **pentola a pressione**	*pressure cooker*
la **pentola a vapore**	*steam cooker*
il **peltro**	*pewter*
le **posate**	*silverware*
il **rame**	*copper*
lo **stagno**	*tin*
il **tegame**	*skillet*
la **teglia**	*baking tin*

Aggettivi

caldo/a	*hot*
digeribile	*digestible*
elevato/a	*high*
gustoso/a	*tasty*
raffinato/a	*elegant*
salutare	*healthy*

Verbi

arrotolare	*to twist*
arrostire	*to roast*
bollire	*to boil*
cuocere (p.p. **cotto**)	*to cook, to bake*
cuocere in umido	*to steam*
friggere (p.p. **fritto**)	*to fry*
mescolare	*to mix*
rimanere (p.p. **rimasto**)	*to remain*

ESERCIZIO
5·1

Una ricetta semplice. Completa le frasi con una delle parole della sezione "Vocabolario". *Complete each sentence with one of the words listed in the "**Vocabolario**" section.*

1. Mettere dell'acqua in una _____.

2. Coprire la pentola con il suo _____.

3. Quando l'acqua _____, mettere gli spaghetti

   e il sale e farli _____ per undici minuti.

4. In un _____ preparare una salsa con olio, aglio, pomodoro, basilico.

5. Quando gli spaghetti sono _____ aggiungervi la salsa di pomodoro, mescolare e servire.

ESERCIZIO
5·2

Metti alla prova le tue conoscenze. Indica se queste affermazioni sono vere o false. *Test yourself. Indicate if these statements are true (V) or false (F).*

1. Posso arrostire una bistecca, un pollo, un pesce.	V	F
2. Posso cuocere in umido le patate e le verdure.	V	F
3. Posso friggere la pasta cruda.	V	F
4. Per mescolare devo usare un cucchiaio d'acciaio.	V	F
5. Per far bollire l'acqua posso usare la casseruola d'argento.	V	F
6. Per preparare le verdure alla brace posso usare il fornello.	V	F

Rispondi alle seguenti domande. *Answer the following questions.*

1. Chi cucina in casa tua? Tu sai cucinare?

_____

2. Che cosa prepari di solito? Che tipo di pentole usi?

_____

3. Apparecchi la tavola tutti i giorni o solo in occasioni speciali?

_____

4. Metti la forchetta a destra o a sinistra del piatto? E il cucchiaio e il coltello?

_____

5. Preferisci usare un bicchiere di carta o di vetro?

_____

6. Usi le posate di plastica o di acciaio?

_____

7. Quando usi il cucchiaio di legno?

_____

Leggiamo

La prima pentola

Tutto è cominciato migliaia e migliaia di anni fa con la scoperta del fuoco, della terracotta e dei metalli. Inizialmente la carne è arrostita direttamente sulla fiamma°, poi verso il III secolo a.C. compare il vaso di terracotta che può contenere acqua. Per poter cucinare si mette nel vaso una pietra rovente° che riscalda l'acqua. Ecco la prima pentola! La carne, le radici, i bulbi, i semi° di cereali diventano così° più digeribili e si mangiano con il cucchiaio. I primi cucchiai sono conchiglie° o ossa cave° d'animali, mentre in seguito si usano pezzi di legno o di terracotta.

fiamma	*flame*
rovente	*very hot/scorching*
semi	*seeds*
così	*in this way*
conchiglie	*shells*
ossa cave	*carved bones*

Il diavolo insegna a fare le pentole e non i coperchi.

Vari tipi di pentole

I greci e i romani usano tegami, casseruole, padelle di terracotta, di bronzo, di rame e di ferro munite di° coperchio. Le pentole di argilla restano ancora le più comuni. Di queste la più nota è l'"olla" che serve per bollire l'acqua e per cuocere carni e verdure.

Nel Medioevo molti oggetti da cucina sono realizzati in stagno e peltro perchè costano meno e possono essere usati da tutte le classi sociali. Continua anche l'uso dei recipienti° in argilla con coperchi a forma di campana per cuocere il cibo nelle ceneri° calde. Dopo la scoperta dell'America (1492) e l'introduzione di nuovi prodotti alimentari, il rame, per la sua alta conducibilità° termica, è utilizzato per fabbricare utensìli e pentole di diverse forme e dimensioni a seconda dell'uso. Nel Settecento e nell'Ottocento continua l'uso del rame solo nelle famiglie di elevato stato sociale. Le grandi tavole sono apparecchiate sontuosamente° con piatti di ceramica, porcellana e posate d'argento, inclusa la forchetta. Gli arrosti sono preparati in teglie ovali, mentre per cuocere carni in umido o per salse, per torte e tortelli si usano le casseruole. Dalla metà dell'Ottocento compaiono le prime pentole in ferro smaltato°, mentre dalla fine del secolo fino alla metà del Novecento è largamente utilizzato l'alluminio per la produzione di pentole, casseruole, padelle, posate e utensili da cucina.

munite di	*equipped with*
recipienti	*containers*
ceneri	*ashes*
conducibilità	*conductivity*
sontuosamente	*sumptuously*
ferro smaltato	*enameled iron*

Il ventesimo secolo

Agli inizi del XX secolo compaiono le prime pentole a vapore e i forni. In questo periodo si usa un forno a campana° che è messo sulla cucina e con il quale si possono cuocere torte, polli e focacce. Nel corso del secolo, l'introduzione di nuove tecnologie e la scoperta di nuovi materiali, come l'acciaio inossidabile, incitano gli stilisti alla creazione di pentole di raffinato° *design*. Negli anni Cinquanta compare la pentola a pressione che diminuisce il tempo dedicato alla cucina e nello stesso tempo permette di preparare piatti gustosi e salutari.

In Italia, innovazione, qualità e *design* consentono ai migliori marchi°: Alessi, Barazzoni, Calderoni, Lagostina e tanti altri, di produrre pentole e accessori da cucina famosi in tutto il mondo.

campana	*bell*
raffinato	*refined*
marchi	*brands*

Al lavoro

ESERCIZIO
5·4

Indica se nei testi ci sono le seguenti affermazioni. *Indicate whether the following information is present in the above passages.*

1. Gli uomini primitivi mangiano carne e pesce.   sì   no

2. Per riscaldare l'acqua della pentola si accende la brace.   sì   no

3. In un vaso con acqua si mette una pietra caldissima.   sì   no

4. Con il cucchiaio si mangiano i cereali.   sì   no

5. Una delle prime pentole è l'*olla*.   sì   no

6. Le pentole con i coperchi a campana cuociono meglio i cibi.   sì   no

7. Nel XVI secolo il rame è usato per fabbricare pentole e utensìli.   sì   no

8. Nel Settecento e nell'Ottocento si preparano tavole molto eleganti.   sì   no

9. Il forno è usato in campagna.   sì   no

10. La pentola a pressione fa risparmiare (*save*) tempo.   sì   no

11. Tutto il mondo conosce le pentole italiane.   sì   no

ESERCIZIO
5·5

Materiali e utensìli. Distingui nel testo i materiali dagli utensìli e completa la tabella inserendo in ciascuna colonna i termini appropriati. Segui l'esempio. *From the text, find the materials from which the utensils are made and complete the table with the terms in the appropriate columns. Follow the example.*

MATERIALE	UTENSÌLE DA CUCINA
acciaio	*cucchiaio*
_____	_____
_____	_____
_____	_____
_____	_____
_____	_____
_____	_____

MATERIALE	UTENSÌLE DA CUCINA
_____	_____
_____	_____
_____	_____
_____	_____
_____	_____
_____	_____

ESERCIZIO 5·6

Collega le azioni della colonna A con i rispettivi utensìli della colonna B. *For each action in column A find an appropriate tool listed in column B.*

A		B	
1. _____	far bollire l'acqua	a.	cucchiaio
2. _____	arrotolare gli spaghetti	b.	tegame
3. _____	preparare una frittata	c.	pentola
4. _____	mangiare la minestra	d.	forchetta
5. _____	preparare la salsa	e.	pentola a pressione
6. _____	cuocere i cibi in poco tempo	f.	padella

ESERCIZIO 5·7

Motti e proverbi. Cerca di spiegare in italiano il significato dei seguenti motti e proverbi. Se non ci riesci, consulta un sito in Internet. *Mottos and proverbs. In Italian, explain the significance of the following mottos and proverbs. If you don't recognize them, consult an Internet site.*

1. Cadere dalla padella nella brace.

_____

2. Essere d'acciaio.

_____

3. Il diavolo fa le pentole, ma non i coperchi.

_____

4. Rimanere all'età della pietra.

_____

5. Ritorno di fiamma.

_____

Ora prova a indovinare quale delle seguenti frasi spiega il significato di ognuno dei motti e dei proverbi dell'esercizio. *Now try to guess which of the following phrases explains the significance of each of the mottos and proverbs listed.*

6. _____ Cadere dalla padella nella brace.

7. _____ Essere d'acciaio.

8. _____ Il diavolo fa le pentole, ma non i coperchi.

9. _____ Rimanere all'età della pietra.

10. _____ Ritorno di fiamma.

    a. Laura studia, lavora e cura la madre malata.
    b. Rita non legge mai un giornale, non guarda mai la televisione, non usa il computer.
    c. Gloria ha trovato un altro uomo violento e senza soldi.
    d. Marco è ritornato da Sara improvvisamente.
    e. Giorgio ha scoperto tutte le bugie di Silvia.

ESERCIZIO
5·8

Riflessioni. Vivi nell'età della pietra. Immagina una tua giornata tipica in compagnia delle persone del tuo villaggio. Cosa fate? Come vi dividete i compiti? C'è un capo che dà ordini? *You live in the Stone Age. Imagine a typical day in the company of the people in your village. What do you do? How do you divide the tasks? Is there a boss who gives orders?*

_____

_____

_____

_____

Riflessioni. Fa' una ricerca su uno dei grandi marchi italiani di pentole.
Qual è il segreto del loro successo? Quali caratteristiche deve avere un
prodotto per avere successo? *Do a search on one of the great Italian brands of
cookware. What is the secret of their success? What features should a product have to be
successful?*

Le nuove proposte per la prossima estate

Prima di leggere

VOCABOLARIO

Nomi

l'**abito da cerimonia**	*formal dress*
l'**accessorio**	*accessory*
la **borsa**	*bag*
le **calze**	*stockings*
la **camicia**	*shirt*
la **camicetta**	*blouse*
la **canotta**	*tank top*
il **capo d'abbigliamento**	*article of clothing*
il **cappello**	*hat*
la **cintura**	*belt*
il **costume da bagno**	*bathing suit*
la **cravatta**	*tie*
la **gonna**	*skirt*
i **guanti**	*gloves*
la **maglietta**	*T-shirt*
il **maglione**	*sweater*
il **materiale**	*fabric*
la **moda**	*fashion*
gli **occhiali da sole**	*sunglasses*
i **pantaloni**	*pants*
la **pelle**	*leather*
il **pizzo**	*lace*
i **sandali**	*sandals*
la **scarpa**	*shoe*
lo **scialle**	*shawl*
la **sciarpa**	*scarf*
la **seta**	*silk*
la **stoffa**	*fabric, material*
il **telo da mare**	*beach towel*
il **tessuto**	*fabric, material*
il **vestito**	*dress, suit*

Aggettivi

abbronzato/a	*tanned*
basso/a	*short, cheap, low*
bianco/a	*white*

Aggettivi (*continued*)

grigio/a	*gray*
nero/a	*black*
plissettato/a	*pleated*
a righe	*striped*
rosso/a	*red*
trasparente	*sheer*
verde	*green*

Verbi

abbinare	*to coordinate, to match*
mettersi	*to wear*
vestirsi	*to get dressed*

ESERCIZIO

6·1

In ogni frase individua la parola che non si abbina con le altre. *Identify the incorrect words or phrases in each sentence.*

ESEMPIO   Per il matrimonio di suo cugino Carlo indossa ~~una gonna blu~~, una camicia bianca e una cravatta bianca e blu.

1. Anna mette nella borsa da mare il costume da bagno, un maglione e gli occhiali da sole.

2. Per una cena a casa di amici, Sara sceglie una gonna lunga, un vestito lungo e una maglietta a maniche corte.

3. Per andare in ufficio la dottoressa Rossi indossa un paio di pantaloni neri, una gonna di pelle ed una camicetta gialla.

4. Marco indossa un paio di jeans, una cravatta e una maglietta polo.

5. In un ristorante elegante il cameriere indossa sempre un vestito nero, una camicia bianca e una maglietta di cotone.

ESERCIZIO

6·2

Unisci ogni parte del corpo indicata nella colonna A con un accessorio presente nella colonna B. *Match each part of the body in column A with the appropriate article of clothing in column B.*

A	B
1. _____ mani	a. cappello
2. _____ occhi	b. guanti
3. _____ testa	c. sciarpa
4. _____ piedi	d. occhiali

5. _____ collo   e. scialle

6. _____ spalla   f. calze

7. _____ gambe   g. scarpe

Rispondi alle seguenti domande. *Answer the following questions.*

1. Quando ti vesti, abbini i colori? A quali colori abbini il nero? E il bianco?

_____

2. Ti piace vestire "sportivo" o "elegante"?

_____

3. Quali accessori usi in inverno? E in estate?

_____

4. Tuo padre indossa camicie bianche? Porta la cravatta? E il cappello?

_____

5. A tua madre piacciono i vestiti di seta o di cotone?

_____

6. Tuo nonno si mette il cappello quando esce?

_____

Leggiamo

Collezione donna

Gonne lunghe e leggere tra le novità della prossima estate

Ecco finalmente la moda per la prossima estate salutata° da un arcobaleno° di colori e da una grande varietà di tessuti. Cosa indosseremo? Certamente gonne lunghe, anzi lunghissime e super trendy, *realizzate in materiali leggeri, ma anche gonne lunghe semitrasparenti o plissettate. Ricordate che con una camicetta classica ogni gonna diventa elegante; con un top di pizzo veneziano sarete all'ultima moda; con una semplice canotta e gli accessori giusti° vi sentirete libere e moderne.*

salutata	*welcomed*
arcobaleno	*rainbow*
giusti	*right*

Pantaloni bianchi e costumi da bagno colorati

Bianco in città, ma al mare bikini colorati

I pantaloni bianchi sono d'obbligo° per la prossima estate. Potete abbinarli ad una camicia classica a maniche lunghe in un colore a vostra scelta e ad una cintura alta. Se siete abbronzate scegliete un top bianco ed accessori bianchi ed avrete un effetto fantastico.

Per una giornata al mare mettete sopra ai pantaloni bianchi una maglietta o un top a righe. Un paio di sandali bassi° o di ballerine (quelle ecologiche di Gucci), una gran borsa da spiaggia e un paio di occhiali da sole di Giorgio Armani vi faranno apparire elegantissime. Non dimenticate di mettere nella borsa un telo da mare e almeno due costumi. La collezione primavera-estate di Benetton propone colori vivaci, disegni floreali che si abbinano a diverse tipologie di bikini, costumi interi e monospalla° creando effetti molto particolari ed allegri.

d'obbligo	*a must*
bassi	*flat*
monospalla	*one shoulder*

Collezione uomo

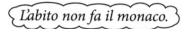

L'abito non fa il monaco.

L'uomo della prossima estate veste classico e moderno, elegante e sportivo

Uno stile nuovo e giovanile è quello presentato da Gai Mattiolo nella sua collezione di abiti da ceri-monia per uomo. I tessuti opachi e lucidi° si mescolano tra loro creando effetti speciali. Tra i colori utilizzati per le serate di gala ci sono il grigio e il nero, ma anche il mango, il verde, il rosso fragola per gli uomini di aspetto più giovanile. Tra gli accessori un ruolo di primo piano è attribuito alle cravatte in seta e alle cinture e alle scarpe in pelle.

Per l'uomo d'affari gli stilisti propongono° il classico abito blu abbinato a colori neutri come il bianco, il grigio, il bambù e il rosa. Sotto la giacca una maglia leggera sostituisce la camicia. C'è un grande ritorno dei cappelli, semplici, ma colorati. Tra le scarpe grande attenzione è data ai mocas-sini, alle polacchine° e alle espadrillas.

E per le vacanze al mare la moda estate propone i bermuda nei colori più vivaci abbinati a magliette fantasia o a polo a righe.

opachi e lucidi	*opaque and glossy*
propongono	*propose*
polacchine	*suede ankle boots*

Al lavoro

ESERCIZIO
6·4

Indica se le seguenti affermazioni sono vere o false. *Indicate whether the following statements are true (V) or false (F).*

Collezione donna

1. In questo articolo si parla di un solo capo d'abbigliamento da utilizzare in estate e in inverno. V F

Pantaloni bianchi e costumi da bagno colorati

2. Il bianco è il colore dell'estate.   V   F

3. Anche nella collezione costumi da bagno domina il bianco.   V   F

Collezione uomo

4. Per la sua collezione Gai Mattiolo usa solo colori classici.   V   F

5. La camicia non è più di moda.   V   F

6. Anche la testa ha il suo accessorio.   V   F

7. Al mare i pantaloni lunghi sono d'obbligo.   V   F

ESERCIZIO

6·5

Rispondi alle seguenti domande. *Answer the following questions.*

Collezione donna

1. Il capo d'abbigliamento di cui si parla nel primo articolo può essere indossato da solo?

    Perchè? _____

    _____

2. Di quali tipi di gonne parla l'articolo? _____

    _____

3. Cosa possiamo mettere su una gonna? _____

Pantaloni bianchi e costumi da bagno colorati

4. Cosa possiamo mettere sopra un paio di pantaloni bianchi? _____

    _____

5. Quali accessori l'articolo suggerisce per una giornata al mare? _____

    _____

6. Cosa propone Benetton come costumi da bagno? _____

    _____

Collezione uomo

7. A quale pubblico è dedicata la collezione di Gai Mattiolo? _____

    _____

8. Che tipo di tessuti ha scelto lo stilista per la sua collezione? _____

    _____

9. Quale capo d'abbigliamento manca nella collezione? Da che cosa è sostituito? _____

_____

10. Quale accessorio è ritornato di moda? _____

_____

11. Di quale altro accessorio si parla? _____

_____

12. Che tipo di pantaloni si può portare in vacanza? _____

_____

ESERCIZIO

6·6

Nell'articolo "Collezione donna" trova gli aggettivi qualificativi e poi inseriscili nella tabella. *In the article "**Collezione donna**," find the adjectives and write them in the table according to gender and number.*

MASCHILE SINGOLARE	MASCHILE PLURALE	FEMMINILE SINGOLARE	FEMMINILE PLURALE
_____	_____	_____	_____
_____	_____	_____	_____
_____	_____	_____	_____
_____	_____	_____	_____
_____	_____	_____	_____
_____	_____	_____	_____

ESERCIZIO

6·7

Nell'articolo "Pantaloni bianchi e costumi da bagno colorati" distingui i capi d'abbigliamento dagli accessori e poi completa la tabella. *In the article "**Pantaloni bianchi e costumi da bagno colorati**," identify the clothing and accessories and assign them to the appropriate columns.*

CAPI D'ABBIGLIAMENTO	ACCESSORI
_____	_____
_____	_____

_____   _____

_____   _____

_____   _____

_____   _____

ESERCIZIO

6·8

Indica almeno tre oggetti che puoi associare a ciascuno dei seguenti colori. *Indicate at least three items you associate with each of the following colors.*

bianco _____

rosso _____

verde _____

blu _____

ESERCIZIO

6·9

Riflessioni. Fa' una ricerca su uno stilista italiano. Non dimenticare di includere: la sua biografia, il suo stile, la ragione del suo successo, le sue sfilate, i suoi negozi, i personaggi famosi che indossano i suoi abiti. *Do a search on an Italian designer. Do not forget to include his or her biography; his or her style; the reason for his or her success; his or her fashion shows; his or her shops; celebrities who wear his or her clothes.*

_____

_____

_____

_____

Film consigliati

Prêt-à-porter di Robert Altman

Atelier Fontana di Riccardo Milani

La moda

Prima di leggere

VOCABOLARIO

Nomi

l'abito	*dress, suit*
l'abito confezionato	*ready-to-wear suit*
l'ago	*needle*
l'alta moda	*haute couture*
la **bottega**	*shop*
le **calzature**	*footwear*
il/la **cliente**	*client*
il **filo**	*thread*
le **forbici**	*scissors*
il **gesso**	*chalk*
l'**imprenditore**	*entrepreneur*
l'**impresa**	*company*
il **metro**	*tape measure*
la **macchina da cucire**	*sewing machine*
il **marchio**	*trademark*
la **modella**/il **modello**	*model*
il **negozio**	*store*
il **numero di scarpe**	*shoe size*
il **prezzo**	*price*
il **prodotto confezionato**	*ready-made*
il **sarto**	*dressmaker*
la **sartoria**	*tailor's workshop*
la **sfilata di moda**	*fashion show*
la/lo **stilista**	*fashion designer*
la **taglia**	*dress size*

Aggettivi

basso/a	*cheap, low*
enorme	*huge*
esclusivo/a	*exclusive*
relativo/a	*related to*
successivo/a	*subsequent*

Verbi

andare di moda	*to be in fashion*
confezionare	*to manufacture*
cucire	*to sew*
fare spese	*to go shopping*
indossare	*to wear*
prendere le misure	*to measure*
tagliare	*to cut*

Cosa va di moda quest'inverno?	*What is in fashion this winter?*
Questo colore va moltissimo.	*This color is very trendy.*

ESERCIZIO
7·1

Completa le frasi con una delle parole o espressioni suggerite. *Complete the paragraph by choosing a word or phrase from the word bank.*

modelle	bottega	abiti	macchina da cucire	
cliente	gesso	sfilata di moda	prende le misure	stoffa

Il mio sarto è un tipo molto simpatico. Nella sua 1. _____ ci sono sempre

molte persone. Quando un 2. _____ arriva, lui 3. _____

con il metro. Poi riporta le misure sulla stoffa con il 4. _____. Infine, taglia

la 5. _____ con le forbici. Per cucire il vestito usa la 6. _____.

Qualche volta partecipa alla 7. _____ organizzata dai giovani del mio

paese con 8. _____ da lui confezionati. Valentina e Sabrina sono le sue

9. _____ preferite.

ESERCIZIO
7·2

Metti alla prova le tue conoscenze. Completa le frasi in modo appropriato.
Test yourself. Complete the sentences appropriately.

1. La lana è un _____.

2. Taglio la stoffa con le _____.

3. Cucio un bottone con l'_____ e il _____;

   cucio un vestito con la _____.

4. Prendo le misure con il _____.

5. In un negozio di calzature il commesso chiede al cliente il

   suo _____.

6. In un negozio d'abbigliamento il commesso chiede al cliente la

   sua _____.

ESERCIZIO
7·3

Rispondi alle seguenti domande. *Answer the following questions.*

1. Hai mai assistito ad una sfilata di moda? Dove? Chi era lo stilista/la stilista? Che tipo di vestiti presentava?

   _____

2. Ti piacerebbe fare il modello/la modella? Per quale stilista?

   _____

3. Quando hai bisogno di un vestito elegante, vai da un sarto o in un negozio d'abbigliamento?

   _____

4. Ti piace vestire alla moda? Che tipo d'abbigliamento va di moda quest'anno?

   _____

5. Sai cucire un bottone? Sai usare la macchina da cucire?

   _____

La moda   53

Leggiamo

Un evento straordinario

Il dodici febbraio 1951 il marchese Giovanni Battista Giorgini organizza nella sua splendida casa a Firenze la prima sfilata di moda internazionale con dieci stilisti italiani, tra cui le sorelle Fontana, Emilio Schubert, Jole Veneziani e Germana Marucelli. L'evento si rivela un enorme successo tanto che, per le sfilate successive, il comune di Firenze mette a disposizione° prima Palazzo Strozzi e poi Palazzo Pitti, che ancora oggi ospita eventi internazionali relativi alla moda come Pitti Uomo, Pitti Bimbo, Pitti Filati, Pitti Casa.

mette a disposizione	*makes available*

Un'idea formidabile

Con la tela di Penelope non si fanno vestiti.

Nel 1951 la moda non è ancora un fenomeno commerciale. Le case di alta moda confezionano solo modelli esclusivi, cioè su richiesta° di singole persone. Le botteghe, come quelle medievali, spesso coincidono con le abitazioni dei sarti. Questi° con grande professionalità prendono le misure dei clienti con il metro e le° riportano con il gesso sulla stoffa. Poi tagliano la stoffa e la° cuciono con ago e filo. I meno ricchi indossano vestiti fatti in casa, dove c'è sempre una macchina da cucire e qualcuno che la sa usare. In genere, i vestiti passano da un figlio ad un altro senza problemi.

Nel 1954 Giorgio Rivetti, capo del GFT (Gruppo Finanziario Tessile) ha l'idea geniale di creare "il sistema delle taglie e del prodotto confezionato". Questo significa che il cliente può scegliere il modello del vestito che gli piace di più, cercare la propria taglia e provarlo° prima di comprarlo. Comincia l'era della "produzione in serie°". Anche l'alta moda si adegua a questa innovazione. Nasce così il *prêt-à-porter* italiano. Le boutique cominciano a vendere abiti confezionati in diverse taglie a prezzi più bassi.

su richiesta	*on demand*
questi	*these tailors*
le	*them*
la	*it*
provarlo	*to try it on*
produzione in serie	*mass-production*

VERBO

PRESENTE SAPERE

io so
tu sai
lui/lei/Lei sa
noi sappiamo
voi sapete
loro sanno

La carta vincente

Negli anni Sessanta, mentre i paesi stranieri si servono dei loro satelliti (America Centrale, Africa, Paesi dell'Est europeo) per far confezionare i capi di abbigliamento, in Italia l'alleanza tra stilisti e imprenditori segna la nascita° ed il successo del *Made in Italy*. Gli stilisti italiani decidono poi° di includere nelle loro collezioni anche gli accessori. L'iniziativa è apprezzata non solo dai clienti italiani, che vedono nelle borse e nelle scarpe il complemento essenziale di un bel vestito, ma anche dagli stilisti stranieri che ne seguono° l'esempio. La creatività, la competenza e l'eleganza dei marchi italiani insieme con la tecnologia hanno portato gli stilisti italiani a conquistare una loro parte nei mercati stranieri. I negozi, sparsi in tutto il mondo, di Giorgio Armani, Valentino, Versace, Prada, Biagiotti, Ferrè, Krizia, solo per citarne alcuni°, ne sono la testimonianza.

nascita	*birth, beginning*
poi	*then*
seguono	*follow*
per citarne alcuni	*to mention some of them*

Al lavoro

ESERCIZIO 7·4

Rispondi alle seguenti domande. *Answer the following questions.*

Un evento straordinario

1. Dove ha luogo la prima sfilata organizzata dal marchese Giovanni Battista Giorgini?

_____

2. In quale edificio si svolgono oggi gli eventi internazionali?

_____

Un'idea formidabile

3. Quali strumenti usa il sarto per la sua attività?

_____

4. Qual è l'idea geniale che nel 1954 ha Giorgio Rivetti?

_____

5. Quali sono i vantaggi per chi compra un abito confezionato?

_____

La carta vincente

6. Come vengono considerati gli accessori dai clienti?

_____

7. Qual è il segreto del successo del *Made in Italy*?

_____

ESERCIZIO
7·5

Nel paragrafo "Un evento straordinario" trova gli aggettivi qualificativi e inseriscili nella tabella a seconda del genere e del numero. *In the paragraph "Un evento straordinario," locate the adjectives and use them to complete the table according to gender and number.*

MASCHILE SINGOLARE	MASCHILE PLURALE	FEMMINILE SINGOLARE	FEMMINILE PLURALE
_____	_____	_____	_____
_____	_____	_____	_____
_____	_____	_____	_____

ESERCIZIO 7·6

Nel paragrafo "Un'idea formidabile" trova gli articoli determinativi e i pronomi diretti e inseriscili nella tabella. *In the paragraph "Un'idea formidabile," locate the definite articles and the direct object pronouns and use them to complete the table.*

	MASCHILE SINGOLARE	MASCHILE PLURALE	FEMMINILE SINGOLARE	FEMMINILE PLURALE
ARTICOLI DETERMINATIVI	_____	_____	_____	_____
PRONOMI DIRETTI	_____	_____	_____	_____

ESERCIZIO 7·7

Completa la tabella distinguendo nella lista gli accessori che si possono indossare da quelli che si portano in mano. *Complete the table by distinguishing the accessories that can be worn from those that can be carried by hand.*

borsa	bastone	calze	cintura	cravatta		ombrello	cappello
orologio	scialle	sciarpa	ventaglio	occhiali da sole			

ACCESSORI DA INDOSSARE	ACCESSORI DA PORTARE IN MANO
_____	_____
_____	_____
_____	_____
_____	_____
_____	_____
_____	_____
_____	_____

Riflessioni. Hai deciso di rinnovare il tuo guardaroba per l'inverno e vai in centro a fare spese. Prima entri in un negozio d'abbigliamento, poi in uno di calzature e quindi in uno d'accessori. Hai le idee ben chiare degli articoli che vuoi comprare perchè hai già preparato una lista di essi, ma non sai quali materiali e quali colori sono di moda. Scrivi un dialogo tra te e i vari commessi dei negozi in cui vai. Ricordati di dire loro la tua taglia e il tuo numero di scarpe. *You have decided to revamp your wardrobe for the winter and go shopping downtown. First you go into a clothing store, then in a shoe store, and then in an accessory shop. You have a clear idea of the items you want to buy because you have already prepared a list of them, but you do not know what materials and what colors are in fashion. Write a dialogue between you and the various shop assistants from the stores you visited. Remember to tell them your clothing size and your shoe size.*

_____

_____

_____

_____

_____

_____

_____

_____

_____

Film consigliati

Roma di Federico Fellini

Blow up di Michelangelo Antonioni

La casa

Prima di leggere

Nomi

l'**abitazione** (f.)	*dwelling*
l'**affitto**	*rent*
l'**appartamento**	*apartment*
il **bagno**	*bathroom*
la **camera da letto**	*bedroom*
la **cantina**	*cellar, basement*
il **centro**	*downtown*
il **centro storico**	*historic district*
il **cittadino**	*citizen*
il **costo**	*cost*
la **cucina**	*kitchen*
l'**edificio**	*building*
l'**elettrodomestico**	*household appliance*
il **fabbricato**	*building*
la **lavatrice**	*washer*
il **magazzino**	*warehouse, store*
il **mezzo di trasporto**	*means of transportation*
la **metropolitana**	*subway*
il **metro quadrato**	*square meter*
il **negozio**	*store*
il **paese**	*town*
il **palazzo**	*building*
la **periferia**	*suburbs*
il **piano**	*floor*
il **prezzo**	*price*
il **quartiere**	*neighborhood*
il **sindaco**	*mayor*
la **soffitta**	*attic*
la **stanza**	*room*
la **villetta a schiera**	*row house*

Aggettivi

alto/a	*high, tall*
antico/a	*old, ancient, historic*
bello/a	*beautiful, nice*
grande	*huge, big*
ogni	*each*
qualche	*some, few*

Verbi

abitare	*to live*
affittare	*to rent*
comprare	*to buy*
risiedere	*to reside*
scegliere (p.p. **scelto**)	*to choose*
servirsi	*to use*
vivere	*to live*

Chi va a casa, non si bagna.

ESERCIZIO 8·1

Trova la parola corrispondente alla definizione data. *Find the word corresponding to the definition provided.*

1. _____ edificio
2. _____ pagamento mensile
3. _____ macchina per lavare la biancheria
4. _____ stanza per lavarsi
5. _____ mezzo di trasporto sotterraneo
6. _____ zona lontana dal centro
7. _____ sono molti in un edificio
8. _____ è sotto il tetto

a. bagno
b. affitto
c. soffitta
d. palazzo
e. periferia
f. piani
g. metropolitana
h. lavatrice

Scegli la parola o l'espressione giusta. *Choose the correct word or expression.*

1. Quel palazzo è del Cinquecento: è molto alto/antico.

2. Ho comprato/Ho affittato un appartamento a quattrocento euro il mese.

3. Il signor Rossi abita al quarto prezzo/piano.

4. Matteo risiede/si siede all'estero da molti anni.

5. Quel negozio/magazzino vende giocattoli.

Rispondi alle seguenti domande. *Answer the following questions.*

1. Abiti in una città o in un paese?

_____

2. Abiti in un appartamento o in una villetta? È grande o piccolo/a?

_____

3. Quante camere da letto ci sono? Quanti bagni? Di che colore sono?

_____

4. Quali elettrodomestici sono in cucina?

_____

5. Quanto costa a metro quadrato un appartamento nella tua città?

_____

6. Qual è il mezzo di trasporto più usato nella tua città?

_____

Leggiamo

Paese o città

La maggior parte della popolazione italiana vive nelle zone° di pianura e lungo le coste della penisola, mentre il resto risiede in zone collinari, di montagna o vicino a laghi e fiumi. Ogni° paese ha la sua piazza, la sua chiesa, la sua scuola elementare e qualche negozio. Se esso° è grande, si possono anche trovare una farmacia, un cinematografo e uno o due ristoranti. La città è divisa in quartieri ed ogni quartiere ha le sue abitazioni, i suoi negozi, le sue chiese, le sue scuole e i suoi monumenti. In alcune città c'è anche l'università. In genere gli italiani che vivono in città sono proprietari delle abitazioni in cui abitano. Infatti, solo il venti per cento della popolazione vive in appartamenti in affitto. I palazzi, che non sono molto alti, sono muniti° di balconi, finestre e spesso anche di terrazzi sui quali si coltivano° piante e fiori. A capo di un paese o di una città c'è il sindaco che è eletto dai cittadini ogni cinque anni.

zone	*areas*
Ogni	*Every*
esso	*it*
muniti	*equipped*
sui … coltivano	*on which are grown*

L'appartamento in città

Un appartamento di media grandezza° è formato da un soggiorno-pranzo, due o tre camere da letto, uno o due bagni. La cucina non è molto grande e spesso, quando non c'è posto in bagno, ospita anche la lavatrice. Il costo degli appartamenti varia a seconda delle dimensioni, della posizione e dell'importanza della città. A Venezia, per esempio, un appartamento costa circa 9.700 euro al metro quadro, mentre a Roma costa 8.000 euro e a Milano 7.500 euro. Questi sono prezzi per appartamenti che si trovano nei centri storici dove ci sono i monumenti più importanti, i palazzi più antichi, i negozi più belli, i bar più eleganti.

media grandezza	*average size*

L'appartamento fuori città

Lontano dal centro il prezzo delle abitazioni diminuisce°. Molte famiglie, non sempre per scelta°, abitano in periferia, in grandi fabbricati di dieci, undici piani, lontano dal centro e dal lavoro. I mezzi di trasporto pubblico, come autobus, treni e metropolitana, sono molto usati, anche° perchè è quasi impossibile servirsi dell'automobile a causa dell'alto costo della benzina° e della scarsità° di parcheggi.

Per chi preferisce abitare fuori città, lontano dal traffico e dallo *smog*, c'è la possibilità di comprare ville con giardini o villette a schiera a uno o due piani, con soffitta, cantina e garage.

diminuisce	*decreases*
scelta	*choice*
anche	*also*
benzina	*gasoline*
scarsità	*lack*

Al lavoro

ESERCIZIO 8·4

Indica se le seguenti affermazioni sono vere o false. *Indicate whether the following statements are true (V) or false (F).*

Paese o città

1. Molti italiani vivono lontano dal mare.	V F
2. Il quartiere ha la stessa struttura del paese.	V F
3. La maggior parte degli italiani è proprietaria di un appartamento.	V F
4. Balconi e terrazzi sono pieni di fiori e piante.	V F
5. Il sindaco rimane a capo del paese o della città per quattro anni.	V F

L'appartamento in città

6. Anche in cucina è possibile usare la lavatrice.	V F
7. Il costo degli appartamenti è più elevato nella città di Roma.	V F
8. Nei centri storici i prezzi degli appartamenti sono alti.	V F

L'appartamento fuori città

9. In periferia gli appartamenti costano meno.	V F
10. Chi abita in periferia non usa i mezzi di trasporto pubblico perchè sono costosi.	V F
11. Abitare fuori città offre la possibilità di utilizzare spazi più ampi.	V F

ESERCIZIO 8·5

Rispondi alle seguenti domande. *Answer the following questions.*

1. Che cos'è il quartiere?

_____

2. Quanti sono gli italiani che non hanno una casa di proprietà?

_____

3. Chi è eletto dai cittadini?

_____

4. Perchè spesso la lavatrice è in cucina?

_____

5. In quale parte della città gli appartamenti sono costosi?

_____

6. Come vanno al lavoro le persone che abitano in periferia? Perchè?

_____

7. Chi compra una villa?

_____

Completa le frasi con una delle parole o espressioni suggerite. *Complete each sentence by choosing a word or phrase from the word bank.*

cantina	quartieri	cucina	fuori città	costo
elettrodomestico	garage	mezzo di trasporto		

1. Metto l'automobile in _____.

2. Il treno è un _____ molto usato in Italia.

3. Rosa prepara la cena in _____.

4. Le città italiane sono divise in _____.

5. Conservo il vino in _____.

6. Il _____ degli appartamenti situati nel centro storico di Roma è molto elevato.

7. Alcune persone preferiscono abitare _____.

8. La lavatrice è un _____.

Trova un sinonimo o un contrario per ciascuna delle seguenti parole. *Find a synonym or an antonym for each of the following words.*

1. zona _____

2. abitazione _____

3. antico _____

4. bello _____

5. alto _____

6. costo _____

7. negozio _____

8. affitto _____

9. scegliere _____

10. diminuire _____

11. fuori _____

12. costituito _____

ESERCIZIO

8·8

Volgi al plurale le seguenti voci verbali. *Change the following verb forms into the plural.*

1. lui vive _____

2. tu abiti _____

3. lei è _____

4. io ospito _____

5. lui varia _____

6. io preferisco _____

7. tu usi _____

8. lei trova _____

9. io compro_____

10. lei sceglie _____

ESERCIZIO

8·9

Nel paragrafo "Paese o città" trova gli aggettivi possessivi insieme con gli articoli e i nomi a cui si riferiscono e poi completa la tabella. *In the paragraph "**Paese o città**," locate the possessive adjectives with the articles and names to which they are referring, and use them to complete the table.*

MASCHILE PLURALE	FEMMINILE SINGOLARE	FEMMINILE PLURALE
	la sua piazza	*le sue abitazioni*

Riflessioni. Descrivi la zona in cui abiti. É in centro o in periferia? Gli edifici sono antichi o moderni? Ci sono molti negozi? C'è una scuola? Un teatro? Un monumento? *Describe the area where you live. Is it in the city or in the suburbs? Are the buildings ancient or modern? Are there many stores? Is there a school? A theater? A monument?*

Riflessioni. Fa' una ricerca sulle abitazioni nel corso dei secoli, dalle caverne alle capanne, ai castelli, ai palazzi rinascimentali, alle ville, ai grattacieli. Quali sono le cause di questi cambiamenti di stile? *Do a search on housing over the centuries, from caves to huts, castles, Renaissance palaces, villas, skyscrapers. What are the causes of all these changes in style?*

Film consigliati

Una giornata particolare di Ettore Scola

C'eravamo tanto amati di Ettore Scola

Io sono l'amore di Luca Guadagnino

Mignon è partita di Francesca Archibugi

Le abitazioni più antiche

Prima di leggere

VOCABOLARIO	
Nomi	
i **cibi**	food
la **cisterna**	cistern
il **contadino**	farmer
l'**erba**	grass
la **fattoria**	farm
la **finestra**	window
il **foraggio**	forage
l'**ingresso**	entrance
il **legno**	wood
il **mobile**	piece of furniture
il **pastore**	shepherd
la **risorsa**	resource
la **roccia**	rock
lo **specchio**	mirror
il **sasso**	stone
la **stalla**	stable
il **tetto**	roof
la **vacanza**	vacation
Aggettivi	
contadino/a	rural, country
piccolo/a	small
piacevole	enjoyable
rurale	rural, country
turistico/a	tourist
Verbi	
abbandonare	to leave
conservare	to store
dormire	to sleep
piacere	to like
vivere (p.p. **vissuto**)	to live

VERBI		
IMPERFETTO **ESSERE**	IMPERFETTO **AVERE**	IMPERFETTO **VIVERE**
io ero	io avevo	io vivevo
tu eri	tu avevi	tu vivevi
lui/lei/Lei era	lui/lei/Lei aveva	lui/lei/Lei viveva
noi eravamo	noi avevamo	noi vivevamo
voi eravate	voi avevate	voi vivevate
loro erano	loro avevano	loro vivevano

ESERCIZIO
9·1

Abbina ciascuna attività della colonna A con uno dei luoghi elencati nella colonna B. *Match the activities in column A with one of the locations presented in column B.*

A

1. _____ guardo passare le auto

2. _____ fate spese

3. _____ prendi l'acqua

4. _____ usciamo

5. _____ vedo il cavallo

6. _____ si pettina

7. _____ metti il vaso

B

a. allo specchio

b. dalla cisterna

c. nella stalla

d. su un mobile

e. dalla finestra

f. in centro

g. dalla porta d'ingresso

ESERCIZIO
9·2

L'intruso. Individua la parola che non si abbina con le altre. *Select the word that does not belong in each group.*

1. finestra   tende   balcone

2. sasso   roccia   vetro

3. cane   cavallo   stalla

4. specchio   specialista   cornice

5. erba   tavolo   lampada

6. cisterna   acqua   cesto

7. mobile   immobile   armadio

8. partenza   porta   ingresso

Rispondi alle seguenti domande. *Answer the following questions.*

1. Quando eri bambino avevi una "casa sull'albero"? Chi l'aveva costruita?

_____

2. Dove vivevano gli uomini primitivi? Come era organizzata la loro giornata?

_____

3. Ci sono oggi persone che vivono in capanne o in caverne?

_____

4. Dove vivono coloro che non hanno una casa? Come possiamo aiutarli?

_____

5. Ti piacerebbe (*Would you like*) vivere in una fattoria? Perchè?

_____

Leggiamo

I trulli di Alberobello

Le abitazioni del centro storico della città di Alberobello in Puglia sono chiamate "trulli". Sono costruzioni di origine preistorica a forma cilindrica con la base in muratura e il tetto a cono fatto con lastre di pietra°. Il trullo antico è costituito da un solo piano senza finestre. C'è solo la porta d'ingresso che fa entrare la luce. Di solito, di fronte a questa porta c'è un mobile con un grande specchio che aumenta la luminosità° della stanza. Raramente sul tetto c'è una piccola finestra per il ricambio° dell'aria. Fino a pochi anni fa il trullo era usato dai pastori e dai contadini per dormire insieme con gli animali e conservare gli attrezzi° per la coltivazione dei campi.

Nel trullo moderno ci sono una o due camere da letto, un cucinino con frigo, forno a microonde e fornello. C'è anche la stanza da bagno che nei secoli passati era situata all'esterno° del trullo.

Oggi i trulli si possono affittare per passare una piacevole vacanza nella loro magica atmosfera. Il costo dell'affitto di un trullo varia dai 35 ai 40 euro al giorno per persona.

lastre di pietra	*limestone slabs*
luminosità	*brightness*
ricambio	*exchange*
attrezzi	*tools*
all'esterno	*outside*

I Sassi di Matera

Matera, città della Basilicata, è famosa per i suoi "Sassi", abitazioni di età preistorica, scavate nella roccia calcarea°. I due quartieri di Matera più famosi, Sasso Caveoso e Sasso Barisano, sono formati interamente da queste abitazioni trogloditiche°. In queste zone vivevano fino a sessant'anni fa quindici mila persone in condizioni igieniche molto precarie. Infatti, i giardini e le cisterne erano usati come abitazioni in cui intere famiglie convivevano con muli e pecore°.

Nel 1952 il primo ministro Alcide De Gasperi, ha firmato una legge° speciale che ordinava ai cittadini di abbandonare queste abitazioni. Dal 1993 i Sassi di Matera sono patrimonio dell'Unesco perchè sono un esempio di come sia° possibile vivere utilizzando° solo le risorse della natura: acqua, terra e sole.

scavati nella roccia calcarea	*dug in the limestone*
trogloditiche	*troglodyte*
muli e pecore	*mules and sheep*
legge	*law*
sia	*is*
utilizzando	*using*

I masi del Trentino Alto Adige

Il maso è un'antica abitazione rurale del Trentino Alto Adige, costruita interamente in legno o in legno e pietra. All'interno° vi sono un fienile°, una stalla e una piccola cucina per cuocere i cibi e per preparare il formaggio. A volte il fienile e la stalla sono separati dall'abitazione della famiglia contadina. Intorno al maso ci sono campi per il foraggio e il pascolo°.

In passato il maso era abitato dall'autunno all'inizio della primavera quando i contadini scendevano a valle° dopo l'alpeggio°. Oggi la funzione di questa struttura è profondamente cambiata diventando una delle attrattive turistiche più interessanti del Trentino. Delle antiche tradizioni resta ancora oggi il "bagno di fieno,°" pratica che era usata dai contadini per recuperare le energie dopo una giornata di lavoro e che consiste in un'immersione nell'erba fresca in via di fermentazione.

all'interno	*inside*
fienile	*barn*
pascolo	*grazing*
a valle	*downhill*
alpeggio	*summer pasture in the mountains*
fieno	*hay*

Al lavoro

ESERCIZIO
9·4

Completa le frasi in modo appropriato. *Complete the sentences with an appropriate word or phrase.*

I trulli di Alberobello

1. I trulli sono _____.

2. Il trullo antico non ha _____.

3. La finestra serve a far cambiar l'_____.

4. In passato persone ed animali _____.

5. Nel trullo moderno c'è anche _____.

6. Oggi nel trullo è possibile passare _____.

I Sassi di Matera

7. I Sassi sono _____.

8. I Sassi sono presenti principalmente in _____ di Matera.

9. In questi quartieri la popolazione viveva _____.

10. Anche gli animali vivevano _____.

11. La popolazione non abita più nei Sassi perchè _____.

12. Acqua, sole e terra sono _____.

I masi del Trentino Alto Adige

13. I masi sono _____.

14. Nella cucina di un maso si possono _____.

15. In passato i contadini abitavano nei masi solo dall'_____

    alla _____.

16. Il "bagno di fieno" serve a _____.

ESERCIZIO

9·5

Quale dei tre brani parla di … ? *Which of the three passages discuss … ?*

1. una città abbandonata _____.

2. un luogo abitato solo da settembre a marzo _____.

3. abitazioni antiche senza luce naturale _____.

4. abitazioni trasformate in luoghi di vacanze _____.

ESERCIZIO

9·6

Nella lettura "I trulli di Alberobello" distingui le preposizioni semplici da quelle articolate. Indica poi la composizione di quest'ultime, secondo il modello. *In the passage "I trulli di Alberobello," distinguish the simple prepositions from the compound prepositions. Then explain the composition of each compound preposition by following the model.*

PREPOSIZIONI SEMPLICI	PREPOSIZIONI ARTICOLATE
1. *di*	1. *del = di + il*
2.	2.
3.	3.
4.	4.
5.	5.
6.	6.
7.	7.
8.	8.
9.	9.
10.	10.
11.	11.
12.	12.
13.	13.
14.	14.
15.	15.

PREPOSIZIONI SEMPLICI	PREPOSIZIONI ARTICOLATE
16. _____	16. _____
17. _____	17. _____
18. _____	
19. _____	
20. _____	
21. _____	
22. _____	
23. _____	
24. _____	
25. _____	
26. _____	
27. _____	

Trova i sinonimi e i contrari delle seguenti parole e poi completa la tabella secondo il modello. *Find synonyms and antonyms for the following words, and then complete the table by following the model.*

PAROLA	SINONIMO	CONTRARIO
1. costruire	*fabbricare*	*demolire*
2. famoso	_____	_____
3. intero	_____	_____
4. ordinare	_____	_____
5. precario	_____	_____
6. primo	_____	_____
7. speciale	_____	_____

Film consigliati

Cristo s'è fermato ad Eboli di Francesco Rosi (dal libro di Carlo Levi)
Che bella giornata di Gennaro Nunziante

Le piazze

Prima di leggere

VOCABOLARIO	
Nomi	
l'**aiuola**	*flower bed*
l'**edificio**	*building*
la **festa**	*feast/party*
la **fiera**	*fair*
il **fiore**	*flower*
la **fontana**	*fountain*
i **generi alimentari**	*groceries*
il **lampione**	*streetlight*
la **locanda**	*inn*
il **mercato**	*market*
il **palazzo**	*building*
la **piazza**	*square*
il **re**	*king*
lo **spettacolo**	*show*
la **spezia**	*spice*
Aggettivi	
maestoso/a	*majestic*
notturno/a	*night*
politico/a	*political*
religioso/a	*religious*
straniero/a	*foreign*
Verbi	
addobbare	*to decorate*
chiacchierare	*to chat*
costruire	*to build*
incontrarsi	*to meet*
ospitare	*to host, to lodge*
passeggiare	*to walk*

ESERCIZIO

10·1

Completa le frasi con una delle parole elencate nella sezione "Vocabolario". *Complete the sentences with a word listed in the "Vocabolario" section.*

1. Per il compleanno di Anna compriamo un mazzo (*bouquet*) di _____.

2. Ogni mercoledì a Siena c'è un grande _____ con moltissimi e vari prodotti.

3. Un'altra parola per edificio è _____.

4. A piazza Navona a Roma ci sono tre _____.

5. Una _____ molto usata in cucina è il pepe.

6. Stasera al teatro Sistina c'è lo _____ di Roberto Benigni e Rocco Papaleo.

7. Di fronte a casa mia c'è un grande negozio di _____.

8. Per la laurea di Paolo organizziamo una bella _____.

9. Ogni anno a Torino c'è la _____ del libro.

10. La _____ più bella di Siena è *Il Campo*.

ESERCIZIO

10·2

Per ogni parola sottoelencata trova un verbo adatto e poi fa' una frase. *For each word given, find a suitable verb and make a sentence.*

ESEMPIO   palazzo   *Massimo costruisce un palazzo.*

1. festa _____

2. fiera _____

3. fiore _____

4. fontana _____

5. generi alimentari _____

6. chiesa _____

7. mercato _____

8. spettacolo _____

9. spezia _____

Rispondi alle seguenti domande. *Answer the following questions.*

1. Dove si incontrano i giovani del tuo quartiere?

_____

2. C'è una piazza nella tua città? È grande? Cosa c'è al centro? E intorno ci sono negozi, bar o ristoranti?

_____

3. In questa piazza c'è un mercato settimanale? Cosa si vende? Ci sono le giostre la domenica?

_____

4. Il monumento più importante della tua città è situato in una piazza? A chi è dedicato?

_____

Leggiamo

La piazza italiana

Gli amici sono buoni in ogni piazza.

La piazza italiana conserva il ruolo religioso, politico e commerciale che aveva al tempo dei greci e dei romani. Può ospitare un mercato, una fiera, uno spettacolo, un comizio°, una festa religiosa. È un luogo dove vanno tutti quelli che vogliono trascorrere° qualche ora tra la gente a conversare e a divertirsi. È circondata da edifici pubblici e religiosi e spesso ha al centro un monumento, una colonna, una fontana o un'aiuola.

comizio	*meeting held during an election campaign*
trascorrere	*to spend (time)*

Campo° de' Fiori a Roma

Uno dei simboli della vita notturna romana è piazza Campo de' Fiori; un tempo° era un'area coltivata esclusivamente a fiori. È solo nel XV secolo che essa si trasforma in punto d'incontro di attività commerciali e culturali, grazie all'intervento del cardinal Trevisani. Infatti, l'area viene pavimentata e vengono costruite numerose locande allo scopo di ospitare i mercanti nei giorni del mercato dei cavalli, cioè il lunedì e il sabato. Sorgono anche numerose botteghe di artigiani che fabbricano e vendono prodotti di ogni genere, dai ferri per i cavalli° alle balestre°, dai cappelli ai vestiti, ai bauli° alle chiavi, come testimoniano anche i nomi delle stradine laterali. Inoltre, poichè molte famiglie nobili stabiliscono la loro residenza nei palazzi rinascimentali di Campo de' Fiori, molti ambasciatori e prelati si fermano a far loro visita e frequentano i diversi circoli culturali ivi° presenti. Sotto papa Sisto IV Campo de' Fiori, che è l'unica piazza in cui non c'è una chiesa, diventa parte della "via papale", strada che collega la basilica di San Giovanni in Laterano con la basilica di San Pietro. Il nuovo papa, che è anche vescovo di Roma, percorre questa strada per prendere "possesso" della città.

Al centro della piazza il monumento al filosofo e frate domenicano Giordano Bruno, condannato al rogo nel 1600, testimonia la ferocia con cui venivano puniti gli eretici dal tribunale romano dell'Inquisizione.

Oggi la piazza è luogo di ritrovo° di molte persone e spesso è adibita a scenario di numerose attività artistiche, culturali e commerciali. Al mattino, mentre i romani fanno la spesa presso i vari banchi di spezie, fiori e frutta, i turisti girano per la piazza e scattano fotografie. La sera, poi, molti giovani, italiani e stranieri, si incontrano nei bar e nei ristoranti per mangiare, chiacchierare e godersi il tempo libero.

Campo	Field
un tempo	once
ferri ... cavalli	horseshoes
balestre	crossbows
bauli	trunks
ivi	there
luogo di ritrovo	meeting place

Piazza del Plebiscito a Napoli

Il nome attuale della piazza deriva dal plebiscito del 21 ottobre 1860 con il quale le popolazioni del Sud, che facevano parte del Regno delle due Sicilie, sono state annesse al nuovo Regno d'Italia sotto la dinastia Savoia. La piazza ospita la monumentale basilica di San Francesco di Paola, fatta costruire dal re Ferdinando I di Borbone per celebrare il suo ritorno nella città dopo l'espulsione nel 1815 di Gioacchino Murat, cognato di Napoleone Bonaparte e da questi nominato° re di Napoli nel 1808.

Il Palazzo Reale, una delle residenze dei Borbone (1734–1860), domina un altro lato della piazza. Costruito nel 1600 dall'architetto Domenico Fontana, ha ospitato i viceré spagnoli e austriaci, i re di casa Borbone e, dopo il 1861, anche i Savoia, re d'Italia. È composto da numerose grandissime sale°, elegantemente addobbate con arazzi, dipinti, mobili e arredi del '700 e dell'800. L'ala del palazzo situata vicino al Teatro San Carlo è sede° della Biblioteca Nazionale che ospita° quasi due milioni di volumi a stampa°, ventimila manoscritti e milleottocento papiri.

da ... nominato	appointed by him
sale	rooms
sede	home
ospita	houses
a stampa	printed

Piazza San Carlo a Torino

È una delle piazze più importanti di Torino ed è definita "il cuore° della città". Dal 1618 è dedicata a San Carlo Borromeo, il santo arcivescovo di Milano che durante i suoi pellegrinaggi a piedi alla Sacra Sindone°, che allora era custodita a Chambéry, in Francia, si fermava a Torino. Nel 1638 la duchessa Maria Cristina di Savoia ordina la costruzione dei monumentali portici° sotto cui è bello passeggiare con il sole o con la neve. Ai lati° della piazza si trovano il seicentesco° palazzo Solaro del Borgo e le due chiese gemelle barocche di Santa Cristina e di San Carlo. Negli anni Sessanta del Novecento la piazza è adornata con i caratteristici lampioni stile impero con braccio a cornucopia.

Da sempre questa piazza è frequentata da politici, nobili e scrittori che si riuniscono nei vari locali sotto i portici. Tra questi un posto d'onore merita° il Caffè San Carlo, il primo in tutta Italia ad avere usato l'illuminazione a gas. Famoso per aver ospitato letterati come Vittorio Alfieri, Giacomo Noventa, Giacomo Debenedetti, il Caffè San Carlo conserva ancora oggi lo splendore e la magnificenza di un tempo.

Al centro della piazza domina, maestoso, il monumento equestre ad Emanuele Filiberto di Savoia, uomo di grande valore militare e politico, grazie al quale° nel 1578 la Sacra Sindone è stata trasportata da Chambéry a Torino.

cuore	heart
Sacra Sindone	Holy Shroud (The Shroud of Turin is a centuries-old linen cloth that bears the image of a crucified man that millions believe to be Jesus of Nazareth.)
portici	architectural arcades
lati	sides
seicentesco	seventeenth century
merita	deserves
grazie al quale	thanks to whom

Al lavoro

ESERCIZIO
10·4

Indica se le seguenti affermazioni sono vere o false. *Indicate whether the following statements are true (V) or false (F).*

La piazza italiana

1. La piazza italiana ha caratteristiche simili a quella dei greci e dei romani.   V   F

2. In piazza possono suonare anche i gruppi musicali.   V   F

3. In ogni piazza c'è un teatro.   V   F

Campo de' Fiori a Roma

4. Nel XV secolo il cardinale Trevisani favorisce lo sviluppo della piazza.   V   F

5. Le locande ospitano i mercanti dal lunedì al sabato.   V   F

6. Le botteghe artigianali vendono anche accessori per la testa.   V   F

7. I preti non fanno parte dei circoli culturali.   V   F

8. Il vescovo di Roma percorre la "via papale".   V   F

9. Giordano Bruno è morto in questa piazza.   V   F

10. Ancora oggi Campo de' Fiori è un mercato all'aperto.   V   F

11. Campo de' Fiori è un posto per i giovani di tutto il mondo.   V   F

Piazza del Plebiscito a Napoli

12. Nel 1860 il Regno delle due Sicilie diventa parte del Regno d'Italia.   V   F

13. A Napoli nel 1815 Ferdinando I fa costruire la basilica di San Francesco di Paola per Gioacchino Murat.   V   F

14. In passato molte dinastie hanno abitato il Palazzo Reale.   V   F

15. Nelle sale del palazzo ci sono molti mobili del XVIII e del XIX secolo.   V   F

16. La Biblioteca Nazionale è ricca di quadri antichi.   V   F

Piazza San Carlo a Torino

17. La città di Torino è dedicata a San Carlo Borromeo.   V   F

18. San Carlo si recava da Milano a Chambéry a piedi.   V   F

19. In piazza San Carlo c'è una chiesa medievale.   V   F

20. La piazza è famosa per la sua caratteristica illuminazione.   V   F

21. Molte persone hanno frequentato il Caffè San Carlo.   V   F

22. Il monumento al centro della piazza è dedicato alla Sacra Sindone.   V   F

ESERCIZIO
10·5

Nelle letture "La piazza italiana" e "Campo de' Fiori a Roma" trova gli aggettivi qualificativi e inseriscili nella tabella, secondo il modello. *In the passages "La piazza italiana" e "Campo de' Fiori a Roma," identify the adjectives and then use them to complete the table by following the example.*

MASCHILE SINGOLARE	MASCHILE PLURALE	FEMMINILE SINGOLARE	FEMMINILE PLURALE
religioso	*pubblici*	*italiana*	*commerciali*

ESERCIZIO
10·6

Nella lettura "Piazza del Plebiscito a Napoli" trova le voci verbali del presente indicativo e individua l'infinito di ciascuna di esse. *In the passage "Piazza del Plebiscito a Napoli," identify the forms of the present indicative and give the infinitive for each of them.*

PRESENTE	INFINITO

ESERCIZIO

10·7

Nella lettura "Piazza San Carlo a Torino" individua le preposizioni semplici e le preposizioni articolate. *In the passage "Piazza San Carlo a Torino," identify the simple prepositions and the compound prepositions.*

1. Preposizioni semplici: _____

_____

2. Preposizioni articolate: _____

_____

ESERCIZIO

10·8

Riflessioni. Fa' una ricerca su un'altra famosa piazza italiana. A quale delle piazze presentate nella lettura assomiglia? *Research another famous Italian square. Which of the squares presented in the reading does it resemble?*

_____

_____

_____

_____

ESERCIZIO

10·9

Riflessioni. Qual è la piazza più importante del tuo paese/della tua città? Ha le stesse caratteristiche della piazza italiana? *What is the most important square in your country/in your city? Does it have the same characteristics of the Italian square?*

_____

_____

_____

_____

Film consigliati

Giordano Bruno di Giuliano Montaldo

Ferdinando e Carolina di Lina Wertmüller

Luisa Sanfelice dei Fratelli Taviani

La meglio gioventù di Marco Tullio Giordana

Tre monumenti

Prima di leggere

VOCABOLARIO

Nomi

la **cappella**	*chapel*
il **compositore**	*composer*
la **cupola**	*dome*
il **dio**/gli **dei**	*god/gods*
il **direttore d'orchestra**	*conductor*
la **forma**	*shape*
l'**imperatore**	*emperor*
l'**incendio**	*fire*
il **palco** (pl. **palchi**)	*box, booth*
il **palcoscenico**	*stage*
il **papa**	*pope*
la **parete**	*wall*
la **regina**	*queen*

Aggettivi

eccezionale	*exceptional*
prezioso/a	*precious, valuable*
reale	*royal, real*
straordinario/a	*outstanding*

Verbi

assistere	*to attend*
coprire (p.p. **coperto**)	*to cover*
costruire	*to build*
donare	*to give*
distruggere (p.p. **distrutto**)	*to destroy*
diventare	*to become*
eleggere (p.p. **eletto**)	*to elect*
esibirsi	*to perform*
iniziare	*to start, to begin*
ordinare	*to order*
progettare	*to design*
regnare	*to reign*
sedersi	*to sit*

VERBI

PASSATO REMOTO **CANTARE**	PASSATO REMOTO **TEMERE**	PASSATO REMOTO **PARTIRE**
io cantai	io temei (temetti)	io partii
tu cantasti	tu temesti	tu partisti
lui/lei/Lei cantò	lui/lei/Lei temè (temette)	lui/lei/Lei partì
noi cantammo	noi tememmo	noi partimmo
voi cantaste	voi temeste	voi partiste
loro cantarono	loro temerono (temettero)	loro partirono

ESERCIZIO
11·1

Completa le frasi con una delle parole o espressioni suggerite. *Complete each sentence by choosing a word or phrase from the word bank.*

regina	papa	dio	ha distrutto	pareti	compositore
cupola	ha progettato	regna	Cappella	direttore d'orchestra	

1. Per i romani Marte era il _____ della guerra.

2. Kate Middleton, moglie del principe William, spera di diventare

   presto _____.

3. Il colore delle _____ della mia stanza è verde.

4. Riccardo Muti è un grande _____.

5. Il mio _____ preferito è Beethoven.

6. Il terremoto (*earthquake*) _____ molti edifici e chiese in Emilia Romagna.

7. La _____ di San Pietro è la più grande del mondo.

8. Il _____ Emerito Benedetto XVI è tedesco.

9. La _____ Sistina è nei Musei Vaticani.

10. L'architetto Gae Aulenti _____ la sedia Aprile, il tavolo San Marco e la lampada Pipistrello.

11. La regina Elisabetta II _____ da oltre sessant'anni.

Da quali nomi di città o di paesi derivano i seguenti aggettivi? *Indicate to which city or country each adjective is related.*

1. romano _____

2. bizantino _____

3. veneziano _____

4. napoletano _____

5. argentino _____

6. israeliano _____

Rispondi alle seguenti domande. *Answer the following questions.*

1. Quali sono i monumenti più visitati della tua città? Chi o che cosa rappresentano?

_____

2. C'è un teatro nella zona dove abiti? È antico o moderno? Che tipi di spettacoli si possono vedere?

_____

3. Ti piace la musica lirica? Hai mai assistito alla rappresentazione di un'opera? Conosci un cantante lirico famoso?

_____

4. Hai mai visitato un palazzo reale? Dove? Conosci il nome di qualche re o regina? Quali stati europei sono monarchici?

_____

VERBI

PASSATO REMOTO **ESSERE**	PASSATO REMOTO **AVERE**
io fui	io ebbi
tu fosti	tu avesti
lui/lei/Lei fu	lui/lei/Lei ebbe
noi fummo	noi avemmo
voi foste	voi aveste
loro furono	loro ebbero

Leggiamo
Pantheon

Il Pantheon era un edificio dedicato a "tutti gli dei". I romani lo chiamano "la Rotonda" per la sua forma circolare. È infatti formato da un cilindro con sopra una cupola di quarantatré metri di diametro. Al centro della cupola c'è un *oculo*° che permette all'aria di circolare. Costruito nel 27 a.C. da Marco Vipsanio Agrippa, amico e genero di Augusto, fu distrutto da due incendi nell'80 e nel 110 d.C. Nel 118 d.C. l'imperatore Adriano ne° ordinò la ricostruzione. Nel 608 d.C. l'imperatore bizantino Foca donò il tempio a papa Bonifacio IV che lo trasformò nella basilica cristiana di *Sancta Maria ad Martyres*.

Dal Rinascimento in poi il Pantheon diventò un luogo di sepoltura° di uomini illustri. Ospita, infatti, i resti° dei pittori Raffaello Sanzio e Annibale Carracci, del compositore Arcangelo Corelli e dell'architetto Baldassarre Peruzzi. Anche il primo re d'Italia, Vittorio Emanuele II, suo figlio Umberto I con la moglie, la regina Margherita, riposano in questa basilica. Ancora oggi nel Pantheon si celebrano messe e matrimoni.

Molti edifici, chiese, biblioteche ed università sono stati costruiti sul modello del Pantheon. Tra tutti citiamo le splendide ville del Palladio a Vicenza, la basilica di San Francesco di Paola a Napoli, la biblioteca della Columbia University, la Rotonda dell'University of Virginia progettata da Thomas Jefferson e il Jefferson Memorial a Washington, D.C.

oculo	*circular window*
ne	*of it*
sepoltura	*burial*
resti	*remains*

Basilica di San Marco

Nell'828 alcuni commercianti veneziani trasportarono a Venezia dall'Egitto i resti dell'evangelista San Marco e costruirono accanto all'abitazione del doge° una piccola chiesa in onore del santo. All'inizio la cappella fu usata dai dogi sia come luogo di preghiera sia come sede° di cerimonie di stato. L'aspetto attuale della basilica, a croce greca, risale al 1063, quando fu ricostruita, dopo vari incendi, sul modello della basilica dei Santi Apostoli di Costantinopoli. Nel 1094 il doge Vitale Faliero scoprì° in una colonna i resti di San Marco. Da allora tutti i veneziani contribuirono ad adornare la basilica portando dall'Oriente sculture, fregi, colonne e capitelli°. La chiesa è uno straordinario esempio di arte bizantina veneziana presente nei bellissimi mosaici di marmo e pietre preziose che, tra cupole, pavimenti e pareti coprono oltre quattromila metri quadrati di superficie. Dietro l'altare si può ammirare la Pala d'oro°, realizzata nel X secolo con smalti° e pietre preziose. Al centro della pala la figura del Cristo benedicente, circondato dagli Evangelisti, domina la scena.

All'esterno della basilica le copie dei quattro cavalli di bronzo (gli originali sono conservati nel Museo della basilica) sono il simbolo della libertà dallo straniero. Trasportati a Parigi nel 1797 durante la campagna in Italia di Napoleone, ritornarono a Venezia nel 1815 dopo la caduta dell'imperatore francese.

Nel 1807 la Basilica di San Marco diventò sede del patriarca di Venezia e cattedrale della città. Tre patriarchi furono poi eletti papi: Giuseppe Sarto, diventato papa Pio X nel 1896, Angelo Giuseppe Roncalli, papa Giovanni XXIII, eletto nel 1958 e dichiarato santo nel 2014, e Albino Luciani, che regnò° solo trentatré giorni, dal ventisei agosto al ventotto settembre 1978 con il nome di Giovanni Paolo I.

doge	*the elected chief magistrate of the former republic of Venice*
sede	*seat, center*
scoprì	*found*
capitelli	*capitals (architectural)*
Pala d'oro	*golden panel decorated front and back*
smalti	*enamels*
regnò	*reigned*

Teatro alla Scala

Realizzato dall'architetto neoclassico Giuseppe Piermarini, il Teatro alla Scala fu inaugurato il 3 agosto 1778 con la presentazione dell'opera *Europa riconosciuta* del compositore Antonio Salieri. In quel periodo la platea° era usata come sala da ballo e quindi non aveva sedili°. Quando lo spettacolo iniziava, i servi e i militari prendevano delle° sedie dalla zona guardaroba e si accomodavano in platea. Gli altri spettatori guardavano lo spettacolo dai 678 palchi, divisi in sei piani. Sopra il sesto piano c'era il *loggione*, dove in genere si sedevano gli appassionati dell'opera che non avevano soldi per pagarsi il biglietto di un palco.

L'opera buffa° napoletana caratterizzò il primo periodo di vita del teatro con opere di Giovanni Paisiello e Domenico Cimarosa, come *La molinara* e *Il matrimonio segreto*. Con Gioacchino Rossini (1812) il Teatro alla Scala diventò il luogo per eccellenza del melodramma italiano, ruolo che conserva ancora oggi e per cui° è famoso in tutto il mondo. In questi due secoli nel Teatro alla Scala si sono esibiti altri grandi compositori come Verdi, Puccini, Donizetti, Bellini, artisti eccezionali come Callas, Tebaldi, Ricciarelli, Pavarotti, Carreras, Domingo e straordinari direttori d'orchestra quali Toscanini, Abbado e Muti. Il Papa Emerito, Benedetto XVI, a Milano in occasione del "VII incontro mondiale delle famiglie", ha assistito ad un concerto in suo onore diretto dall'attuale° direttore d'orchestra, il maestro argentino-israeliano Daniel Barenboim.

Il Teatro alla Scala ospita anche la Scuola e la Compagnia di ballo che hanno visto la nascita di molte *stelle*, come Rudolf Nureyev, Carla Fracci, Roberto Bolle e Svetlana Zakharova.

platea	*orchestra stalls*
sedili	*seats*
delle	*some*
opera buffa	*comic opera*
per cui	*for which*
attuale	*current, present*

Al lavoro

ESERCIZIO
11·4

Rileggi la descrizione di ciascuno dei tre monumenti e poi completa le frasi in modo appropriato. *Reread each description of the three monuments, and then complete the sentences with appropriate information.*

Pantheon

1. La parola *pantheon* significa _____.

2. Nel 608 d.C. il Pantheon diventa _____.

3. Molti uomini illustri riposano nel _____.

4. In architettura il Pantheon è stato un _____.

Basilica di San Marco

5. Prima del 828 i resti di San Marco _____.

6. Per conservare i resti di San Marco _____.

7. Nel 1094 il doge Faliero _____.

8. Nel 1797 i cavalli di bronzo _____.

9. Tre patriarchi di Venezia _____.

Teatro alla Scala

10. Il tre agosto 1778 _____.

11. Antonio Salieri _____.

12. Inizialmente nella platea non vi erano _____.

13. Nel loggione si sedevano _____.

14. Giovanni Paisiello e Domenico Cimarosa composero _____.

15. Grazie a Gioacchino Rossini e alle sue opere il Teatro alla Scala _____.

16. Bellini, Verdi e Donizetti erano _____.

17. Carreras e Domingo sono _____.

18. Uno degli spettatori illustri del Teatro alla Scala è stato _____.

19. Carla Fracci e Roberto Bolle sono dei famosi _____.

ESERCIZIO

11·5

Usa gli aggettivi numerali cardinali presenti nella lettura "Pantheon" per comporre dei brevi dialoghi, secondo il modello. *Use the cardinal numbers that appear in the reading "Pantheon" to write short dialogues. Follow the model.*

ESEMPIO

– Quanto è alto quel palazzo?

– È alto 43 metri.

1. _____

_____

2. _____

_____

3. _____

_____

4. _____

_____

5. _____

_____

Per ciascun vocabolo della colonna A cerca il suo contrario nella colonna B. *Match each word in column A with its antonym in column B.*

A

1. _____ ammirare

2. _____ ricostruito

3. _____ esterno

4. _____ libertà

5. _____ copia

6. _____ presente

7. _____ straordinario

B

a. assente

b. oppressione

c. demolito

d. originale

e. interno

f. comune

g. odiare

Nella lettura intitolata "Teatro alla Scala" individua le voci verbali dell'imperfetto e del passato remoto e poi completa la tabella. *In the reading "**Teatro alla Scala**," identify the forms of the imperfect and the past perfect, and then complete the table.*

IMPERFETTO	INFINITO	PASSATO REMOTO	INFINITO

ESERCIZIO
11·8

Riflessioni. Fa' una ricerca su un monumento del tuo paese/della tua città. Spiega la ragione per cui è stato costruito, quali materiali sono stati usati, dove è situato. *Research a monument of your country/city. Explain the reason for which it was constructed, which materials were used, where it is located.*

_____

_____

_____

_____

Film consigliati

Callas forever di Franco Zeffirelli

Riccardo Muti e l'orchestra del Teatro alla Scala (DVD)

Mestieri e professioni

12

Prima di leggere

VOCABOLARIO	
Nomi	
l'**acquaiolo**	*water vendor*
l'**architetto**	*architect*
l'**attore**	*actor*
l'**attrezzo**	*tool*
l'**aumento**	*raise*
l'**avvocato**	*lawyer*
il **barbiere**	*barber*
il **bibliotecario/a**	*librarian*
la **bottega**	*workshop*
il **calzolaio**	*shoemaker*
la **casalinga**	*housewife*
il/la **ceramista**	*ceramist*
il/la **commercialista**	*business consultant*
il/la **commesso/a**	*clerk*
il **direttore di un giornale**	*editor*
l'**elettricista**	*electrician*
la **fabbrica**	*factory*
il **fabbro**	*blacksmith*
il **falegname**	*carpenter*
il **fornaio**	*baker*
il **giardiniere**	*gardener*
il **giornalaio**	*news vendor*
il **guadagno**	*earning*
l'**idraulico**	*plumber*
l'**impiegato**	*employee*
l'**imprenditore**	*entrepreneur*
l'**innaffiatoio**	*watering can*
l'**infermiere/a**	*nurse*
l'**ingegnere**	*engineer*
il/la **lavandaio/a**	*laundryman/laundrywoman*
il **lavoratore**	*worker*
il **lavoro**	*job*
il **lavoro agricolo**	*farm work*
il **lavoro fisso**	*permanent job*

Nomi (*continued*)

il **lustrascarpe**	*shoeshine*
il **magistrato**	*judge*
il **medico** (**dottore**/la **dottoressa**)	*physician*
l'**operaio/a**	*factory worker*
l'**orefice**	*goldsmith*
il **panettiere**	*baker*
il/lo **pensionato/a**	*retiree*
il/la **parrucchiere/a**	*hairdresser*
il **portiere**	*doorman*
il **programmatore**/la **programmatrice di computer**	*computer programmer*
il/la **sarto/a**	*dressmaker, tailor*
lo **sciopero**	*strike*
lo **stipendio**	*salary, wage*
la **tosaerba**	*lawn mower*
la **vendita**	*sale*
il **vigile del fuoco**	*firefighter*

Aggettivi

audace	*bold (personality)*
fisso/a	*permanent, fixed*
gentile	*kind*

Verbi

andare in pensione	*to retire*
assumere (p.p. **assunto**)	*to hire*
essere licenziato	*to be fired*
essere professore, falegname	*to be a professor, a carpenter*
fare il dottore, il sarto	*to be a doctor, a tailor*
fare sciopero, scioperare	*to strike*
licenziare	*to fire*
riscoprire (p.p. **riscoperto**)	*to rediscover*
vendere	*to sell*

ESERCIZIO
12·1

Qual è l'etimologia di ... ? *Guess the origin of these words.*

1. acquaiolo _____
2. bibliotecario _____
3. ceramista _____
4. elettricista _____
5. giardiniere _____
6. giornalaio _____
7. orefice _____
8. panettiere _____
9. portiere _____
10. programmatore _____

Completa ciascuna frase con una delle parole della sezione "Vocabolario".
*Complete each sentence with one of the words from the "**Vocabolario**" section.*

1. Il falegname lavora nella _____.

2. Per riparare le scarpe vado dal _____.

3. Il _____ vende giornali e riviste.

4. Il _____ lavora in tribunale.

5. L'_____ recita in teatro.

6. Vado dal _____ a comprare il pane.

7. Per curare il giardino chiamo il _____.

8. Per tagliarmi i capelli vado dal _____.

9. Il _____ lavora nel negozio.

10. Il nonno ha smesso di lavorare: è andato in _____.

11. Spesso i lavoratori _____ per avere un aumento di stipendio.

12. L'_____ assiste il dottore nella cura degli ammalati.

VERBO _____

CONDIZIONALE PRESENTE **PIACERE**

mi/ti/gli/le/Le piacerebbe/piacerebbero

Mi piacerebbe fare l'astronauta.	*I would like to be an astronaut.*
Sono sicuro che ti piacerebbero i film di Tornatore.	*I am sure you would like Tornatore's movies.*

Rispondi alle seguenti domande. *Answer the following questions.*

1. Che lavoro ti piacerebbe fare? Perchè? In che cosa dovresti laurearti e/o specializzarti?

_____

2. Che lavoro facevano i tuoi nonni?

_____

3. Che lavoro fanno i tuoi genitori?

_____

4. Qual è, secondo te, la professione più apprezzata? La più pagata? La più utile? Confronta le tue risposte con le informazioni fornite dal paragrafo "**Ai primi posti**".

_____

Leggiamo

Vecchi e nuovi mestieri

In mancanza di lavoro molti giovani riscoprono i mestieri dei loro nonni e scelgono di continuarne la tradizione. Negli ultimi anni c'è stato un ritorno ad antichi mestieri rivisti in chiave moderna°, come quello del sarto, della donna-falegname, del giardiniere, del decoratore di ceramica, dell'orefice e del restauratore di poltrone e sedie. Così, per esempio, i giovani sarti non solo confezionano vestiti, ma creano borse di stoffa, cappellini di lana, sandali di cuoio°, gonne e magliette dipinte a mano, mentre i falegnami, oltre a fabbricare mobili e a restaurarli, creano oggetti d'arte in legno, e i giardinieri si occupano di disegnare, oltre che curare, giardini e parchi. Spesso le regioni organizzano corsi di formazione per giovani ed adulti non solo per evitare che gli antichi mestieri scompaiano del tutto, ma anche per favorire l'occupazione.

C'è anche un grande ritorno ai lavori agricoli°. Molti giovani, infatti, coltivano la terra sia perchè amano il contatto con la natura, sia per mancanza di un lavoro fisso. Molti di loro abbinano la coltivazione della terra alla vendita diretta dei prodotti dei campi e all'agriturismo° ed il risultato è vincente!

Alcuni mestieri, come quello del lavandaio, sono ormai del tutto scomparsi, a causa dello sviluppo industriale e, quindi, della fabbricazione degli elettrodomestici che hanno sostituito la manualità.

rivisti ... moderna	*reinterpreted in a modern way*
cuoio	*leather/hide*
lavori agricoli	*farmwork*
agriturismo	*vacation on a farm*

> *Agriturismo: Un tipo di turismo che fa conoscere la natura e aiuta gli agricoltori a restare nel territorio.*

La globalizzazione

Mestieri da tutto il mondo per soddisfare i desideri di tutti

Con la globalizzazione che ha investito il nuovo millennio sono apparsi° in Italia mestieri che erano già presenti in altri paesi di cui conservano anche la stessa denominazione originale. Tra i più in voga c'è quello del Personal Shopper, che si occupa di fare acquisti per conto di° clienti ricchi e molto occupati, o quello del Wedding Planner, che guida i futuri sposi nella scelta del luogo della cerimonia, del ristorante, del menù e di tutti gli altri dettagli estetici che rendono l'evento indimenticabile e unico.

Molti lavori sono legati ad Internet come il Web Content Manager o il VLogger, mentre molte persone si servono dei siti Web per fare o farsi pubblicità, come, per esempio il Venditore Online, responsabile delle vendite di vari prodotti sia per proprio conto sia per conto di terzi°.

apparsi	*appeared*
per conto di	*on behalf of*
terzi	*third parties*

Ai primi posti

I migliori? Il direttore di giornale e il ...

Data l'importanza dei mezzi di comunicazione, la professione più apprezzata è quella del direttore di giornale. Al secondo posto si trova quello del magistrato, simbolo della giustizia.

Il medico, tutore della salute, è al terzo posto, seguito dal commercialista, dall'imprenditore e dai divi° dello spettacolo.

Tra i professionisti più pagati l'attore è in testa alla classifica, mentre il commesso, il portiere e l'operaio risultano agli ultimi posti.

La professione più utile risulta quella del medico del Pronto Soccorso°, seguita da quella del magistrato, del direttore di giornale, dell'elettricista e dell'operaio. All'ultimo posto è il lavoro del portiere.

divi	stars
Pronto Soccorso	Emergency Room, first aid

> *Il lavoro nobilita l'uomo.*

I diritti dei lavoratori

Tredicesima, liquidazione e congedo per i neo-papà

I sindacati° difendono gli interessi dei lavoratori che spesso si servono dello sciopero per protestare e per ottenere qualche beneficio. I lavoratori delle aziende private o pubbliche possono essere sospesi° dal lavoro o licenziati.

In generale, il lavoratore dipendente gode di quattro settimane di ferie pagate e della tredicesima, uno stipendio extra distribuito a metà dicembre che permette alle famiglie di fare qualche acquisto in più durante il periodo natalizio o di pagare, come accade spesso, conti arretrati°. Inoltre, quando il lavoratore va in pensione riceve la "liquidazione°", una consistente somma in denaro, e la pensione, una cifra mensile calcolata in base agli anni di lavoro e ai contributi versati.

In caso di maternità la lavoratrice ha diritto a cinque mesi di congedo° dal lavoro. La legge permette al papà di sostituirsi alla mamma e di stare a casa col bambino.

sindacati	unions
sospesi	suspended
conti arretrati	delinquent accounts
liquidazione	severance
congedo	maternity leave

Al lavoro

Indica se le seguenti affermazioni sono vere o false. *Indicate whether the following statements are true (V) or false (F).*

Vecchi e nuovi mestieri

1. Molti giovani reinventano antichi mestieri.   V   F

2. I corsi di formazione sono organizzati da giovani e adulti.   V   F

3. L'amore per la natura spinge i giovani a coltivare la terra.   V   F

4. La manualità ha sostituito la tecnologia.   V   F

5. L'agriturismo permette di stare a contatto con la natura.   V   F

La globalizzazione

6. Mestieri una volta caratteristici di altri paesi sono ora di moda anche in Italia.   V   F

7. Il Personal Shopper sostituisce in parte il lavoro della "donna di servizio".   V   F

8. Il Venditore Online può vendere differenti tipi di prodotti.   V   F

Ai primi posti

9. Quello del direttore di giornale è il lavoro più pagato.   V   F

10. Quello del portiere è un lavoro non apprezzato.   V   F

11. Medici e magistrati fanno lavori socialmente utili.   V   F

I diritti dei lavoratori

12. I lavoratori possono scioperare.   V   F

13. Con la tredicesima molti lavoratori pagano qualche debito.   V   F

14. Il lavoratore in pensione ha diritto ad una somma mensile calcolata in base ai suoi anni.   V   F

15. I papà non possono rimanere a casa con i loro bambini.   V   F

ESERCIZIO 12·5

Completa la tabella, secondo il modello. *Complete the table by following the model.*

PROFESSIONE O MESTIERE	DOVE LAVORA	CHE COSA USA	QUALE ATTIVITÀ SVOLGE
avvocato	*studio legale/ tribunale*	*i codici*	*Difende gli innocenti e i criminali. Si occupa di divorzi e bancarotte.*
barbiere			
giornalaio	*edicola*		
falegname			
giardiniere			
medico			

PROFESSIONE O MESTIERE	DOVE LAVORA	CHE COSA USA	QUALE ATTIVITÀ SVOLGE
operaio	_____	_____	_____
	_____	_____	_____
programmatore	_____	_____	_____
	_____	_____	_____
panettiere	_____	_____	_____
	_____	_____	_____
sarto	_____	_____	_____
	_____	_____	_____
vigile del fuoco	_____	_____	_____
	_____	_____	_____

ESERCIZIO

12·6

Nel paragrafo "La globalizzazione" individua i pronomi relativi. *In the paragraph "La globalizzazione," find the relative pronouns.*

1. _____
2. _____
3. _____
4. _____
5. _____
6. _____

ESERCIZIO

12·7

Forma delle frasi usando il comparativo di maggioranza e di minoranza. *Build sentences with the comparatives of superiority and inferiority.*

ESEMPIO   professione del medico/professione dell'attore/utile

La professione del medico è più utile della professione dell'attore.

1. attore/operaio/famoso

_____

2. gonne e magliette/abiti da sera/pratico

_____

3. lavoro del commesso/lavoro dell'agricoltore/pesante

_____

4. borse di Tod's/borse di Ferragamo/costoso

_____

5. stipendio del magistrato/stipendio del professore/alto

_____

6. professione del medico/professione dell'architetto/rischioso

_____

ESERCIZIO
12·8

Secondo te, quali caratteristiche deve avere una persona per fare un buon lavoro? Aggiungi a quelle date almeno altre tre. _In your opinion, which attributes must a person have to perform well at work? Give at least three additional attributes in the space provided._

1. _essere audaci_ _____

2. _avere spirito di iniziativa_ _____

3. _parlare almeno due lingue_ _____

4. _____

5. _____

6. _____

ESERCIZIO
12·9

Che cosa dovrebbe offrire un buon lavoro? _What characteristics describe a good job?_

ESEMPIO   _un orario flessibile_

1. _____

2. _____

3. _____

4. _____

5. _____

Riflessioni. Hai deciso di fondare una compagnia che si occupi dei vari tipi di pubblicità. Sei un giovane molto audace, ma non hai nè soldi, nè esperienza. Come ti organizzi? A chi ti rivolgi per ricevere sovvenzioni? Quale sarà la struttura della compagnia? Quali caratteristiche devono avere i tuoi collaboratori? *You have decided to start a company that deals with the various types of advertising. You're young and very bold, but you have neither money nor experience. How do you organize it? To whom do you turn to receive grants? What will be the structure of the company? What characteristics should your coworkers have?*

_____

_____

_____

_____

_____

_____

_____

Film consigliati

Sciuscià di Vittorio De Sica

Mi manda Picone di Nanni Loy

Mimì Metallurgico di Lina Wertmüller

Tre fratelli di Francesco Rosi

Impiegati di Pupo Avati

13

Lo sport

Prima di leggere

VOCABOLARIO	
Nomi	
l'**atleta** (m. & f.)	*athlete*
l'**automobile**	*car*
l'**automobile da corsa**	*race*
l'**automobilismo**	*car racing*
il **calcio**	*soccer*
il **campionato**	*championship*
il **campione**	*champion*
la **campionessa**	*champion*
la **casa automobilistica**	*car maker*
il **casco**	*helmet*
il **ciclismo**	*cycling*
il **ciclista**	*cyclist*
il **corridore**	*racer*
la **corsa**	*race*
la **disciplina (sportiva)**	*sport*
il **fioretto**	*foil*
il/la **fiorettista**	*fencer*
la **gara**	*race, competition*
il **giocatore**	*player*
la **maglietta**	*T-shirt*
la **medaglia**	*medal*
il **motociclismo**	*motorcycling*
il **nuoto**	*swimming*
il **pallone**	*soccer ball*
la **partita**	*game*
la **patente**	*driver's license*
il **pattinaggio artistico/su ghiaccio**	*figure/ice skating*
il **pilota**	*pilot*
la **pista**	*racetrack*
il **premio**	*prize, award*
la **scherma**	*fencing*
la **squadra**	*team*
lo **stadio**	*stadium*
lo **stile libero**	*free-style (swimming)*
la **tappa**	*stage*

Nomi (*continued*)

il/la **tifoso/a**	*fan*
il **traguardo**	*finish line*
la **vettura**	*car*
il **vincitore**	*winner*

Aggettivi

calcistico/a	*soccer*
ineguagliabile	*incomparable*
mondiale	*world*
straordinario/a	*extraordinary*

Verbi

applaudire	*to applaud*
competere	*to compete*
correre (p.p. **corso**)	*to run*
giocare a/fare dello sport, praticare uno sport	*to play a sport*
perdere	*to lose*
vincere (p.p. **vinto**)	*to win*

ESERCIZIO
13·1

Anagramma le seguenti parole per formarne altre presenti nella lista della sezione "Vocabolario". *Rearrange the letters to form words presented in the "Vocabolario" section.*

ESEMPIO   raga   *gara*

1. sotifo   _____
2. appat   _____
3. ciolca   _____
4. cameponi   _____
5. adamegli   _____
6. smocicli   _____
7. tiparta   _____
8. diosta   _____
9. nellopa   _____
10. sarco   _____
11. taleta   _____
12. sacco   _____

ESERCIZIO
13·2

Completa le frasi con una delle parole della sezione "Vocabolario".
*Complete each sentence with one of the words listed in the "**Vocabolario**" section.*

1. Uno sport su due ruote: _____.

2. Un gruppo di giocatori: _____.

3. Si può vincere alle Olimpiadi: _____.

4. Un altro nome per automobile: _____.

5. Sono tante nel Giro d'Italia: _____.

6. Vi andiamo per guardare la partita di calcio: _____.

7. La "Rossa" lo è della Ferrari: _____.

8. Per andare in moto è necessario mettersi il _____.

ESERCIZIO
13·3

Rispondi alle seguenti domande. *Answer the following questions.*

1. Pratichi uno sport? È uno sport individuale o di gruppo? Che cosa indossi?

   _____

2. Hai mai partecipato ad una gara? Hai mai vinto un premio?

   _____

3. Di quale sport sei tifoso/a? Vai a vedere le partite o le guardi in TV? Qual è il tuo giocatore preferito?

   _____

4. Hai mai assistito ad una corsa automobilistica? Dove?

   _____

5. Se vai in bici o in moto usi il casco?

   _____

Leggiamo

Il calcio

Lo sport più popolare in Italia è il calcio. I tifosi italiani ogni settimana, dalla fine d'agosto a giugno, vanno allo stadio a sostenere ciascuno la propria "squadra del cuore" o guardano la partita in TV. Quasi ogni città ha una squadra di calcio e a volte anche due, come, per esempio,

Roma con l'AS Roma e la Lazio, Torino con Juventus e Torino e Milano con Inter e Milan. Ogni squadra ha il suo simbolo: l'aquila° per la Lazio, la lupa° per la Roma, il ciuccio° per il Napoli, il diavolo° per il Milan, per citarne alcuni. Le varie squadre sono divise in categorie, di cui° la più importante è la serie A. Al termine della stagione calcistica la squadra che ha totalizzato più punti vince il Campionato, chiamato anche *Scudetto*° dalla forma del distintivo° con i colori della bandiera italiana, che è messo sulle maglie dei giocatori vincitori nel campionato successivo°.

I migliori giocatori della serie A, opportunamente scelti dal CT (Commissario Tecnico°), entrano a far parte della Nazionale italiana (Gli Azzurri) e indossano, come tutti gli atleti italiani che competono a livello internazionale, la maglia° azzurra. La Nazionale ha vinto quattro Campionati Mondiali di calcio, rispettivamente nel 1934, 1938, 1982 e 2006. Tantissimi sono stati i giocatori che hanno contribuito nel corso degli anni° in vari modi al successo di questo sport. Tra i grandi del passato ricordiamo Mazzola, Rivera e Rossi, mentre tra i grandi di oggi ci sono Del Piero, Cassano, Buffon, Pirlo, Balotelli, Cavani e Di Natale.

Ai Campionati Europei 2012 la Nazionale italiana si è qualificata seconda, dopo la Spagna. Gli Azzurri, ricevuti al Quirinale°, hanno regalato al Presidente della Repubblica la medaglia d'argento da loro vinta insieme con il gagliardetto° e il pallone.

aquila	*eagle*
lupa	*she-wolf*
ciuccio	*donkey*
diavolo	*devil*
di cui	*of which*
Scudetto	(lit. *little shield*) *badge*
distintivo	*badge*
successivo	*next*
Commissario Tecnico	*manager*
maglia	*jersey*
nel corso degli anni	*over the years*
Quirinale	*official residence of the president*
gagliardetto	*small flag*

La Formula 1

Tra le case automobilistiche italiane primeggia° senza dubbio la Ferrari, fondata nel 1939 da Enzo Ferrari e famosa in tutto il mondo per aver ottenuto risultati eccezionali nelle varie gare.

Dal 1940, anno della costruzione della prima vettura, ad oggi la Ferrari ha partecipato a tutte le edizioni di Formula 1 e ha collezionato il maggior numero di successi: 15 titoli di Campione del mondo nella categoria *piloti*, 16 titoli di Campione del mondo nella categoria *costruttori*, 219 vittorie nei vari Gran Premio. Il lungo elenco dei campioni che hanno reso famose le "Rosse", le auto da corsa della Ferrari, vede tra gli altri Tazio Nuvolari, Clay Regazzoni, Niki Lauda, Michael Schumacher, Rubens Barrichello, Felipe Massa e Fernando Alonso. Proprio grazie alla bravura di Alonso e Massa la Ferrari ha conquistato il Gran Premio di Barcellona 2013.

Dal 1969 la Ferrari fa parte del gruppo Fiat che dal 1988, anno della morte di Enzo Ferrari, possiede il 90% delle sue azioni°. L'altro 10% è nelle mani del figlio di Enzo, Piero Lardi Ferrari, che è anche vice presidente dell'azienda. Il presidente è Luca Cordero di Montezemolo, ex presidente del Gruppo Fiat e co-proprietario della nuova serie di treni ad alta velocità che accorcia° le distanze tra le maggiori città italiane (Milano–Roma in due ore e quindici minuti).

primeggia	*excels*
azioni	*shares*
accorcia	*shortens*

Il cavallino rampante°

Fu la contessa Paolina Baracca a proporre a Enzo Ferrari di adottare come portafortuna° il cavallino rampante, emblema personale di suo figlio, Maggiore° Francesco Baracca, pilota dell'aviazione italiana, morto da eroe durante la prima guerra mondiale. "Le° porterà fortuna," gli disse. E Ferrari ascoltò il consiglio° della contessa.

Nel 1932 su tutte le Ferrari apparve il famoso "cavallino rampante" nero. Nel 1945 Ferrari chiese a Eligio Gerosa di ridisegnare il logo. Il nuovo cavallino rampante aveva la coda rivolta° verso l'alto e come sfondo° il colore giallo, uno dei colori della città di Modena in cui Enzo Ferrari era nato. Oggi il simbolo della Ferrari è il cavallino rampante su fondo giallo con in basso le lettere SF (Scuderia Ferrari) e in alto° i tre colori, bianco, rosso e verde della bandiera italiana.

Maggiore	*Major (rank)*
cavallino rampante	*prancing horse*
portafortuna	*lucky charm*
Le	*to you (formal)*
consiglio	*advice*
rivolta	*turned*
sfondo	*background*
in alto	*on the upper part*

Il ciclismo

Uno sport che appassiona gli italiani dalla fine dell'Ottocento è il ciclismo, praticato su strada e su pista. La sua più grande manifestazione è certamente il *Giro d'Italia*, una corsa a tappe istituita nel 1908 dalla *Gazzetta dello Sport*, il quotidiano sportivo caratterizzato dal colore rosa delle sue pagine. Il Giro attraversa tutta la penisola e si conclude a Milano, città sede del giornale.

Negli anni Quaranta e Cinquanta due grandi corridori, Gino Bartali e Fausto Coppi, hanno contribuito notevolmente al successo del ciclismo, non solo con le loro imprese da campioni, ma anche con il loro ben noto antagonismo. Bartali ha vinto tre volte il Giro *d'Italia* e due volte il *Tour de France*; Coppi cinque volte il Giro d'Italia e due volte il *Tour de France*. Dagli anni Sessanta in poi il ciclismo ha subìto° una grave crisi a causa di molti fattori, tra cui la diffusione dell'automobile e molti scandali. Nonostante ciò° sono emersi° grandi campioni come Nencini, Gimondi e Moser. Negli anni Novanta Marco Pantani, detto il "Pirata" perchè aveva la testa rasata° e portava la bandana e gli orecchini, con le sue imprese° straordinarie ha fatto sognare i tifosi. Nel 1998 ha ottenuto due splendide vittorie, una al Giro d'Italia, l'altra al *Tour de France*!

Oggi il ciclismo è seguito da diciotto milioni di persone, pronte ad applaudire atleti, come Ivan Basso, Domenico Pozzovivo, Michele Scarponi e Vincenzo Nibali, che continuano ad entusiasmare gli animi degli italiani.

ha subìto	*has experienced*
Nonostante ciò	*Nevertheless*
emersi	*emerged*
rasata	*shaved*
imprese	*performances*

Sport al femminile

L'Italia vanta° molti nomi femminili tra gli atleti che si sono distinti e si distinguono nell'ambito° delle varie discipline sportive. Nella classifica delle migliori atlete compaiono: la campionessa di scherma Valentina Vezzali, che ha vinto più di sessanta gare; le tenniste Sara Errani, Karin Knapp, Flavia Pennetta, Francesca Schiavone e Roberta Vinci che hanno vinto la Fed Cup nel 2013; Arianna Errigo, medaglia d'oro per la scherma ai mondiali di Budapest

2013; la supercampionessa di nuoto Federica Pellegrini, la prima atleta italiana ad aver vinto una medaglia d'oro ai Giochi Olimpici (Pechino nel 2008) nei 200 metri stile libero. Federica ha inoltre conquistato tre titoli mondiali nei 200 e 400 metri stile libero. L'ultima medaglia d'oro (200 metri stile libero) è stata da lei vinta nel 2013 ai Campionati Europei in vasca corta.

Moltissime altre atlete rappresentano degnamente l'Italia nel mondo. Grande atleta di pattinaggio su ghiaccio è Carolina Kostner. Sei volte campionessa italiana, Carolina ha vinto cinque medaglie d'oro ai Campionati Europei. Ha conquistato la medaglia d'oro anche ai Campionati Mondiali del marzo 2012, concludendo le stagioni (2010–2011 e 2011–2012) come prima al mondo nella classifica dell' *International Skating Union* (ISU). Alle Olimpiadi di Sochi del 2014 ha vinto la medaglia di bronzo.

Carolina ama il contatto con il pubblico e partecipa volentieri ai vari spettacoli sul ghiaccio, come quello all'Arena di Verona, *Opera on ice*, dove i più grandi campioni di pattinaggio artistico interpretano le più famose arie liriche.

vanta	*boasts*
ambito	*sphere*

Al lavoro

**ESERCIZIO
13·4**

Rileggi i paragrafi "Il calcio", "La Formula 1", e "Il cavallino rampante" e completa le frasi. *Reread the paragraphs "Il calcio," "La Formula 1," and "Il cavallino rampante" and complete the sentences.*

Il calcio

1. Il calcio è _____.

2. I tifosi italiani guardano la partita _____.

3. Le città di Roma, Torino e Milano partecipano al Campionato con _____.

4. Vince lo Scudetto la squadra con più _____.

5. Il Commissario Tecnico seleziona _____ per formare la squadra della Nazionale.

6. Nel 2006 l'Italia ha vinto il _____.

7. Nel 2012 ai Campionati Europei gli Azzurri hanno conquistato _____.

8. Gli Azzurri hanno regalato al presidente della Repubblica _____.

La Formula 1

9. La Ferrari è sempre stata presente nelle _____.

10. Le "Rosse" sono _____.

11. Oggi la Fiat possiede il _____ delle azioni della Ferrari.

12. I treni ad alta velocità permettono di risparmiare _____.

Il cavallino rampante

13. Francesco Baracca era _____.

14. Dal 1932 il cavallino rampante è _____.

15. Il giallo è uno _____.

16. Sul simbolo della Ferrari ci sono anche _____.

Il ciclismo

Scegli la risposta giusta. *Choose the appropriate answer.*

17. Il ciclismo in Italia è seguito sin dal

   a. XX secolo

   b. XIX secolo

   c. XVIII secolo

18. Il rosa è il colore

   a. di Milano

   b. dello sport

   c. della *Gazzetta dello Sport*

19. Gino Bartali e Fausto Coppi erano due

   a. corridoi

   b. corridori

   c. corse

20. La diffusione dell'automobile ha influito sul ciclismo

   a. positivamente

   b. ottimamente

   c. negativamente

21. Marco Pantani ha vinto nello stesso anno

   a. due competizioni importanti

   b. due Tour de France

   c. un Giro d'Italia

22. Ancora oggi il ciclismo è uno sport

   a. non seguito

   b. con pochi tifosi

   c. con molti tifosi

Sport al femminile

Indica se le seguenti affermazioni sono vere o false. *Indicate whether the following statements are true (V) or false (F).*

23. Valentina Vezzali è una famosa tennista.   V   F

24. Flavia Pennetta e Francesca Schiavone sono campionesse di scherma.   V   F

25. Ai mondiali di Budapest Arianna Errigo ha conquistato il primo posto.   V   F

26. Nel 2013 Federica Pellegrini ha conquistato la medaglia d'oro.   V   F

27. Carolina Kostner ha vinto molti Campionati Europei di pattinaggio su ghiaccio.   V   F

28. Carolina Kostner ha pattinato sul ghiaccio all'Arena di Verona.   V   F

ESERCIZIO 13·5

Completa la tabella con i mesi dell'anno divisi per stagione. *Complete the table by inserting the months of the year according to the seasons.*

PRIMAVERA	*marzo*			
ESTATE		*luglio*		
AUTUNNO	*settembre*			*dicembre*
INVERNO	*dicembre*			

ESERCIZIO 13·6

Scrivi i seguenti numeri ordinali in lettere. *Write out the following ordinal numbers.*

I = *primo*   V = _____   IX = *nono*   XIII = _____

II = _____   VI = _____   X = _____   XIV = _____

III = _____   VII = _____   XI = *undicesimo*   XV = _____

IV = _____   VIII = _____   XII = _____   XVI = _____

ESERCIZIO

13·7

Completa le frasi con i numeri ordinali in lettere. *Write out the ordinal numbers to complete the following sentences.*

1. L'anulare (*ring finger*) è il _____ dito della mano.

2. Il 1200 è il _____ secolo.

3. Il nome del papa emerito è Benedetto _____.

4. La **B** è la _____ lettera dell'alfabeto.

5. Capodanno è il _____ giorno dell'anno.

ESERCIZIO

13·8

Volgi le seguenti frasi al plurale. *Change the following phrases to the plural.*

1. lo sport popolare _____

2. la stagione calcistica _____

3. la bandiera italiana _____

4. il livello internazionale _____

5. la maglia azzurra _____

6. l'anno successivo _____

7. il campionato mondiale _____

ESERCIZIO

13·9

Nel paragrafo "Il cavallino rampante" individua le voci verbali del passato remoto e poi scrivi l'infinito di ognuna di esse. *In the paragraph "**Il cavallino rampante**," find the verbs formed in the **passato remoto**, and then give their infinitive.*

PASSATO REMOTO   INFINITO

_____   _____

_____   _____

_____   _____

_____   _____

_____   _____

Nel paragrafo "Il ciclismo" individua le voci verbali del passato prossimo e poi scrivi il passato remoto e l'infinito di ognuna di esse. *In the paragraph "Il ciclismo," find the forms of the present perfect tense and then complete the table with the corresponding forms of the **passato remoto** and the infinitive.*

PASSATO PROSSIMO	PASSATO REMOTO	INFINITO

Riflessioni. Fa' una ricerca sullo sport che preferisci. In particolare, individua: se è uno sport individuale o di squadra, quando si pratica, dove si pratica, cosa si usa, quali sono gli atleti più famosi. *Research a sport that you like. In particular, identify if it is an individual sport or a team sport; when you practice; where you practice; what you use; the most famous athletes in this sport.*

Film consigliati

Ultimo minuto di Pupi Avati

L'intramontabile di Alberto Negrin (su Rai 1, 2006)

Il grande Fausto di Alberto Sironi

Tifosi di Neri Parenti

◆14◆ Le vacanze

Prima di leggere

> **VOCABOLARIO**

Nomi

l'agricoltore	*farmer*
l'agriturismo	*vacation on a farm*
l'albero	*tree*
l'animale	*animal*
l'azienda	*farm, firm, company*
la **campagna**	*country*
il **campo**	*field*
il **cavallo**	*horse*
la **costa**	*coast*
l'**enogastronomia**	*food and wine*
l'**equitazione**	*horse riding*
l'**estero**	*foreign countries*
all'**estero**	*abroad*
la **fattoria**	*farm*
le **ferie**	*vacation*
la **località**	*location*
il **mare**	*sea*
la **meta**	*destination, goal*
la **mucca**	*cow*
l'**orto**	*vegetable garden*
la **pianta**	*plant*
l'**ospite**	*host, guest*
la **vacanza**	*vacation*
il **vacanziere**	*vacationer*

Aggettivi

acquistare	*to purchase, to buy*
andare in vacanza	*to go on vacation*
assaporare	*to savor*
coltivare	*to farm*
crescere	*to grow*
favorire	*to promote*
mungere (p.p. **munto**)	*to milk*
sembrare	*to appear*
spendere (p.p. **speso**)	*to spend*
trascorrere (p.p. **trascorso**)	*to spend time*

VERBI

FUTURO **ESSERE**	FUTURO **RIDURRE**
io sarò	io ridurrò
tu sarai	tu ridurrai
lui/lei/Lei sarà	lui/lei/Lei ridurrà
noi saremo	noi ridurremo
voi sarete	voi ridurrete
loro saranno	loro ridurranno

ESERCIZIO
14·1

Abbina ogni parola o espressione della colonna A con una delle definizioni presentate nella colonna B. *Match each word or expression in column A with its definition presented in column B.*

A

1. _____ vacanza
2. _____ all'estero
3. _____ agricoltore
4. _____ mucca
5. _____ pianta
6. _____ montagna
7. _____ mare

B

a. vi si va a sciare in inverno
b. si può tenere anche in casa
c. periodo di ferie
d. circonda l'isola
e. persona che lavora la terra
f. dà il latte
g. spesso si va per studiare

ESERCIZIO
14·2

Completa ciascuna delle seguenti frasi con una delle parole o espressioni elencate nella sezione "Vocabolario". *Complete the following sentences with words or expressions from the "Vocabolario" section.*

1. Mi piacerebbe _____ una vacanza in un agriturismo.

2. Le _____ producono latte.

3. Il Palio di Siena è una corsa di _____.

4. Le _____ del Mar Tirreno sono alte.

5. Il lavoro degli _____ è molto faticoso.

6. Per andare _____ ho bisogno del passaporto.

7. Mi piace _____ i dolci di mia nonna.

8. L'_____ favorisce l'incontro città–campagna.

ESERCIZIO 14·3

Rispondi alle seguenti domande. *Answer the following questions.*

1. Come passi di solito le tue vacanze? Vai al mare, in montagna, in campeggio, all'estero o resti in città?

_____

2. Consideri la vacanza un periodo di riposo o di divertimento?

_____

3. Cosa si deve e non si deve fare in vacanza?

_____

4. Preferisci una vacanza in compagnia o da solo?

_____

5. Descrivi la tua vacanza ideale. Quali luoghi ti piacerebbe visitare? Chi porteresti con te? Quale mezzo di trasporto useresti? Che cosa metteresti in valigia?

_____

Leggiamo

> *Italia = Bel Paese, per il suo clima, i suoi paesaggi, la sua cultura, la sua storia*

La crisi economica e le vacanze degli italiani

Anche se la crisi economica ha colpito in maniera° drastica il *Bel Paese*, circa la metà degli italiani (46%) non ha intenzione di rinunciare neanche quest'anno alle vacanze estive. Il mese preferito dai vacanzieri (55%) resta sempre agosto, anche se per molti (36%) le vacanze a giugno, luglio e settembre sembrano essere più convenienti sia per la riduzione dei prezzi, sia per la maggiore tranquillità che le località turistiche offrono in questi mesi.

Pur di allontanarsi° dalla stressante *routine* quotidiana gli italiani ridurranno° il periodo di ferie e elimineranno le spese superflue. Secondo una recente statistica elaborata da *Agriturismo. it*, gli italiani passeranno in media circa 9,2 notti fuori casa (tre notti in meno rispetto all'anno scorso) e spenderanno meno di 1.200 euro a persona. I luoghi più affollati saranno quelli lungo le coste dove si recherà il 67% dei vacanzieri. Le regioni preferite saranno, come sempre, la Puglia, la Sardegna, la Sicilia e la Toscana. Chi ama la montagna (10%) sceglierà il Trentino Alto Adige, con i suoi pittoreschi paesaggi di luoghi come Merano, Livigno, Cortina d'Ampezzo e Madonna di Campiglio, o la Val d'Aosta, con le famose località turistiche di Aosta, Saint Vincent e Courmayeur. L'8% degli italiani visiterà le città d'arte, mentre il 4% sarà ospite di un agriturismo.

Pochi italiani andranno in vacanza all'estero, nei paesi del Mediterraneo o nelle capitali europee.

maniera	*way*
pur di allontanarsi	*just to get away*
ridurranno	*will reduce*

L'agriturismo: Un nuovo modo di trascorrere le vacanze

Nel febbraio del 1965 un gruppo di giovani agricoltori della Confagricoltura°, guidato da Simone Velluti Zati, fondò l'Associazione Nazionale Agricoltura e Turismo, sull'esempio della associazione francese *Agriculture et Tourisme*, con lo scopo di° promuovere iniziative a favore della campagna, aiutando cioè gli agricoltori a non abbandonare le loro terre e favorendo il contatto città–campagna.

Grazie allo sviluppo dell'agriturismo molti edifici rurali sono stati ristrutturati°, molte piante tipiche delle varie aree sono tornate a crescere e molti animali hanno ritrovato il loro *habitat* naturale. Oggi in Italia ci sono circa ventimila aziende di agriturismo che possono ospitare circa cinquecentomila persone e offrire loro la possibilità di vivere a contatto con la natura e di trascorrere una vacanza rilassante. Infatti gli ospiti di un agriturismo possono praticare diverse attività sportive, dal nuoto all'equitazione, alle escursioni, partecipare ad eventi folcloristici e enogastronomici e acquistare prodotti tipici locali. Alcune aziende offrono anche un ottimo servizio ristorante costituito da piatti semplici preparati con prodotti dei campi e degli orti dell'azienda, spesso accompagnati da vini di produzione locale.

Confagricoltura	*Agricultural organization that represents affiliated members and furnishes related information and services*
con lo scopo di	*with the purpose of*
ristrutturati	*restructured*

I bambini in fattoria

Dopo la chiusura delle scuole anche i bambini possono passare delle vacanze meravigliose e rilassanti all'aria aperta in campagna, nelle cosiddette "fattorie didattiche°" situate presso circa milletrecento agriturismi di tutta Italia. Qui i bambini possono seguire corsi di pittura, cucina, cucito°, possono imparare una lingua straniera, ma soprattutto imparano a coltivare l'orto, ad andare a cavallo, a mungere le mucche e a stare in mezzo alla natura. Il contatto con alberi, piante e animali fa conoscere ai piccoli ospiti la realtà del mondo rurale e permette loro° di "assaporare" la vita in campagna e di capire l'importanza del lavoro degli agricoltori grazie al quale° i prodotti della terra arrivano in tavola.

cosiddette … didattiche	*so-called educational farms*
cucito	*sewing*
loro	*them*
al quale	*by which*

Al lavoro

ESERCIZIO
14·4

Rileggi ciascun paragrafo e completa le frasi. *Reread each paragraph and complete the sentences.*

La crisi economica e le vacanze degli italiani

1. Il 36% dei vacanzieri sceglie i mesi di giugno, luglio e settembre per

   la _____.

2. Per andare in vacanza gli italiani devono:

   a. _____, b. _____.

3. La maggior parte di quelli che vanno in vacanza sceglie _____.

4. Puglia, Sicilia, Sardegna, Toscana sono _____.

5. Il 10% dei vacanzieri _____.

6. L'8% dei vacanzieri _____.

L'agriturismo: Un nuovo modo di trascorrere le vacanze

7. Lo scopo dell'Associazione Nazionale Agricoltura e Turismo è

    di _____.

8. I risultati delle iniziative a favore della campagna sono visibili:

    a. _____, b. _____,

    c. _____.

9. Le ventimila aziende offrono ai turisti la possibilità di:

    a. _____, b. _____.

I bambini in fattoria

10. Nelle fattorie didattiche i bambini imparano soprattutto _____.

11. I prodotti della terra arrivano in tavola grazie _____.

ESERCIZIO

14·5

Nel paragrafo "La crisi economica e le vacanze degli italiani" individua le voci verbali del futuro e poi scrivi l'infinito accanto ad ognuna di esse, secondo il modello. *In the paragraph "La crisi economica e le vacanze degli italiani," identify the verbs in the future tense, and then give the corresponding infinitive.*

FUTURO

ridurranno

_____

_____

_____

_____

_____

_____

_____

_____

INFINITO

ridurre

_____

_____

_____

_____

_____

_____

_____

_____

ESERCIZIO 14·6

Nel paragrafo "L'agriturismo: Un nuovo modo di trascorrere le vacanze" trova le parole corrispondenti alle seguenti definizioni. *In the paragraph "L'agriturismo: Un nuovo modo di trascorrere le vacanze," find the words that correspond to the following definitions.*

1. un insieme di persone _____

2. persone che lavorano la terra _____

3. proprio della campagna _____

4. ambiente naturale _____

5. relativi al vino e al cibo _____

6. caratteristici _____

ESERCIZIO 14·7

Elenca cinque prodotti dell'orto e cinque animali da fattoria. *Name five vegetables and five farm animals.*

PRODOTTI DELL'ORTO ANIMALI DA FATTORIA

_____   _____

_____   _____

_____   _____

_____   _____

_____   _____

Riflessioni. Usa i verbi indicati nella sezione "Vocabolario" per scrivere un paragrafo sulla tua prossima vacanza in un agriturismo. Ricordati di includere: la descrizione del luogo, i prodotti coltivati, gli animali presenti nella fattoria, i prodotti venduti al pubblico, le attività che si possono fare, il tipo di persone che potresti incontrare, una tua giornata tipica.
*Use the verbs in the "**Vocabolario**" section to write a paragraph about your next vacation on a farm. Remember to include the description of the place; the cultivated products; the animals on the farm; the products sold to the public; the activities that one can do; the kind of people that you could meet; your typical day.*

_____

_____

_____

_____

_____

_____

_____

Film consigliati

Marrakesh express di Gabriele Salvatores

Pranzo di ferragosto di Gianni Di Gregorio

Fantozzi va in vacanza di Luciano Salce

FESTE E TRADIZIONI

Il caffè

·15·

Prima di leggere

VOCABOLARIO

Nomi

l'acqua	*water*
l'anice	*anise liqueur*
l'assaggiatore	*taster*
il banco	*counter/desk*
il/la barista	*bartender*
la bevanda	*drink*
il caffè	*coffee*
il caffè corretto	*coffee with liqueur*
il caffè espresso	*coffee without sugar*
il caffellatte	*coffee with milk*
il caffè lungo	*espresso with added hot water*
il caffè macchiato	*coffee with a splash of milk/cream*
il caffè ristretto	*strong coffee*
il caffè tostato	*roasted coffee beans*
il cappuccino	*espresso with hot milk and steamed-milk foam*
la cassa	*register*
il/la cassiere/a	*cashier*
il chicco di caffè	*coffee bean*
il chicco d'uva	*grape*
il chilogrammo (kg)	*kilogram*
il cucchiaino	*coffee spoon/teaspoon*
l'esportazione (f.)	*export*
il gusto	*taste, flavor*
il latte	*milk*
la macchinetta	*coffee machine*
la mancia	*tip*
la miscela	*mixture*
la panna	*cream*
la pausa	*break*
lo scontrino	*receipt*
la tazzina	*small cup*
il/la vincitore/trice	*winner*
lo zucchero	*sugar*

Aggettivo

amaro/a   *bitter*

Verbi

aggiungere (p.p. **aggiunto**)   *to add*
bere (p.p. **bevuto**)   *to drink*
gustare   *to taste*
macinare   *to grind*
ordinare   *to order*
pagare   *to pay*
sorseggiare   *to sip*
tostare   *to toast*

ESERCIZIO

15·1

Completa ciascuna delle seguenti frasi con una delle parole elencate nella sezione "Vocabolario". *Complete the following sentences with words from the* ***"Vocabolario"*** *section.*

1. È un elemento essenziale della natura: _____.

2. Serve il caffè in un locale pubblico: _____.

3. Si usa per versare lo zucchero: _____.

4. Si usa per preparare il caffè: _____.

5. Un tipo di caffè servito con un liquore: _____.

6. È necessario _____ e _____ i chicchi di caffè.

7. Quando paghiamo qualcosa il commesso ci dà lo _____.

8. L'Italia esporta grandi quantità di _____ confezionato.

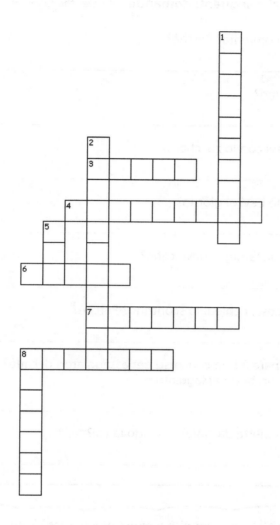

Cruciverba

ORIZZONTALI

3. Si aggiunge al caffè per farlo "corretto."

4. Lo dà la cassiera.

6. Si usa per preparare un caffè macchiato.

7. Serve per bere il caffè.

8. Lo sono il caffè e il tè.

VERTICALI

1. Si usa per versare lo zucchero nel caffè.

2. Serve a preparare il caffè.

5. Ha i chicchi come il caffè.

8. Prepara il caffè nel bar.

Rispondi alle seguenti domande. *Answer the following questions.*

1. Qual è la tua bevanda preferita? Perchè?

_____

2. Che cosa bevi al mattino?

_____

3. Ti piace il caffè? Lo bevi con lo zucchero?

_____

4. Quante tazzine di caffè bevi al giorno?

_____

5. Quale persona della tua famiglia beve caffè?

_____

6. Quando compri qualcosa, richiedi lo scontrino? Perchè?

_____

7. Ti piacerebbe partecipare ad un concorso per assaggiatori di caffè? Quali qualità sono necessarie per essere un buon assaggiatore?

_____

8. Hai in casa una macchinetta da caffè? Quando la usi?

_____

"Prendo tre caffè alla volta per risparmiare due mance." Totò (Antonio di Curtis)

Leggiamo

Pausa Caffè

Per molti italiani la mattina inizia con un buon caffè. E poi, dopo pranzo e dopo cena, ma anche a metà mattina e a metà pomeriggio una tazzina di caffè fa sempre bene. Tra i paesi europei l'Italia è al settimo posto per il consumo di caffè (5,77 kg a persona), mentre al primo posto si trova la Finlandia con 10,58 kg, seguita dalla Danimarca e dall'Olanda. Questi dati sono stati forniti da "Pausa Caffè", il primo festival italiano dedicato alla cultura del caffè, tenutosi° a Firenze il 7 e l'8 giugno 2012. In un'atmosfera "eccitante", seicento persone tra professionisti, appassionati, cultori° del caffè e curiosi hanno partecipato a tavole rotonde, proiezioni, seminari, pranzi e cene e hanno assistito al primo campionato italiano di *Latte Soyart* (tecnica artistica di decorazione del cappuccino, preparato con latte di soia) e alla finale italiana del quinto campionato di assaggiatori di caffè, *Cup Tasters*. Ha vinto il campionato di *Latte Soyart* il giovane fiorentino Luciano Trapanese che lavora in una pasticceria di Piazza Leopoldo a Firenze. La gara dei *Cup Tasters*, che premia il miglior assaggiatore e che consiste nel riconoscere l'acidità, l'aroma e il gusto delle varietà di caffè presentate, è stata vinta da Cinzia Lunardi, trentasei anni, di Mori, cittadina° in provincia di Trento. La vincitrice, barista di professione, ha rappresentato l'Italia al *World Cup Taster Championship* alla fine di giugno a Vienna, in Austria.

tenutosi	*held*
cultori	*lovers*
cittadina	*small town*

Un caffè, per piacere

Il caffè è un piacere. Se non è buono, che piacere è?

Ogni anno si gustano in Italia 3,4 miliardi di espresso, serviti negli oltre° duecentomila bar della penisola, con un consumo totale intorno ai 250 milioni di chili di prodotto tostato e un giro d'affari° di circa tre miliardi di euro. Il 49% degli italiani beve caffè. Gli uomini ne° bevono più delle donne. Il 37% lo beve senza zucchero, mentre il 63% aggiunge zucchero e/o latte o panna. Il caffè può essere servito: macchiato, con un po' di latte; lungo, con più acqua; ristretto, con meno acqua; corretto, con anice o con altri liquori; freddo, di solito si beve in estate. Il cliente del bar beve il caffè in piedi. Prima paga alla cassa e poi con lo scontrino si reca° al banco dove ordina la bevanda al barista. Il tutto in pochi minuti, ma, spesso, più volte al giorno in compagnia di colleghi o amici.

oltre	*more than*
giro d'affari	*turnover*
ne	*of it*
si reca	*goes*

La Bottega del Caffè

Arrivato dall'Arabia in Europa nel 1615 grazie ai commercianti veneziani che lo chiamano "vino d'Arabia" e lo usano come antidoto a molte malattie°, il caffè è subito apprezzato per la sua bontà° e il suo aroma. Nel 1683 è aperta a Venezia la prima "Bottega del Caffè", ma subito l'usanza di bere caffè diventa di moda anche nelle altre città italiane dove si aprono "caffetterìe", locali che ospitano intellettuali, artisti e uomini dell'alta società che si incontrano per discutere, recitare versi, concludere affari e … sorseggiare un buon caffè. Ancora oggi sono numerosi i caffè che continuano ad essere centri d'incontro di intellettuali. Tra essi sono celebri il "Florian" a Venezia, il "San Carlo" a Torino, il "Tommaseo" a Firenze, il "Greco" a Roma, il "Gambrinus" a Napoli e tanti altri sparsi in tutta Italia. Il caffè viene coltivato nella zona tropicale. Il Brasile è in testa alla classifica con circa un terzo della produzione mondiale di caffè, seguito da Vietnam, Colombia, Etiopia, Indonesia e India. Tra le diverse miscele, le più importanti sono l'Arabica e la Robusta. Di esse° la più diffusa è l'Arabica perchè produce una bevanda aromatica meno amara e meno astringente della Robusta.

malattie	*diseases*
bontà	*goodness*
Di esse	*Of them*

La macchinetta o caffettièra

Ma come si prepara un buon caffè? Se è necessario che il caffè sia° ben tostato e macinato, è anche necessario usare una buona macchinetta. La prima azienda a produrre una macchina da caffè da bar è stata l'italiana Bezzera (1901) che utilizza il vapore per preparare l'espresso. Nel 1948 la Gaggia introduce il funzionamento a pistone che dà alla bevanda il gusto attuale della "crema caffè". In casa tutti usano, invece, la "napoletana" (*cuccumella*, in dialetto), inventata nel 1691 nella città del Vesuvio. Verso la metà del secolo XX, la cuccumella viene sostituita dalla più veloce "Moka", ideata da Alfonso Bialetti nel 1933 e poi prodotta da varie aziende, come Alessi e Giannini.

sia	*is*

Gli effetti positivi del caffè

Il caffè ha effetti antidepressivi sulle donne. Infatti, secondo uno studio, le donne che ne bevono quattro o più tazzine al giorno hanno il 20% di possibilità in meno di essere depresse. Un altro studio indica che il caffè, anche decaffeinato, diminuisce il rischio di sviluppare il tumore dell'utero, ma non c'è ancora una spiegazione scientifica. Inoltre°, sembra che il caffè allunghi la vita°. Bere, infatti, da due a quattro tazzine di caffè al giorno riduce i rischi di morte per malattie cardiache o respiratorie, ictus°, ferite e infezioni. Una tazzina di caffè in qualsiasi momento della giornata permette di rilassarci e ci dà quella carica in più che serve ad affrontare° i problemi quotidiani.

Inoltre	*In addition*
allunghi la vita	*extends life*
ictus	*stroke*
affrontare	*to face*

Al lavoro

ESERCIZIO

15·4

Pausa Caffè

Indica se le seguenti affermazioni sono vere o false. *Indicate whether the following statements are true (V) or false (F).*

1. L'Italia consuma più caffè dell'Olanda.   V   F

2. Più di mille persone hanno partecipato al festival "Pausa Caffè".   V   F

3. Firenze ha ospitato la manifestazione.   V   F

4. Il cappuccino si può anche preparare con latte di soia.   V   F

5. Un barista di Firenze ha vinto il Campionato italiano assaggiatori.   V   F

Un caffè, per piacere

Rileggi il paragrafo "Un caffè, per piacere" e completa le seguenti frasi. *Reread the paragraph "**Un caffè, per piacere**," and then complete the sentences.*

6. Ogni anno gli italiani consumano circa _____ di caffè.

7. Gli italiani che bevono il caffè sono circa il _____.

8. La maggior parte degli italiani beve il caffè con lo _____.

9. Se vuoi un caffè "leggero" devi chiedere un caffè _____.

10. Nei bar italiani il caffè si beve _____.

La Bottega del Caffè

Rispondi alle seguenti domande. *Answer the following questions.*

11. Che cos'è il "vino d'Arabia"?

_____

12. Perchè diventano famose le caffetterìe?

_____

13. Quali sono i paesi produttori di caffè?

_____

14. Perchè si beve di più la miscela Arabica?

_____

La macchinetta o caffettièra

Rispondi alle seguenti domande. *Answer the following questions.*

15. Che differenza c'è tra la macchina da caffè Bezzera e la Gaggia?

_____

16. Quali sono le caffettière usate in casa?

_____

Gli effetti positivi del caffè

Elenca gli effetti positivi del caffè. *List the positive effects of coffee.*

17. a. _____

    b. _____

    c. _____

ESERCIZIO
15·5

Che cosa hanno in comune? *What do the following have in common?*

1. L'uva e il caffè tostato _____

2. Il caffè corretto e il limoncello _____

3. Il bar e la scuola _____

4. Il bar e il supermercato _____ e _____

5. Il cappuccino e il caffè macchiato _____ e _____

ESERCIZIO
15·6

Cerca nel paragrafo "Pausa Caffè" le parole che finiscono in -tà. Qual è il plurale di queste parole? *In the paragraph "**Pausa Caffè**," find the words that end in -tà. What is the plural of these words?.*

1. _____   4. _____

2. _____   5. _____

3. _____   6. _____

ESERCIZIO 15·7

Cerca nella lettura "Un caffè, per piacere" i vocaboli opportuni per ordinare un caffè al bar e poi indica in ordine cronologico le azioni che fai per gustarne una tazzina. *In the reading "Un caffè, per piacere," find the words necessary to order a coffee at a coffee shop. Then, in chronological order, describe the actions needed to enjoy a cup of coffee.*

1. *Entro nel bar.* _____.

2. _____

3. _____

4. _____

5. _____

6. _____

ESERCIZIO 15·8

Nel paragrafo "La Bottega del Caffè" cerca i contrari delle seguenti parole. *In the paragraph "La Bottega del Caffè," find the antonyms of the following words.*

1. poche _____

2. disprezzato _____

3. chiusa _____

4. sconosciuti _____

5. simili _____

6. insignificanti _____

7. dolce _____

8. lassativo _____

Riflessioni. Sul caffè sono state composte molte canzoni e scritti molti libri. Trova almeno due canzoni e due libri che parlano di questa bevanda. Perchè è così diffusa in tutto il mondo? *There have been many songs and books written about coffee. Find at least two songs and two books that talk about this drink. Why is it so popular all over the world?*

_____

_____

_____

_____

Film consigliati

La banda degli onesti di Camillo Mastrocinque

Venga a prendere un caffè da noi di Alberto Lattuada

Pensavo fosse amore invece era un calesse di Massimo Troisi

La ricotta sul caffè di Sebastiano Rizzo

Il torrone di Cremona

Prima di leggere

VOCABOLARIO	
Nomi	
il **banchetto**	*banquet*
il **cacao**	*cocoa*
il **cioccolato**	*chocolate*
il **cuoco**	*chef*
il **dolce**	*dessert-sweet/dessert*
il **fornaio**	*baker*
la **frutta candita**	*candied fruit*
la **frutta secca**	*dried fruit*
la **lattina**	*can*
la **mandorla**	*almond*
il **marzapane**	*marzipan*
il **miele**	*honey*
la **nocciola**	*hazelnut*
la **noce**	*walnut*
la **pasta di mandorle**	*almond paste*
il **pasticciere**	*pastry chef/baker*
la **portata**	*course*
il **torrone**	*nougat*
la **tomba**	*tomb*
il **seme**	*seed*
Aggettivi	
dolce	*sweet*
duro/a	*hard*
gustoso/a	*tasty*
morbido/a	*soft*
piemontese	*Piedmontese*
Verbi	
abbrustolire	*to toast*
fondare	*to found*
mescolare	*to mix*
produrre (p.p. prodotto)	*to produce*
regalare	*to give as a gift*
tostare	*to toast*

risale	it dates back
risalgono	they date back

Completa le frasi con una delle parole o espressioni suggerite. *Complete each sentence by choosing a word or phrase from the word bank.*

gustoso	cacao	noccioline	pasta di mandorle	
miele	mandorle	lattine	portate	piemontese

1. Spesso il _____ sostituisce lo zucchero.

2. È necessario riciclare le _____ di Coca-Cola.

3. Le _____ e le _____ sono tipi di noci.

4. Per il pranzo di Natale Barbara prepara molte _____.

5. Con il _____ si preparano ottimi dolci.

6. La nonna ha preparato un pranzo _____.

7. Il vino _____ è famoso in tutto il mondo.

8. Sono buoni i biscotti preparati con la _____.

Trova le parole corrispondenti alle seguenti definizioni. *Find the words that correspond to the following definitions.*

1. persona che cucina _____

2. può contenere limonata, aranciata o altre bibite _____

3. è composto di varie portate _____

4. è dolce come lo zucchero _____

5. è l'opposto di duro _____

6. si ricava dal cacao _____

Rispondi alle seguenti domande. *Answer the following questions.*

1. Ti piace la frutta secca? Che tipo preferisci?

_____

2. Conosci un dolce che si prepara con il cacao? Puoi spiegare come si prepara?

_____

3. Nel caffè e nel tè metti lo zucchero o il miele?

_____

4. Ricicli le lattine di alluminio? Ricicli anche il vetro?

_____

5. Quali dolci ti piacciono? Quali non ti piacciono?

_____

6. Vai spesso dal pasticciere? Cosa compri?

_____

7. Ci sono fabbriche di dolci nella tua città? Ci sono altre fabbriche? Cosa producono?

_____

Leggiamo

Le origini

Uno dei dolci più antichi e squisiti è il torrone, la cui tradizione risale all'epoca romana. Ne sono testimoni il famoso cuoco dell'antica Roma, Apicio, lo storico Tito Livio e il poeta Valerio Marziale, che nei loro scritti° parlano di "torrone" (da *torreo* che in latino significa *abbrustolire*), un gustoso dolce fatto con nocciole e mandorle abbrustolite mescolate con il miele. Ma, secondo alcuni esperti, il torrone ha origini arabe. Infatti, nel IX secolo un dolce preparato con mandorle, miele, zucchero e spezie è portato dagli Arabi in Italia e, in particolare, a Cremona, città della Lombardia e importante porto sul fiume Po. Qui il torrone ottiene un "successo straordinario" in occasione del matrimonio tra Francesco Sforza e Bianca Maria Visconti, figlia di Filippo Maria Visconti, signore di Milano. Al banchetto di nozze, celebrate nel 1441, fra le varie portate c'è un dolce, preparato con mandorle, miele e bianco d'uovo, che ha la forma del "Torrazzo", la torre campanaria° della città, e perciò° è chiamato "torrone".

Da allora ogni anno, in novembre, a Cremona si celebra la "Festa del Torrone", che propone differenti iniziative culturali e gastronomiche. Tra queste° le più attese sono: il corteo° storico in costume, che rievoca le nozze Visconti-Sforza, e il Palio del Torrone, una partita a dama° con personaggi (pedine e demoni) viventi° e in vestiti rinascimentali, che si gioca tra Cremona e Benevento, città della Campania anch'essa famosa per la produzione del torrone. In occasione di questa festa, quattrocento chilogrammi di torrone si trasformano in una torre di due metri e mezzo, decorata con cioccolato, marzapane e pasta di mandorle.

nei loro scritti	*in their works*
torre campanaria	*bell tower*
perciò	*therefore*
Tra queste	*Among these*
corteo	*parade*
dama	*checkers*
personaggi … viventi	*living characters (pawns and demons)*

La produzione

Fino alla prima metà dell'Ottocento il torrone è preparato dai fornai dopo la lavorazione del pane° e venduto in panetteria. Gli ingredienti della ricetta base sono: bianco d'uovo, miele, zucchero, nocciole e mandorle che sono mescolati insieme per assumere poi la caratteristica forma di barra, che viene ricoperta di cialde°. La produzione a livello industriale comincia a Cremona nel 1836 quando Enea Sperlari fonda la prima fabbrica del torrone. Da allora la fantasia dei torronari° ha creato moltissime varietà di torrone: duro, morbido, grande, tipo *bombon* e ricoperto di cioccolato. Oltre al torrone di Cremona e di Benevento, squisiti sono i torroni piemontesi di Alba e di Novi Ligure, il torrone di Siena, come anche quelli abruzzesi e calabresi. Molto conosciuti e apprezzati sono i torroni siciliani che i "turronari" producono non solo per Natale, ma anche in occasione di feste popolari.

la … pane	*bread-making process*
cialde	*wafers*
torronari	*nougat makers*

Napoli e il torrone dei morti

In Italia il 2 novembre è il "giorno dei morti". In questo giorno si visitano i cimiteri e si portano fiori sulle tombe dei propri cari°. In molte regioni si preparano dei dolci, chiamati "dolci dei morti", per celebrare la giornata. A Napoli la tradizione vuole che il 2 novembre si compri e si regali il "torrone dei morti". In particolare, i giovani innamorati offrono il torrone alle future suocere per dimostrare la serietà delle loro intenzioni verso le proprie fidanzate. A differenza del torrone classico, il torrone dei morti non è nè duro, nè a base di miele, nè° di mandorle, ma è morbido e cremoso e a base di cioccolato ed è preparato in vari gusti, con nocciole o frutta secca e candita o caffè.

La tradizione del torrone ha radici antiche e deriva dal fatto che nelle tombe dei morti si mettevano semi di ogni genere per accompagnare la vita nell'aldilà° e il cacao ha i semi ed è un ingrediente importante per preparare dolci squisiti. In realtà, nella tradizione popolare la tavoletta° di cioccolato, contenente le nocciole, simula la tomba con le ossa° dei morti. Con questo dolce, anticamente fatto di semi e di altre spezie, la gente immaginava di conservare dentro di sè i propri cari. Ora invece il torrone ha solo un valore commerciale.

Nei quartieri più popolosi della città i ragazzi vanno in giro per le strade con una lattina vuota, colorata di nero, su cui è dipinta una croce bianca, recitando ai passanti° l'espressione: "Auguri per i Santi Morti", nella speranza di ricevere qualche soldino°, e non una parolaccia°, come spesso accade, perchè i napoletani sono superstiziosi!

cari	*loved ones*
nè … nè	*neither . . . nor*
la … aldilà	*afterlife*
tavoletta	*bar*
tomba … ossa	*tomb with the bones*
passanti	*passersby*
soldino	*coin*
parolaccia	*curse*

Al lavoro

Le origini

Indica se le seguenti affermazioni sono vere o false. *Indicate whether the following statements are true (V) or false (F).*

1. Apicio è un cuoco romano.   V   F

2. Tito Livio e Valerio Marziale sono due poeti.   V   F

3. Alcuni dicono che gli arabi hanno portato in Italia il torrone.   V   F

4. Cremona è nel nord Italia.   V   F

5. Il Torrazzo è una grande torre.   V   F

6. Il Palio di Cremona è una corsa di cavalli.   V   F

7. Quattrocento chilogrammi di cioccolato sono utilizzati per la "Festa del Torrone". V   F

La produzione

Rispondi alle seguenti domande. *Answer the following questions.*

8. Quali sono gli ingredienti-base della ricetta del torrone?

   _____

9. Come si chiama la prima fabbrica di torrone costruita a Cremona?

   _____

10. Che tipo di torrone si produce?

   _____

11. Dove si produce il torrone?

   _____

Napoli e il torrone dei morti

Rileggi il paragrafo "Napoli e il torrone dei morti" e completa le seguenti frasi. *Reread the paragraph "**Napoli e il torrone dei morti**," and then complete the sentences.*

12. Il due novembre gli italiani visitano i _____.

13. In questo giorno le suocere ricevono il _____ dai fidanzati delle figlie.

14. L'ingrediente principale del torrone dei morti è il _____.

15. I semi messi nelle tombe servivano a facilitare la vita _____.

16. Il giorno dei morti i ragazzi napoletani sperano di guadagnare un po'

   di _____.

Volgi al plurale. *Change to the plural.*

1. il cuoco famoso _____

2. il dolce preparato con l'uovo _____

3. la città lombarda _____

4. questo giorno _____

5. l'ingrediente importante _____

6. la croce bianca _____

7. la prima fabbrica _____

Inserisci nella tabella le voci verbali del presente mancanti. *Provide the missing present tense forms of the given verbs.*

ABBRUSTOLIRE	PRODURRE	PROPORRE
abbrustolisco	_____	*propongo*
_____	_____	_____
_____	_____	*propone*
abbrustolite	_____	_____
_____	*producono*	_____

Volgi al passato prossimo. *Change to the **passato prossimo**.*

1. Loro parlano con gli amici.

   _____

2. La città organizza la sagra della melanzana.

   _____

3. Massimo compra un regalo per il bambino.

   _____

4. Il cuoco prepara un dolce squisito.

   _____

5. Il nonno accompagna il nipotino a scuola.

   _____

6. Maria riceve dei fiori.

   _____

7. Lo studente mette i libri sul banco.

   _____

ESERCIZIO

16·8

Riflessioni. Fa' una ricerca in Internet sugli altri tipi di dolci che si possono preparare con il torrone e con il cioccolato. Cerca anche delle ricette che si preparano facilmente e in breve tempo. Scegline una ed individua: gli ingredienti presenti in essa, le calorie per ogni fetta e il tempo di preparazione. *Search the Internet for other types of sweets that can be prepared with nougat and chocolate. Also search for recipes that are easily prepared in a short amount of time. Choose one of them and identify the ingredients in it, the calories per slice, and the preparation time.*

_____

_____

_____

_____

Le sagre

Prima di leggere

VOCABOLARIO

Nomi

l'antipasto	*appetizer*
il basilico	*basil*
al cartoccio	*baked in foil*
la degustazione	*tasting*
la fiera	*local fair*
la freschezza	*freshness*
la griglia	*grill*
il fagiolo	*bean*
i fuochi d'artificio	*fireworks*
il panino	*roll, bun*
il peperoncino	*hot pepper*
il pescatore	*fisherman*
il pesce	*fish*
il pomodoro	*tomato*
i prodotti caseari	*dairy products*
la sagra	*countryside festival*
il sapore	*taste*

Aggettivi

affumicato/a	*smoked*
artigianale	*handicraft*
filante	*stringy*
fresco/a	*fresh*
gustoso/a	*tasty*
piccante	*spicy*

Verbi

farcire	*to stuff*
friggere (p.p. fritto)	*to fry*
garantire	*to ensure*
gustare	*to taste*
pesare	*to weigh*
tritare	*to chop*

si svolge	it takes place
si svolgono	they take place

ESERCIZIO 17·1

Completa le frasi con una delle parole o espressioni suggerite. *Complete each sentence by choosing a word from the word bank.*

farciti	basilico	al cartoccio	pomodori
freschi	prodotti caseari	gustare	trita

1. In estate i _____ si mangiano in insalata con aglio, olio, basilico e origano.

2. Gli spaghetti con le vongole sono buonissimi _____.

3. Al mercato troviamo sempre prodotti _____.

4. Ai giovani piacciono i panini _____ con prosciutto e mozzarella.

5. Per preparare il pesto è necessario il _____.

6. I formaggi, la ricotta, lo yogurt sono _____.

7. In estate è bello _____ un gelato.

8. Il cuoco _____ le cipolle.

ESERCIZIO 17·2

L'intruso. Individua la parola che non si abbina con le altre. *Select the word that does not belong in each group.*

1. fiera   mercato   negozio

2. pesche   pesce   tonno

3. basilico   prezzemolo   pesto

4. affumicato   cotto   annerito

5. sapone   sapore   gusto

6. pesare   litro   chilogrammo

Rispondi alle seguenti domande. *Answer the following questions.*

1. Quali prodotti artigianali si vendono nella tua città?

_____

2. Quali cibi si possono preparare "al cartoccio"?

_____

3. Nella tua città si svolge qualche sagra?

_____

4. Quali prodotti caseari mangi?

_____

5. Ti piace il sapore piccante del peperoncino?

_____

6. Qual è un piatto per te molto gustoso?

_____

Leggiamo

Le sagre

L'italia è un paese ricchissimo di tradizioni e feste popolari legate° sia al ciclo delle stagioni, sia a riti religiosi, sia ad avvenimenti storici. Alcune di esse sono famose in tutto il mondo, come il Palio di Siena, il Carnevale di Venezia, di Viareggio e d'Ivrea, la Festa di San Gennaro a Napoli. Le sagre, che dedicano particolare attenzione all'enogastronomia°, sono feste popolari tipicamente locali con fiere e mercati. Famose sono la Sagra dell'uva di Marino, la Sagra del pesce di Camogli, la Sagra degli Antichi Sapori e Saperi° di Gragnano, la Sagra del *Riavulillo* di Arola e la Sagra delle rane° di Usago. Altre manifestazioni rievocano antichi culti religiosi o giochi medievali, come la Corsa dei Ceri di Gubbio e la Festa dei Gigli di Nola.

legate	*connected*
enogastronomia	*the art of wine in combination with food*
Saperi	*Knowledge*
rane	*frogs*

Caciocavallo e peperoncino ovvero La Sagra del Riavulillo

Dal 1990 in poi, ogni anno, nel mese di agosto, si svolge ad Arola, comune di Vico Equense in provincia di Napoli, la Sagra del Riavulillo (Diavoletto), che richiama° migliaia di visitatori da varie regioni. Il Riavulillo è un piccolo caciocavallo° affumicato, lavorato a mano e farcito con olive nere, olio d'oliva e peperoncino piccante tritato. Può essere preparato alla griglia, alla brace, al forno e al cartoccio e va servito caldo e filante. Si gusta come antipasto o come secondo piatto e va sempre accompagnato da un buon bicchiere di vino locale. Oltre al "classico Riavulillo", ci sono molte varianti meno piccanti che sostituiscono il peperoncino con il prosciutto, o con il pomodoro fresco e il basilico, o con le olive bianche e i funghi.

Alla base del successo di questa produzione c'è naturalmente la qualità della materia prima, cioè del latte, che è esclusivamente italiano ed è prodotto da animali attentamente selezionati ed allevati nel pieno rispetto delle regole che garantiscono la freschezza e il sapore di un tempo. Il Riavulillo, ideato da Francesco Savarese nel 1968, è talmente tanto apprezzato, gustato e amato da avere una sagra interamente dedicata a lui.

| richiama | attracts |
| caciocavallo | a type of local cheese |

La Sagra del pesce di Camogli

Da più di mezzo secolo, la seconda domenica di maggio, si tiene a Camogli, in Liguria, la Sagra del pesce, in onore di San Fortunato, patrono dei pescatori. In quest'occasione, dopo la benedizione del pesce e della padella, vengono fritte circa tre tonnellate° di pesce azzurro. La padella, o padellone d'acciaio, ha un diametro di 3,80 metri e pesa 2,6 tonnellate. Per friggere le trentamila porzioni, che sono distribuite gratuitamente° agli ospiti della festa, si usano tremila litri d'olio.

La sera precedente la sagra ha luogo una cerimonia religiosa in onore di San Fortunato, durante la quale otto volontari trasportano a braccia° la cassa (che pesa quattrocento chilogrammi) con la statua del santo. Dopo la processione c'è uno spettacolo di fuochi d'artificio, seguito° dall'illuminazione del campanile della chiesa di San Fortunato. Verso le ventitrè° ha inizio l'accensione° dei famosi falò°, presentati dagli abitanti di due quartieri di Camogli: Porto e Pineto. I falò sono opere d'arte costruite con vecchi mobili, barche° rotte e tutto ciò di cui gli abitanti della piccola città non hanno più bisogno. Purtroppo, i falò si possono solo ammirare per poche ore, perchè poi vengono distrutti fra gli applausi di tutti i presenti!

tonnellate	tons
gratuitamente	free of charge
a braccia	by hand
seguito	followed
le ventitrè	11 P.M.
accensione	lighting
falò	bonfire
barche	boats

La Sagra da Sujaca o dei fagioli di Carìa

Dal 1978 ogni anno, il 6 agosto, a Carìa, piccolo paese della Calabria, si svolge la Sagra da Sujaca o dei fagioli. Questi fagioli sono particolarmente buoni perché coltivati sull'altopiano del Monte Porro in particolari condizioni climatiche e secondo un'antica tecnica di produzione. Preparati in diversi modi, sono cotti nelle "pignatte" di terracotta nei camini a legna d'olivo° e serviti insieme ad altri prodotti tipici locali, come il pecorino, le cipolle rosse, la carne di maiale e le olive.

Accompagnano la degustazione balli e canti folcloristici come il Ballo di Mata e Grifone, i due giganti che per i calabresi sono il simbolo della libertà dall'oppressione saracena e turca. La festa si conclude con il "ballu du camejuzzu i focu", il ballo del cammello in fiamme°, simbolo dell'espulsione dei Saraceni (XIV secolo) che usavano i cammelli per andare a riscuotere le tasse°. I partecipanti assistono alla distruzione di un cammello di canne ricoperto di fuochi d'artificio.

nei ... olivo	in olive-wood-burning fireplaces
cammello in fiamme	burning camel
riscuotere le tasse	to collect taxes

Al lavoro

Indica se le seguenti affermazioni sono vere o false. *Indicate whether the following statements are true (V) or false (F).*

Le sagre

1. Feste popolari e tradizioni ci aiutano a capire il passato.   V   F

2. Nelle sagre c'è sempre un invito a gustare antichi sapori.   V   F

3. Nelle sagre non si possono comprare verdure.   V   F

Caciocavallo e peperoncino ovvero La Sagra del Riavulillo

4. La Sagra del Riavulillo si svolge da più di vent'anni.   V   F

5. Le olive nere sono dentro il caciocavallo.   V   F

6. Il Riavulillo è ottimo a colazione.   V   F

7. Ci sono molti modi di preparare il Riavulillo.   V   F

8. Il latte italiano fresco garantisce la qualità del prodotto.   V   F

9. Il Riavulillo è stato preparato per la prima volta nel 1968.   V   F

La Sagra del pesce di Camogli

10. San Fortunato è il santo dei pescatori.   V   F

11. La padella ha un diametro di 38 metri.   V   F

12. Il pesce fritto viene offerto gratis ai visitatori.   V   F

13. Il sabato la cassa e la statua di San Fortunato sono trasportate in processione.   V   F

14. I falò sono costruzioni in cemento.   V   F

La Sagra da Sujaca o dei fagioli di Carìa

15. Carìa si trova in Calabria.   V   F

16. Sul monte Porro crescono ottimi fagioli.   V   F

17. La "pignatta" è un tipo di fagiolo.   V   F

18. Il Ballo è simbolo di libertà.   V   F

19. I cammelli erano usati come mezzo di trasporto.   V   F

20. Alla fine della sagra il cammello di canne viene bruciato.   V   F

Completa la tabella con i superlativi relativi e assoluti dei seguenti aggettivi, secondo il modello. *Complete the table with the adjectives in their relative and superlative forms by following the example.*

AGGETTIVO	SUPERLATIVO RELATIVO	SUPERLATIVO ASSOLUTO
ricco	*il più ricco*	*ricchissimo*
antico		
bianco		
caldo		
famoso		
fresco		
popolare		

Forma delle frasi usando il comparativo di maggioranza e di minoranza, secondo il modello. *Build sentences with the comparatives of equality and of inequality, according to the model.*

ESEMPIO   caciocavallo/mozzarella/buono

Il caciocavallo è più (meno) buono della mozzarella.

1. pomodori freschi/pomodori in insalata/gustoso

   _____

2. olive nere/olive bianche/saporito

   _____

3. prosciutto cotto/prosciutto crudo/salato

   _____

4. vini della Campania/vini del Piemonte/leggero

   _____

5. olio/burro/grasso

   _____

ESERCIZIO

17·7

Riflessioni. Cerca in Internet notizie sulle altre sagre citate nel paragrafo **"Le sagre".** *Search the Internet for information about other festivals mentioned in the paragraph **"Le sagre."***

_____

_____

_____

_____

ESERCIZIO

17·8

Riflessioni. Cerca in Internet notizie sulla leggenda dei giganti Mata e Grifone. *Search the Internet for information about the legend of the giants Mata and Griffin.*

_____

_____

_____

_____

Il carretto siciliano

18

Prima di leggere

VOCABOLARIO	
Nomi	
l'**abete** (m.)	*fir*
l'**artigiano**	*artisan*
la **barca**	*boat*
il **bue** (pl. **buoi**)	*ox*
il **carretto**	*cart*
il **carrozziere**	*coach builder*
il **fabbro**	*smith*
il **faggio**	*beech*
il **ferro**	*iron*
il **frassino**	*ash tree*
il **grano**	*wheat*
l'**isola**	*island*
il **lato**	*side*
il **legno**	*wood*
le **merci**	*goods*
il **mezzo di trasporto**	*means of transportation*
la **ruota**	*wheel*
il **sentiero**	*path*
lo **scultore**	*sculptor*
la **slitta**	*sled*
la **strada**	*road*
Aggettivi	
ortofrutticolo/a	*fruit and vegetable*
pericoloso/a	*dangerous*
ripido/a	*steep*
rudimentale	*rudimentary*
sacro/a	*sacred*
Verbi	
bardare	*to harness, to adorn elaborately*
costruire	*to build*
dipingere (p.p. **dipinto**)	*to paint*
intagliare	*to carve*
percorrere (p.p. **percorso**)	*to pass through*
trasportare	*to haul*

Completa le frasi con una delle parole o espressioni suggerite. *Complete each sentence by choosing a word or phrase from the word bank.*

grano	intaglia	merci	isola	ruota
lati	legno	barca	mezzo di trasporto	ha dipinto

1. In estate molte persone preferiscono prendere il sole in _____.

2. Michelangelo _____ la Cappella Sistina.

3. In Sicilia ci sono molti campi di _____.

4. In montagna ci sono molte case di _____.

5. Un'altra grande _____ del Mediterraneo è la Sardegna.

6. Il _____ più veloce è l'aereo.

7. L'artista _____ il legno.

8. Molte _____ sono spedite via mare.

9. L'invenzione della _____ ha contribuito enormente al progresso dell'umanità.

10. Il quadrato ha quattro _____.

Rispondi alle seguenti domande. Puoi consultare la cartina del capitolo 1. *Answer the following questions. You may refer to the map in Chapter 1.*

1. In quale parte d'Italia si trova la Sicilia?

_____

2. Come si chiama il vulcano ancora attivo?

_____

3. Quale mezzo di trasporto usi per viaggiare?

_____

4. Hai mai fatto un'escursione in montagna? C'erano molti sentieri?

_____

5. Qual è il santo protettore della tua città? C'è una festa in suo onore?

_____

6. Conosci una persona nata in Sicilia? Come si chiama? Cosa sai della sua vita?

_____

7. Sai chi era Garibaldi?

_____

Leggiamo

Le "regie trazzere"

In Sicilia, per secoli, a causa della mancanza° di strade, il trasporto delle merci e delle persone era effettuato° *via mare* con barche e *via terra* su animali, come muli e buoi, o con veicoli rudimentali, come lo "strascinu", una specie di slitta usata ancora oggi per il trasporto del grano nella parte interna dell'isola. Nel XIII secolo Federico II di Svevia ordinò la costruzione delle "regie trazzere", strade pubbliche su cui potevano transitare gli animali, senza pagare le tasse. Dopo circa tre secoli, tra il 1778 e il 1824, sotto il governo dei Borbone, furono costruite, per motivi militari, in tutta l'isola 250 miglia di strade di grande comunicazione, chiamate ancora "regie trazzere°", che in realtà erano sentieri, con salite molto ripide e curve pericolose. L'unico mezzo di trasporto che poteva percorrere queste strade era il "carretto siciliano" che aveva ruote molto alte e poteva evitare cunette e dossi°. C'erano due tipi di carretto: il *Carretto del Lavoro*, usato per il trasporto di prodotti ortofrutticoli°, legno, vino e persone, e il *Carretto de Gara*, usato per matrimoni e parate.

mancanza	*lack*
effettuato	*done*
regie trazzere	*royal sheep tracks*
cunette e dossi	*humps and bumps*
prodotti ortofrutticoli	*fruits and vegetables*

Il carretto

I primi carretti furono costruiti in legno e, per proteggerli dal tempo, furono dipinti, quasi sempre di giallo. In seguito°, sui lati cominciarono ad apparire altri colori, come il blu e il rosso, e disegni. Il piccolo mezzo di trasporto si trasformò così in un'opera d'arte. Gli ambulanti° lo usarono per andare in giro° a vendere la propria merce e, per attirare l'attenzione della gente, bardarono i cavalli con specchietti, pennacchi° colorati e campanelli che, con il loro suono, annunciavano l'arrivo del commerciante. Sui lati del carretto erano dipinte scene tratte dal Vangelo°, immagini della Vergine Maria e la vita dei santi. Molto rappresentate erano le vite di Santa Rosalia e Sant'Agata, sante molto venerate in Sicilia, e la vita di San Giovanni Battista. Le immagini sacre furono poi sostituite da quelle di eroi e di personaggi storici: Carlo Magno e i paladini di Francia, le Crociate, Napoleone e Garibaldi. E così, fino alla metà del XX secolo, il carretto fu il mezzo più usato in tutta l'isola per trasportare merci e persone. Oggi esso° rimane il simbolo di una vita primitiva, ma attiva. Al suo posto° c'è un veicolo motorizzato a tre ruote, chiamato *Lapa* (dialetto, *l'ape*°), spesso dipinto nei colori tradizionali dell'antico carretto.

in seguito	afterward
ambulanti	peddlers
in giro	around
pennacchi	feathers
Vangelo	Gospel
esso	it
al suo posto	in its place
ape	(lit. bee) three-wheeled scooter

La costruzione del carretto

Per costruire un carretto sono necessari due mesi di lavoro e tre diversi tipi di legno: l'abete, per costruire i lati; il faggio, per le mensole° e per le altre parti; il frassino per i raggi° delle ruote. Molti artigiani partecipano alla sua costruzione. Tra questi, il carrozziere che prepara le parti in legno, lo scultore che intaglia i raggi delle ruote e il fabbro che costruisce le parti in ferro e assembla i pezzi. Il costo di un carretto nuovo è di circa 3.500 euro. Oggi il carretto antico si può trovare ancora nei luoghi turistici, durante manifestazioni pubbliche e nelle cerimonie folcloristiche.

| mensole | shelves |
| raggi | spokes |

Al lavoro

ESERCIZIO 18·3

Rispondi alle seguenti domande. *Answer the following questions.*

Le "regie trazzere"

1. A che cosa servivano in Sicilia le barche e gli animali?

_____

2. Che cos'è lo "strascinu"?

_____

3. Che cos'erano le "regie trazzere"?

_____

4. Perchè veniva usato il carretto?

_____

5. Perchè erano usati due tipi di carretto?

_____

Il carretto

6. Perchè si dipingeva il carretto e si bardava il cavallo?

   _____

7. Quali soggetti erano dipinti sui carretti?

   _____

8. Cosa ha sostituito il carretto?

   _____

La costruzione del carretto

9. Quali materiali servono per costruire il carretto?

   _____

10. Quale artigiano monta i vari pezzi del carretto?

    _____

ESERCIZIO
18·4

Per ciascun vocabolo della colonna A cerca il suo sinonimo nella colonna B. *Match each word in column A with its synonym in column B.*

A	B
1. _____ attivo	a. primitivo
2. _____ costruire	b. edificare
3. _____ percorrere	c. attraversare
4. _____ pericoloso	d. rumore
5. _____ proprio	e. rischioso
6. _____ rudimentale	f. via
7. _____ strada	g. tipico
8. _____ suono	h. laborioso

Nel paragrafo "Il carretto" individua le voci verbali del passato remoto e poi scrivi l'infinito di ognuna di esse, secondo il modello. *In the paragraph "Il carretto," find the verbs formed in the **passato remoto**, and then give the infinitive, by following the model.*

PASSATO REMOTO

furono costruiti _____

INFINITO

costruire _____

_____

_____

_____

_____

_____

_____

_____

_____

_____

_____

_____

_____

Cerca nei paragrafi "Le regie trazzere" e "Il carretto" le parole e le espressioni corrispondenti alle definizioni. *In the paragraphs "Le regie trazzere" and "Il carretto," find the words or the expressions that correspond to the following definitions.*

Le regie trazzere

1. animali che tirano il carretto _____

2. mezzi di trasporto primitivi _____

3. strette strade di montagna o campagna _____

Il carretto

4. diventò _____

5. informavano sulla venuta _____

6. trasferire prodotti _____

ESERCIZIO 18·7

Dal plurale al singolare. *Change the following from plural to singular.*

1. veicoli rudimentali _____

2. curve pericolose _____

3. altre parti _____

4. luoghi turistici _____

5. manifestazioni pubbliche _____

6. cerimonie folcloristiche _____

ESERCIZIO 18·8

Riflessioni. Il teatro dei Pupi è patrimonio dell'Unesco. Ricerca in Internet notizie sul teatro delle marionette e sull' "Opera dei Pupi". *The Theater of Pupi is a Unesco World Heritage Site. Search the Internet to gather information about the puppet theater and the "Opera dei Pupi."*

_____

_____

_____

_____

Film consigliati

Baaria di Giuseppe Tornatore
Terraferma di Emanuele Crialese
Malavoglia di Pasquale Scimeca

19

Natale

Prima di leggere

VOCABOLARIO

Nomi

l'abete	*fir*
l'albero	*tree*
l'anguilla	*eel*
l'argilla	*clay*
l'asinello	*little donkey*
l'avorio	*ivory*
l'Avvento	*Advent*
Babbo Natale	*Santa Claus*
la **bottega**	*workshop*
il **bue**	*ox*
il **camino**	*fireplace*
la **capanna**	*hut*
la **cartapesta**	*papier-mâché*
il **giocattolo**	*toy*
la **grotta**	*grotto/cave*
la **legna**	*firewood*
il **legno**	*wood*
la **luce**	*light*
la **mangiatoia**	*manger*
il **muschio**	*moss*
la **nascita**	*birth*
le **palline**	*Christmas ornaments*
il **pastore**	*shepherd*
la **pecorella**	*sheep*
il **pesce**	*fish*
il **presepe/presepio**	*nativity scene*
il **re**	*king*
I **Re Magi**	*Three Wise Men*
il **regalo**	*gift/present*
la **statuina**	*figurine*
la **stella**	*star*
il **sughero**	*cork*

Aggettivi

artigianale	*artisan*
devoto/a	*devoted*
lontano/a	*far, distant*
natalizio/a	*Christmas*
pieno/a	*full*
pronto/a	*ready*
ricco/a	*rich*

Verbi

addobbare	*to decorate (a Christmas tree)*
adornare	*to decorate (a home)*
addormentarsi	*to fall asleep*
allestire	*to prepare*
diffondere (p.p. **diffuso**)	*to spread*
lanciare	*to throw*
festeggiare	*to celebrate*
recarsi	*to go*
rifugiarsi	*to take refuge*
riunirsi	*to gather*

> *Natale con i tuoi e Pasqua con chi vuoi.*

ESERCIZIO 19·1

Completa le frasi con una delle parole o espressioni suggerite. *Complete each sentence by choosing a word from the word bank.*

pastori	alberi	camino	Babbo Natale	
nascita	addobbano	capanna	regalo	luci

1. Durante il periodo natalizio molti italiani _____ la loro casa.

2. In inverno mettiamo la legna nel _____.

3. Di sera è bello vedere la città illuminata da mille _____.

4. In estate i _____ portano le pecore al pascolo in montagna.

5. Nel giardino ci sono molti _____ da frutta.

6. La _____ di un bambino è sempre una gioia per i genitori.

7. Per il suo diciottesimo compleanno Lucia ha ricevuto in _____ una Ferrari.

8. Abbiamo costruito una _____ di legno e sughero per il presepe.

9. Tutti i bambini aspettano con ansia i regali di _____.

Cruciverba

ORIZZONTALI

2. Illuminano il cielo di notte.

4. Addobbano l'albero di Natale.

6. È con l'asinello nella capanna.

8. Brucia in inverno nel camino.

VERTICALI

1. Si danno ai compleanni e in altre occasioni.

3. È l'albero di Natale.

5. Periodo che precede il Natale.

7. Uno dei Magi che portarono i doni a Gesu Bambino, il _____.

Rispondi alle seguenti domande. *Answer the following questions.*

1. Festeggi il Natale? Come?

   _____

2. Costruisci il presepe? I pastori sono di ceramica, di legno o di plastica? Metti anche la stella e tante luci?

   _____

3. Addobbi l'albero di Natale? Lo compri naturale o artificiale? Grande o piccolo?

   _____

4. Ricevi molti regali a Natale? Qual è stato il più bel regalo di Natale che hai ricevuto finora?

   _____

5. Mangi pesce la sera della vigilia di Natale? Ti piace? Lo preferisci alla griglia, al forno o fritto?

   _____

6. Scrivevi la letterina a Babbo Natale quando eri piccolo/piccola? Che cosa gli chiedevi?

   _____

7. Per chi compreresti un regalo a Natale? Perchè?

   _____

Leggiamo

Una festa religiosa

L'anno liturgico inizia con l'Avvento, un periodo di quattro domeniche, dall'11 al 25 dicembre. Durante questo periodo i cristiani si preparano al Natale, la più solenne festa del Cristianesimo che celebra la nascita di Gesù in una capanna (o grotta) a Betlemme. Le prime celebrazioni del Natale risalgono° al 354 d.C. quando papa Liberio propone di sostituire il culto del Sole (chiamato dai pagani Mitra) con quello di Gesù che per i cristiani rappresenta "la luce del mondo". Durante il periodo natalizio, nei paesi e nelle città, le chiese, le strade, le piazze e i negozi sono tutti addobbati a festa. Alberi, fiori, palline e insegne° coloratissime rallegrano l'atmosfera per la gioia di adulti e bambini. In ogni casa si addobba con palline e luci l'albero di Natale, di solito un abete, simbolo della vita immortale.

risalgono	*date back*
insegne	*signs*

Il presepe

Il termine presepe (o presepio) deriva dal latino *prae-sepe* e significa "stalla". Nella tradizione cristiana è la rappresentazione della nascita di Gesù Bambino. Nel 1223 San Francesco celebrò la nascita di Gesù con un presepe vivente°. Da allora in molte case italiane viene allestito il presepe che mostra una mangiatoia in una capanna (o grotta) dove accanto° a Maria e Giuseppe sono posti anche il bue e l'asinello. Numerose stelle, tra cui la stella cometa, illuminano il cielo, mentre i pastori, le pecorelle e i Re Magi sono messi in adorazione di fronte alla capanna. La notte di Natale la famiglia si riunisce intorno al presepe e canta l'inno "Tu scendi dalle stelle°", mentre il più piccolo della famiglia mette la statuina di Gesù Bambino nella capanna.

La tradizione di costruire il presepe in casa si è diffusa° particolarmente nel XVIII secolo, tanto che si è sviluppata una produzione di presepi ad alto livello artigianale che continua ancora oggi in città come Napoli, Genova e Bologna. I materiali usati sono l'argilla, la cartapesta e il legno per le statuine, il sughero e il legno per la capanna e il muschio per la terra. Alcuni presepi hanno statuine fatte di avorio rivestite di seta. Oggi gli artigiani costruiscono non solo le classiche statuine, come quelle dei pastori, delle lavandaie°, dei fornai, dei macellai, dei pescivendoli, dei Re Magi, ma riproducono anche personaggi moderni, come politici, calciatori, attori, come Berlusconi, Balotelli e Totò. La città di Napoli ha una grande tradizione presepiale che risale all'undicesimo secolo, prima, cioè, della nascita di San Francesco. Da secoli nel periodo natalizio persone di tutti i ceti sociali° e di tutte le età affollano le botteghe artigiane di via San Gregorio Armeno e delle stradine intorno in cerca di sughero, muschio, capanne, casette e statuine che serviranno ad allestire il presepe di ciascuna famiglia. In tutta Italia durante tutto l'anno si possono ammirare nei musei, nelle antiche chiese e in alcune collezioni private splendidi presepi, vere e proprie opere d'arte.

vivente	live
accanto	next to
"Tu scendi dalle stelle"	"From Starry Skies Thou Comest"
si è diffusa	is spread
lavandaie	laundrywomen
ceti sociali	social class

San Nicola, ovvero Babbo Natale

Alcuni giorni prima del 25 dicembre, i bambini italiani scrivono una letterina a Gesù Bambino o a Babbo Natale in cui chiedono qualche regalo e in cambio° promettono di essere buoni e ubbidienti per tutto l'anno. Ma Babbo Natale è veramente esistito? Sembra proprio di sì. Nella prima metà del IV secolo d.C. viveva nella città di Myra, in Turchia, un uomo molto ricco e molto buono che si chiamava Nicola. Amava tanto i bambini che dava sempre loro molti regali. Diventato prima sacerdote e poi vescovo°, era conosciuto da tutti per la sua generosità e per i suoi numerosi miracoli. Si dice che, per diffondere il cristianesimo anche tra i bambini che abitavano in zone lontane dalle parrocchie°, invitò i parroci° ad andare nelle loro case per spiegare la vita di Gesù, portando ad ognuno un regalo. Così, almeno una volta al mese i parroci si recavano dai bambini con sacchi pieni di regali che mettevano su slitte trainate° da cani.

Nel secolo XI i resti di San Nicola furono° trasportati a Bari, in Puglia, da alcuni marinai italiani a lui molto devoti. Da allora° la sua fama si diffuse anche in Italia e San Nicola diventò il santo protettore dei bambini, dei marinai, dei mercanti, dei farmacisti, degli avvocati, dei detenuti e delle prostitute, come anche della città di Bari e di altre città marinare.

in cambio	in exchange
vescovo	bishop
parrocchie	parishes
parroci	pastors
trainate	pulled
furono	were
Da allora	Since then

La leggenda di San Nicola

Un nobile signore, che non poteva far sposare le figlie perchè non aveva più soldi, pregò San Nicola di aiutarlo a dare alle giovani° un futuro migliore. Il santo, impietosito°, decise di lanciare un sacco di monete° sul balcone delle giovani ogni notte, per tre notti. La prima e la seconda notte tutto andò bene. La terza notte il sacco non raggiunse° il balcone. San Nicola allora ebbe un'idea: salì sul tetto° e lanciò il sacco dal camino. Così, diventate di nuovo ricche, le tre figlie del nobile poterono sposarsi felicemente. Da allora ogni anno a Natale San Nicola, chiamato in Italia Babbo Natale e negli Stati Uniti Santa Claus, porta i regali a tutti, grandi e piccoli, lanciandoli dal camino o mettendoli sotto l'albero.

giovani	*young ladies*
impietosito	*moved to pity*
monete	*coins*
raggiunge	*reached*
tetto	*roof*

Natale con i tuoi ...

La sera della vigilia di Natale parenti e amici si riuniscono per la tradizionale cena a base di pesce che appare in tutti i piatti, dagli antipasti (insalate di frutti di mare, crostini con burro e acciughe) ai primi piatti (risotto alla pescatora, spaghetti con le vongole), ai secondi (spigola° al forno, fritto misto). Molte famiglie dopo cena osservano la tradizione di andare in chiesa per la Messa di mezzanotte. La mattina di Natale appena svegli° i bambini aprono i regali e qui comincia la festa. Trascorrono° poi tutto il giorno a giocare con i vari giocattoli che Babbo Natale ha portato loro. Gli adulti preferiscono non ricevere regali, ma devolvere una certa somma di denaro in beneficenza°. Verso le tre del pomeriggio la famiglia si riunisce di nuovo per il grande pranzo di Natale. Ogni regione ha il suo menu natalizio, ma, in generale, per primo si preparano lasagne, agnolotti o tortelli e per secondo arrosto con patate o un altro tipo di carne. Seguono fritture°, formaggi e frutta secca o fresca. Naturalmente non mancano su ogni tavola i dolci caratteristici di questa festa come il panettone e il pandoro, accompagnati dalle delizie preparate nelle singole regioni.

A Napoli, ed in altre città del sud, il tipico dolce natalizio è costituito dagli *struffoli*, palline, fatte con farina e uova, fritte nell'olio e passate nel miele aromatizzato. Alla fine del pranzo i bambini recitano una poesia di Natale per la gioia di nonni, genitori e zii.

spigola	*sea bass*
appena svegli	*as soon as they wake up*
Trascorrono	*They spend (time)*
beneficenza	*charity*
fritture	*fried food*

Il panettone

Un giovane fornaio milanese, di nome Toni, era innamorato della figlia del padrone. Poichè era molto povero, non osava parlare con la giovane per dichiararle il suo amore. Un giorno decise di preparare per lei un dolce speciale e squisito con ingredienti particolari. Alla pasta da pane° aggiunse uova, burro, zucchero, uva sultatina° e frutta candita, poi mescolò il tutto e diede all'impasto° la forma di una cupola°. Quando il dolce fu pronto, Toni lo offrì alla giovane che lo apprezzò moltissimo per il suo profumo, la sua leggerezza e la sua bontà e ringraziò il fornaio offrendogli il suo cuore. Da questo atto d'amore nacque il "Pan de Toni", il famoso "Panettone".

osava	dared
pasta da pane	dough
uva sultanina	raisins
impasto	mixture
cupola	dome

Al lavoro

ESERCIZIO
19·4

Una festa religiosa

Rispondi alle seguenti domande. *Answer the following questions.*

1. Che cos'è l'Avvento?

   _____

2. Cosa celebra il Natale?

   _____

3. Quando diventa una festa ufficiale per i cristiani il Natale?

   _____

4. Come cambia l'atmosfera dei paesi e delle città nel periodo natalizio?

   _____

5. Cosa rappresenta l'albero di Natale?

   _____

Il presepe

Rileggi il paragrafo "Il presepe" e poi completa le frasi. *Reread the paragraph "Il presepe," and then complete the sentences.*

6. Il primo presepe vivente risale al _____.

7. Il presepe è formato da una _____ in cui ci sono le statuine di

   Maria e di Giuseppe, del Bambino Gesù, del _____ e

   dell'_____.

8. La notte di Natale la statuina di _____ è messa nella capanna.

9. Napoli, Bologna e Genova sono famose per _____ dei presepi.

10. Anche le statuine di personaggi famosi possono far parte

    del _____.

11. _____ è la via di Napoli famosa per le sue botteghe.

San Nicola, ovvero Babbo Natale

Indica se nel testo ci sono le seguenti affermazioni. *Indicate whether the following information is present in the reading passage.*

12. San Nicola era di origine turca.   sì   no

13. San Nicola faceva molti regali ai bambini.   sì   no

14. San Nicola mandò i vescovi a parlare ai bambini.   sì   no

15. San Nicola morì a Bari in Puglia.   sì   no

16. San Nicola è il protettore di Bari.   sì   no

La leggenda di San Nicola

Riassumi brevemente la leggenda. *Briefly summarize the legend.*

17. _____

_____

_____

_____

Natale con i tuoi ...

Rileggi il paragrafo. Immagina di essere ospite di un amico italiano. Descrivi come la sua famiglia trascorre la vigilia e il giorno di Natale. *Reread the paragraph. Imagine yourself as a guest of an Italian friend. Describe how his family spends Christmas Eve and Christmas Day.*

18. _____

_____

_____

Con le parole date componi delle frasi usando le informazioni presenti nel testo. *With the words given below, create sentences using the information from the text.*

ESEMPIO   pesce

La cena della vigilia di Natale è a base di pesce.

19. primo piatto

_____

20. Messa

_____

21. regali

_____

22. menu

_____

23. panettone

_____

24. struffoli

_____

Il panettone

Riassumi brevemente la leggenda del panettone. *Briefly summarize the legend of the* **panettone**.

25. _____

_____

_____

Nel paragrafo "La leggenda di San Nicola", individua i verbi al passato remoto e volgili al passato prossimo. Rescrivi poi la leggenda. *In "La leggenda di San Nicola," identify the verbs in the* **passato remoto**, *and then change to the* **passato prossimo**. *Then rewrite the legend.*

26. _____

_____

_____

_____

_____

_____

_____

ESERCIZIO

19·5

Consulta un calendario italiano e per ogni giorno della settimana indica una festa civile o religiosa, secondo il modello. *Consult an Italian calendar and find a civil or religious festivity for each day of the week. Follow the model.*

1. Lunedì _____

2. Martedì *10 febbraio Martedì Grasso* _____

3. Mercoledì _____

4. Giovedì _____

5. Venerdì _____

6. Sabato _____

7. Domenica _____

Elenca i personaggi del presepe e i materiali usati per costruirlo. *Give the names of the characters of the **presepe** and list the materials used to construct it.*

1. Personaggi: _____

_____

_____

_____

2. Materiali: _____

_____

_____

_____

Riflessioni. Fa' una ricerca su come si festeggia il Natale in due regioni d'Italia, una del nord e una del sud (Lombardia e Sicilia, per esempio). Paragona, poi, i due tipi di celebrazioni. *Research how people celebrate Christmas in two regions of Italy. Pick a northern region and a southern region (for example, Lombardy and Sicily). Compare and contrast the two types of celebrations.*

_____

_____

_____

_____

_____

_____

_____

_____

Film consigliati

Natale in casa Cupiello di Eduardo De Filippo

Regalo di Natale di Pupi Avati

Capodanno e Epifania

20

Prima di leggere

VOCABOLARIO	

Nomi

l'anno	*year*
gli auguri	*greetings, good wishes*
la bancarella	*stand*
il bambino	*child*
la calza	*stocking*
il Capodanno	*New Year's day*
la caramella	*candy*
il carbone	*charcoal*
la carne di maiale	*pork*
il cenone	*feast*
il cibo	*food*
il cioccolatino	*chocolate candy*
il cotechino	*sausage*
i fuochi d'artificio	*fireworks*
le lenticchie	*lentils*
i petardi	*firecrackers*
la roba vecchia	*old stuff*
lo spumante	*sparkling wine*
la vecchietta/vecchina	*old lady*
il veglione	*New Year's Eve party*
lo zampone	*stuffed pig's trotter*

Aggettivi

brutto/a	*ugly*
buono/a	*good*
caratteristico/a	*typical*
cattivo/a	*bad*
diverso/a	*different*

Verbi

accumulare	*to accumulate*
appendere (p.p. appeso)	*to hang*
brindare	*to toast*
dare il benvenuto	*to welcome*
festeggiare	*to celebrate*
illuminare	*to light up*
premiare	*to give an award*
punire	*to punish*
scambiarsi	*to exchange*
trascorrere (p.p. trascorso)	*to spend time*

Trova le parole corrispondenti alle seguenti definizioni. *Find the words that correspond to the following definitions.*

1. periodo di dodici mesi _____

2. vino frizzante _____

3. grande cena _____

4. piccolo dolce di zucchero _____

5. donna non più giovane _____

6. simili ai soldi _____

Trova nello schema tutte le parole elencate, scritte in orizzontale, verticale, diagonale e anche da destra a sinistra, da sinistra a destra, dal basso in alto e dall'alto in basso. *Find the words that are listed below. They can be found horizontally, vertically, diagonally, and from right to left, left to right, bottom to top, or top to bottom.*

anno	appeso	auguri	carbone	cenone
festeggiare	lenticchie	petardi	spumante	

L	E	V	C	O	D	I	V	A	J	F	C	J	U	A
R	T	T	S	E	D	U	N	U	E	L	S	D	I	P
Q	P	B	N	R	N	N	A	S	N	P	J	G	K	P
E	A	I	A	A	O	O	T	L	O	Q	H	G	L	E
O	I	T	Z	W	M	E	N	U	L	O	O	M	D	S
H	E	I	R	O	G	U	M	E	R	E	Y	V	P	O
P	Y	U	Q	G	J	H	P	X	A	N	L	K	T	N
E	W	P	I	J	M	L	P	S	H	O	F	D	E	B
S	O	A	U	G	U	R	I	Q	U	B	K	U	B	G
B	R	G	P	F	W	X	O	P	A	R	T	J	J	M
E	M	F	V	Y	L	K	K	G	W	A	N	F	R	H
E	I	H	C	C	I	T	N	E	L	C	G	H	Y	H
E	X	A	L	Z	E	N	K	U	S	E	Q	U	Z	Q
T	G	K	K	U	M	Z	D	F	I	G	H	M	V	D
P	Q	B	N	L	K	H	R	V	F	J	B	Z	W	I

Rispondi alle seguenti domande. *Answer the following questions.*

1. Come festeggi il Capodanno? Come ti vesti? Quali piatti tipici mangi?

_____

2. Hai mai mangiato lo zampone o il cotechino?

_____

3. Preferisci bere lo spumante o lo champagne?

_____

4. Nel tuo paese esiste, nella tradizione popolare, un personaggio immaginario che porta regali ai bambini?

_____

Leggiamo

Capodanno (*capo dell'anno, inizio dell'anno nuovo*)

Il Capodanno in Italia è festeggiato con petardi e fuochi d'artificio di ogni tipo che illuminano il cielo per dare il benvenuto al nuovo anno. Il veglione di Capodanno comincia di solito verso le nove di sera del 31 dicembre (notte di San Silvestro) e continua fin verso le sei del mattino del primo gennaio. La serata inizia con il fatidico cenone (grande cena), ricco di portate di ogni genere, diverse a seconda delle regioni. Solo due di esse saranno sempre presenti su ogni tavola, dalla valle d'Aosta alla Sicilia: lo zampone o il cotechino e le lenticchie. Queste ultime rappresentano i soldi che si accumuleranno durante l'anno: più ne mangeremo, più soldi avremo!! Lo zampone e il cotechino sono simboli d'abbondanza perchè sono preparati con la carne di maiale che è ricca e grassa e quindi sono presagio di benessere° e prosperità. A mezzanotte gli italiani si scambiano gli auguri brindando con lo spumante e gridando: BUON ANNO! AUGURI!

In molte città c'è l'usanza di lanciare roba vecchia dalla finestra, per liberarsi di tutto il male, fisico e morale, subito durante l'anno passato, aspettando che arrivi un futuro migliore.

Dopo la mezzanotte molti giovani si recano in discoteca o a casa di amici per continuare i festeggiamenti per l'arrivo del nuovo anno. Alcuni rimangono a casa con i parenti e trascorrono la notte giocando a carte o a tombola°, un antico gioco che coinvolge° anche i bambini. Da qualche anno molti comuni° organizzano nelle piazze grandi concerti a cui partecipano decine di migliaia° di persone di ogni età e sesso.

benessere	*well-being*
tombola	*game similar to Bingo in which the numbers drawn at random are covered with beans (fagioli) or pieces of orange peel or nutshells*
coinvolge	*involves*
comuni	*municipalities*
decine di migliaia	*tens of thousands*

Chi lenticchia a Capodanno conticchia tutto l'anno.

Epifania

Le feste in Italia si concludono il 6 gennaio con l'Epifania, la festività con la quale la Chiesa cattolica celebra l'arrivo dei Re Magi che, provenienti dall'Oriente, giunsero° a Betlemme per adorare il Bambino Gesù. I Re Magi erano fratelli; ognuno di loro° governava una parte dell'Oriente: Melchiorre regnava° sui Persiani, Baldassarre sugli Indiani e Gaspare sugli Arabi. Secondo il Vangelo di Matteo (*Mt., 2, 1–12*), essi furono guidati° da una stella fino alla capanna del Bambino Gesù dove "videro il Bambino con Maria sua madre e lo adorarono. Poi gli° offrirono in dono oro, incenso e mirra."

giunsero	*arrived*
ognuno di loro	*each of them*
regnava	*reigned*
essi furono guidati	*they were guided*
gli	*to him*

> *Befana, mia Befana, esci fuori dalla tana.*
> *Nella calza color di rosa buttaci, buttaci molte cose.*

La Befana

Nella tradizione popolare il termine Epifania è diventato Befana che ha un significato diverso da quello religioso. La Befana viene, infatti, rappresentata come una vecchietta brutta, ma buona, che durante la notte tra il 5 e il 6 gennaio si reca di casa in casa a cavallo di una scopa° con il suo sacco pieno di regali. Nella calza appesa al camino o al letto di ogni bambino *buono* la Befana mette caramelle e cioccolatini. Per i bambini *cattivi* c'è anche un pezzo di carbone nero!

A Roma, in Piazza Navona, ogni anno si svolge un caratteristico mercato con bancarelle ricche di giocattoli e dolci dove i bambini possono incontrare la Befana in persona!

a cavallo ... scopa	*astride a broom*

La leggenda della Befana

Secondo la leggenda, i tre Re Magi durante il loro lungo viaggio verso Betlemme, si fermarono° a chiedere ospitalità ad una vecchia, che offrì loro da mangiare. Dopo cena i re invitarono la vecchietta ad andare con loro dal Bambino Gesù, ma questa° rifiutò. Più tardi la donna cambiò idea, ma i Re Magi erano già° andati via. Allora la vecchietta raccolse° tutto il cibo che aveva in casa e andò in giro per tutte le case a distribuirlo a tutti i bambini perchè sperava di incontrare Gesù Bambino.

si fermarono	*stopped*
questa	*she*
già	*already*
raccolse	*gathered up*

Al lavoro

Capodanno

Rileggi il testo e trova almeno due modi di completare le seguenti frasi, secondo il modello. *Reread the paragraph "Capodanno," and then complete the sentences in two different ways by following the model.*

1. Gli italiani festeggiano il Capodanno:

   a. *con un veglione* .

   b. *con un cenone* .

2. Il cenone è:

   a. _____ .

   b. _____ .

3. La notte di San Silvestro in tutta Italia si mangiano:

   a. _____ .

   b. _____ .

4. Gli italiani salutano l'anno nuovo:

   a. _____ .

   b. _____ .

5. Dopo la mezzanotte i giovani:

   a. _____ .

   b. _____ .

6. Chi resta in casa:

   a. _____ .

   b. _____ .

Rispondi alle seguenti domande. *Answer the following questions.*

7. Come si festeggia il Capodanno in Italia?

   _____

8. Perchè gli italiani buttano la roba vecchia dalla finestra?

   _____

9. Con che cosa si scambiano gli auguri?

   _____

10. Quali cibi sono sempre presenti nel Cenone di Capodanno?

   _____

11. Perchè si mangiano le lenticchie?

   _____

12. In quali luoghi possono andare a trascorrere il Capodanno molti giovani?

   _____

Epifania

Rileggi il paragrafo "Epifania" e completa le frasi. *Reread the paragraph "**Epifania**," and then complete the sentences.*

13. L'Epifania celebra _____.

14. I Re Magi si chiamavano _____, _____,

    _____ e venivano _____.

15. I Re Magi portarono in regalo a Gesù Bambino _____,

    _____ e _____.

16. Secondo la leggenda la Befana ospitò i Re Magi, ma _____.

17. La Befana usa la _____ come mezzo di trasporto.

18. Nella calza di ogni bambino buono la Befana mette _____

    e _____.

19. Ai bambini cattivi la Befana porta un pezzo di _____.

20. In Piazza Navona, il 6 gennaio a Roma i bambini possono vedere

    la _____.

Rispondi alle seguenti domande. *Answer the following questions.*

21. Chi erano i Re Magi? Come si chiamavano?

    _____

22. Che cosa portarono a Gesù Bambino?

    _____

23. Chi è la Befana? Quando si festeggia?

    _____

24. Qual è la leggenda della Befana?

    _____

25. Dove mette i regali la Befana?

    _____

ESERCIZIO

20·5

Completa le frasi con una delle parole o espressioni suggerite. *Complete the paragraph by choosing a word or phrase from the word bank.*

hanno festeggiato	lenticchie	spumante	auguri
ha dato il benvenuto	cioccolatini	illuminano	

1. A Natale mandiamo molti biglietti di _____ a parenti e amici.

2. Le _____ sono il simbolo dei soldi.

3. A Capodanno gli italiani brindano con lo _____.

4. Chi è a dieta non mangia _____.

5. Alla cerimonia d'apertura delle Olimpiadi del 2012 la regina Elisabetta

   _____ agli atleti di tutto il mondo.

6. A Capodanno i fuochi di artificio _____ il cielo.

7. Gli attori _____ il successo della commedia con un grande ricevimento.

ESERCIZIO

20·6

Nel paragrafo "La leggenda della Befana", individua le voci verbali del passato remoto e poi completa la tabella secondo il modello. *In "La leggenda della Befana," find the forms of the **passato remoto**, and then complete the table by following the model.*

PASSATO REMOTO	INFINITO	PASSATO PROSSIMO
si fermarono	*fermarsi*	*si sono fermati*

ESERCIZIO

20·7

Completa la tabella inserendo il singolare o il plurale dei seguenti nomi e aggettivi. *Complete the table by giving the forms of the singular or the plural of the following nouns and adjectives.*

SINGOLARE	PLURALE
fuoco	*fuochi*
ricco	
felice	
discoteca	
popolare	
religioso	
	buoni
nero	
caratterisico	
	ricche

ESERCIZIO

20·8

Riflessioni. Hai trascorso una giornata con una persona per te molto speciale. Ora, alla fine della giornata, pensi a cosa avete fatto insieme e trai le tue conclusioni. Pensi di uscire di nuovo con questa persona? Perchè? Se vuoi, puoi parlarne con un tuo amico/una tua amica e chiedere il suo parere. *You spend a day with a person very special to you. Now draw your conclusions about this day. Would you go out with this person again? Why? If you'd like, you can discuss this matter with a friend and ask for his/her opinion.*

_____

_____

_____

_____

Film consigliati

Risate di gioia di Mario Monicelli

Cinema Paradiso di Giuseppe Tornatore

Il Carnevale

21

Prima di leggere

VOCABOLARIO

Nomi

l'**astinenza**	*abstinence*
il **carro allegorico**	*a float in a parade*
i **coriandoli**	*confetti consisting of colored paper*
il **costume**	*costume*
il **digiuno**	*fast*
il **divertimento**	*fun*
i **fagioli**	*beans*
la **festa**	*feast, party*
i **festeggiamenti**	*celebrations*
i **fuochi d'artificio**	*fireworks*
il **Martedì Grasso**	*Mardì Gras*
la **maschera**	*mask*
il **Mercoledì delle Ceneri**	*Ash Wednesday*
il **padrone**	*master*
la **parata**	*parade*
la **Pasqua**	*Easter*
la **penitenza**	*penance*
la **Quaresima**	*Lent*
lo **scherzo**	*trick*
il **servo**	*servant*
le **stelle filanti**	*streamers*

Aggettivi

condito/a	*seasoned*
fantasioso/a	*imaginative*
festivo/a	*festive, holiday*
goloso/a	*gluttonous*
goloso/a di dolci	*sweet tooth*
gustoso/a	*tasty*

Verbi

divertirsi	*to have fun*
festeggiare	*to celebrate*
mascherarsi	*to masquerade, to wear a mask*
proibire	*to forbid*
sfilare	*to parade*
volare	*to fly*

Altre parole ed espressioni

da allora	*since then*
anche	*even*
infatti	*in fact*
lungo	*along*
quindi	*so*

> *A Carnevale ogni scherzo vale.*

ESERCIZIO 21·1

Completa le frasi con una delle parole o espressioni suggerite. *Complete each sentence by choosing a word from the word bank.*

Martedì Grasso	festeggiano	Quaresima	festivo
confetti	festa	maschera	parata

1. Dopo il matrimonio gli sposi hanno distribuito i _____ tra gli invitati.

2. Alla _____ di laurea di Paolo c'erano molti suoi amici.

3. Per i cattolici la domenica è un giorno _____.

4. Durante la _____ è proibito mangiar carne.

5. La _____ di Napoli è Pulcinella.

6. L'ultimo giorno di Carnevale è _____.

7. Il Presidente della Repubblica italiana era presente alla _____ militare del 2 giugno, giorno della Festa della Repubblica.

8. Antonio e Antonella _____ il compleanno e l'onomastico nello stesso giorno.

ESERCIZIO 21·2

Completa le frasi usando una delle parole o espressioni suggerite. *Complete each sentence by using one of the following words or phrases.*

quindi	ogni anno	anche	lungo	da allora	infatti

1. Sono sempre andato da solo in vacanza, ma quest'anno ho portato con me

   _____ la mia amica Gabriella.

2. Nel 2008 ho avuto un terribile incidente d'auto e _____ non guido più.

3. Non mi piacciono le carote, _____ non le mangio.

4. _____ il fiume ci sono molte abitazioni.

5. Valentina Vezzali è una bravissima schermitrice, _____ ha vinto molte medaglie.

6. Quando ero piccolo _____ in estate andavo al mare a Sorrento.

ESERCIZIO

21·3

Rispondi alle seguenti domande. *Answer the following questions.*

1. Pratichi il digiuno e/o l'astinenza? In quali occasioni?

_____

2. Festeggi il Carnevale? In che modo?

_____

3. Hai mai mangiato i confetti? In quale occasione?

_____

4. Quando eri piccolo, qual era la festa più importante per te?

_____

5. In quale occasione ti sei divertito molto? Racconta.

_____

Leggiamo

Le origini

Con l'avvento del Cristianesimo molti riti pagani sono stati assorbiti dalla liturgia cristiana, così come molte feste pagane sono diventate feste cristiane. Un esempio ne° è il Carnevale, collegato ai *Saturnalia*, festeggiamenti dei romani in onore di dio Saturno, propiziatore di raccolti° abbondanti. Erano momenti in cui la popolazione si dedicava ai divertimenti più estremi con banchetti, danze e orge°. Una caratteristica di queste feste era lo scambio° dei ruoli che per qualche giorno permetteva ai servi di fare da padroni e ai padroni di fare da servi, mentre l'uso della maschera annullava le differenze di classe, di sesso e di religione.

ne	*of them*
raccolti	*harvests*
orge	*orgies*
scambio	*exchange*

Il Carnevale di Venezia

Con il termine "Carnevale", dal latino *carnem levare, eliminare la carne*, si indica il periodo di tempo che precede la Quaresima e che è compreso fra° il 7 gennaio e il Martedì Grasso. In preparazione alla Pasqua, il calendario liturgico imponeva° ai cristiani un periodo di penitenza di quaranta giorni, chiamato Quaresima, in cui erano proibiti festeggiamenti di ogni genere e bisognava osservare il digiuno e l'astinenza. Ma nei giorni che precedevano la Quaresima era permesso a tutti, ricchi e poveri, divertirsi oltre ogni limite. Questo periodo di festa fu chiamato Carnevale.

Del Carnevale si ha già notizia nell'VIII secolo, ma il primo documento ufficiale è del 1296 quando il Senato della Repubblica di Venezia dichiarò° festivo il giorno che precedeva la Quaresima. Così, per cinque secoli, ogni anno a Carnevale vi furono grandi festeggiamenti, interrotti nel 1797 a causa dell'occupazione francese. Da allora, per vari motivi, per circa due secoli a Venezia non fu celebrato il Carnevale. Solo nel 1979, per iniziativa del Comune di Venezia e delle varie associazioni locali, la festa del Carnevale fu ripristinata. Oggi essa° è diventata l'avvenimento dell'anno più atteso° da bambini e adulti, un inno alla vita, alla gioia, al divertimento.

La festa comincia con il "volo dell'Angelo", impersonato° ogni anno da una persona famosa, come Federica Pellegrini o Carolina Missoni, che, legata ad un cavo° metallico, vola dal campanile di San Marco al Palazzo Ducale lanciando coriandoli e confetti alla folla di Piazza San Marco.

Un'altra manifestazione molto apprezzata è la "Festa delle Marie", che ricorda la liberazione di dodici ragazze rapite° nel 973 da alcuni pirati nel giorno della celebrazione delle loro nozze. Vengono scelte dodici fanciulle°, chiamate Marie, che percorrono° tutta la città accompagnate da personaggi in costume. Il corteo parte da San Pietro di Castello e arriva a Piazza San Marco dove le Marie vengono presentate alla folla° che elegge la più bella, la *Maria dell'anno*.

fra	*between*
imponeva	*imposed*
dichiarò	*declared*
essa	*it*
atteso	*anticipated*
impersonato	*played*
cavo	*cable*
rapite	*kidnapped*
fanciulle	*girls*
percorrono	*go through*
folla	*crowd*

Maschere e costumi

Oltre cinquecentomila visitatori arrivano ogni anno dai vari paesi in una delle piazze più famose del mondo, piazza San Marco a Venezia, per assistere ai vari spettacoli, partecipare ai favolosi balli e ammirare le sfilate di costumi bellissimi, che variano da quelli più tradizionali, in particolare del Settecento°, a quelli più fantasiosi° dell'era moderna. La maschera più famosa di Venezia è la *Larva*, che permette a chi la indossa di alterare la voce e quindi di non essere facilmente riconoscibile. È fatta di cartapesta o di cuoio ed è di colore bianco o nero. È indossata su un costume, la *Bauta* costituito da un mantello a ruota°, il *tabarro*, e un cappello, il *tricorno*. Altre maschere sono tipiche di particolari città, o provengono dalla Commedia dell'Arte°, come Arlecchino, Pulcinella, Colombina, Pantalone, Gianduia, Brighella e tante altre. Fuochi artificiali, giochi, parate, rallegrano° i partecipanti che vivono momenti indimenticabili°.

Settecento	*Eighteenth century*
fantasiosi	*imaginative*
mantello a ruota	*a wrap-around cape*
Commedia dell'Arte	*a literary and comical movement of the Seventeenth century*
rallegrano	*cheer up*
indimenticabili	*unforgettable*

Gettare la maschera = rivelare le proprie vere intenzioni.

Il Carnevale di Viareggio

Anche il Carnevale di Viareggio è famoso in tutto il mondo. Ogni anno la cittadina toscana si trasforma in una grande piazza in cui la parola d'ordine° è "divertirsi". Lungo le sue strade° sfilano i carri più grandi e movimentati del mondo, ammirati da oltre 325.000 visitatori. La tradizione risale al 1873, anno in cui alcune persone ricche per protestare contro l'aumento delle tasse, si mascherarono. Fu così organizzata una parata di carri da cui emergevano le caricature in cartapesta dei personaggi politici del tempo. Da allora in poi a Viareggio ogni anno sfilano tredici carri allegorici, accompagnati da gruppi musicali, majorettes° e gruppi folcloristici. La maschera ufficiale del Carnevale di Viareggio è Burlamacco, creata dal pittore Uberto Bonetti nel 1930, che ha un costume a scacchi° bianco e rosso, un *pompon* nero sulla pancia°, un cappello rosso, un mantello nero e la faccia da *clown*.

parola d'ordine	*password*
lungo le sui strade	*along its streets*
majorettes	*cheerleaders*
a scacchi	*checkered*
pancia	*belly*

Il Carnevale di Ivrea

Lo Storico Carnevale di Ivrea si svolge nella cittadina piemontese dal 1808. È famoso per il suo carattere storico-simbolico. Vuole infatti ricordare la rivolta° degli abitanti di Ivrea contro la tirannia del Marchese del Monferrato. La sua figura simbolo è Violetta, la Mugnaia° che uccise un nobile che voleva abusare di lei.

L'evento più entusiasmante è la "battaglia delle arance" che ha origine nel Medioevo quando i cittadini gettavano dalla finestra in segno di disprezzo° i fagioli che i feudatari regalavano loro due volte l'anno. Nel corso dei secoli° i fagioli furono sostituiti dai coriandoli, poi dai confetti ed infine dalle arance. La "battaglia delle arance" coinvolge° per tre giorni migliaia di *aranceri*° che combattono a piedi o sui carri protetti da costumi imbottiti° e maschere di cuoio. Tutti i partecipanti al Carnevale devono indossare il *berretto frigio*°, simbolo di ribellione ad ogni tirannia.

rivolta	*rebellion*
Mugnaia	*miller's daughter*
in segno di disprezzo	*to show their contempt*
Nel corso dei secoli	*Over the centuries*
coinvolge	*involves*
aranceri	*people throwing oranges*
imbottiti	*padded*
berretto frigio	*Phrygian (red)cap*

E per finire …

In piazza anche i bambini per festeggiare il Carnevale! I piccoli tesori° indossano costumi ispirati a personaggi famosi delle fiabe, della storia e dell'attualità e si divertono a lanciare coriandoli e stelle filanti. Molte città organizzano feste in cui i bambini sfilano in maschera per le vie del centro accompagnati da majorettes e dalla banda del Comune°. Non c'è festività che non preveda° un pranzo ricco di portate legate alla tradizione locale. Il menu caratteristico del pranzo di Carnevale comprende un primo piatto di lasagne al forno molto ricco di ingredienti tra cui mozzarella, scamorza, polpettine, uova, ricotta, il tutto condito con il classico ragù e, come secondo, delle gustose salsicce in padella con contorno di patatine fritte o broccoli di rapa, a seconda della regione. Chi è goloso di dolci può scegliere tra le famose *chiacchiere*° (o *bugie*) e il cosiddetto "*sanguinaccio*°", una crema dolce a base di cioccolato fondente° amaro che fino al 1992 era preparato con il sangue° di maiale. Il sangue è stato poi sostituito da altro cioccolato.

Un gioco molto divertente che ha origini molto antiche è la "rottura della pignatta", la tipica pentola d'argilla usata un tempo per cuocere carni, verdure e, soprattutto, legumi. La "pignatta", riempita di caramelle e di confetti, è appesa al centro di una stanza e pronta per essere rotta°. I partecipanti, grandi e piccoli, sono bendati° e con tre colpi di bastone° devono cercare di romperla. I vari tentativi° sono accompagnati da risate, canti, suoni e scherzi. Quando la pentola è finalmente rotta, tutti corrono a raccogliere le caramelle e i confetti sparsi° sul pavimento.

piccoli tesori	*precious little children*
Comune	*municipality*
preveda	*includes*
chiacchiere	*strips of sweet pastry fried and coated with powdered sugar*
sanguinaccio	*black pudding*
cioccolato fondente	*dark chocolate*
sangue	*blood*
rotta	*broken*
bendati	*blindfolded*
colpi di bastone	*blows with a stick*
tentativi	*attempts*
sparsi	*scattered*

Al lavoro

ESERCIZIO

21·4

Rileggi i paragrafi e poi completa ogni frase in modo appropriato. *Reread the paragraphs, and then complete the sentences with the appropriate information.*

Le origini

1. I riti cristiani hanno sostituito i _____.

2. Saturno era un _____.

3. Durante le feste in onore di Dioniso servi e padroni si scambiavano i _____.

4. Indossare la maschera era importante perchè nascondeva _____.

Il Carnevale di Venezia

5. Durante la Quaresima non erano permessi _____.

6. Nel 1296 fu dichiarato festivo il _____.

7. Federica Pellegrini e Carolina Missoni hanno inaugurato il Carnevale volando

   dal _____ al _____.

8. Nel 973 dodici spose furono rapite dai _____.

9. La "Maria dell'anno" è scelta dalla _____.

Maschere e costumi

10. Ogni anno a Venezia arriva _____.

11. La bauta è la _____.

12. Il tabarro è un _____, il tricorno un _____.

13. Le maschere più famose sono _____.

14. Molti sono i divertimenti offerti in occasione del _____.

Il Carnevale di Viareggio

15. Viareggio è una città in _____.

16. I _____ sono l'attrazione principale del Carnevale di Viareggio.

17. Nel 1873 alcuni abitanti di Viareggio si ribellarono all'aumento delle _____.

18. Accompagnano i carri _____.

19. Burlamacco è _____ di Viareggio. Il suo costume è

    a _____ di colore _____

    e _____.

Il Carnevale di Ivrea

20. Ivrea si trova in _____.

21. I cittadini di Ivrea si ribellarono ad un _____.

22. La Mugnaia è il simbolo della _____.

23. La "battaglia delle arance" ha sostituito quella dei _____

    e dei _____.

24. Per partecipare alla gara bisogna indossare il _____.

E per finire …

25. I bambini lanciano coriandoli e _____.

26. Le lasagne sono cotte (*cooked*) al _____.

27. Il sanguinaccio è un _____ al _____.

28. La "pignatta" è _____.

29. Nella "pignatta" ci sono _____ e _____.

30. I partecipanti, grandi e piccoli, sono _____.

Nel paragrafo "Il Carnevale di Venezia" individua le voci verbali dell'imperfetto e poi completa la tabella inserendo anche l'infinito di ciascuna di esse. *In the paragraph "Il Carnevale di Venezia," find the forms of the imperfetto, and then give the infinitive of each form.*

IMPERFETTO	INFINITO
_____	_____
_____	_____
_____	_____
_____	_____

Nel paragrafo "Maschere e costumi" trova le parole corrispondenti alle seguenti definizioni. *In the paragraph "**Maschere e costumi**," find the words that correspond to the following definitions.*

1. Gruppo di persone che va a vedere una città, un museo: _____

2. Rappresentazioni teatrali, cinematografiche, televisive: _____

3. Sono molto famose quelle di moda: _____

4. Possono essere usati al mare o a Carnevale: _____

5. Sono famose quelle di Venezia: _____

6. Si dice di avvenimenti che non si possono cancellare dalla mente: _____

Nel paragrafo "Il Carnevale di Viareggio" cerca a che cosa si riferiscono i seguenti numeri. *Indicate what each of the following numbers corresponds to in the paragraph "**Il Carnevale di Viareggio**."*

1. 325.000 _____

2. 1873 _____

3. 13 _____

4. 1930 _____

Riflessioni. Cerca notizie sul "Carnevale Asburgico di Madonna di Campiglio" (le origini, le cerimonie, i costumi, la musica) e sul "Carnevale di Muggia" (le origini, le usanze, le sfilate). Scoprirai informazioni interessanti. *Research "**Carnevale Asburgico di Madonna di Campiglio**" (its origins, ceremonies, costumes, and music) and "**Carnevale di Muggia**" (its origins, traditions, and parades). You'll find interesting information.*

_____

_____

_____

_____

Riflessioni. Ogni maschera rappresenta una regione. Cerca notizie su Brighella, Gianduia e Arlecchino e sulle loro rispettive regioni. *Each mask represents a region. Gather information on Brighella, Gianduia, and Arlecchino and on their respective regions.*

_____

_____

_____

_____

Pasqua

Prima di leggere

VOCABOLARIO

Nomi

l'agnello	*lamb*
l'astinenza	*abstinence*
la **campana**	*bell*
la **colomba**	*dove*
la **Domenica delle Palme**	*Palm Sunday*
il **dono**	*gift*
la **frutta candita**	*candied fruit*
la **luna**	*moon*
la **morte**	*death*
la **pace**	*peace*
il **plenilunio**	*full moon*
la **portata**	*course*
il **ramo d'olivo**	*olive branch*
il **regalo**	*gift*
la **resurrezione**	*resurrection*
il **rito**	*rite*
il **sepolcro**	*tomb*
la **Settimana Santa**	*Holy Week*
l'**uovo** (pl. **le uova**)	*egg*

Aggettivi

pasquale	*Easter*
perduto/a	*lost*
quaresimale	*Lenten*
squisito/a	*exquisite, delicious*
vuoto/a	*empty*

Verbi

annunciare	*to announce*
celebrare	*to celebrate*
digiunare	*to fast*
dipendere (da)	*to depend on*
regalare	*to give as a gift*
ringraziare	*to thank*
suonare	*to ring*
volare	*to fly*

Per ciascun vocabolo della colonna A cerca il suo contrario nella colonna B. *Match each word in column A with its antonym in column B.*

A

1. _____ plenilunio
2. _____ pace
3. _____ annunciare
4. _____ morte
5. _____ donare
6. _____ digiunare

B

a. mangiare
b. vita
c. guerra
d. tacere
e. novilunio
f. ricevere

Completa le frasi usando una delle parole o espressioni suggerite. *Complete each sentence by choosing a word from the word bank.*

astinenza	campane	festeggia	pace	rito
digiunano	regalo	uovo	ha annunciato	

1. Ogni domenica le _____ della chiesa suonano a festa.

2. Antonio ha ricevuto un orologio in _____ per il suo compleanno.

3. La colomba è il simbolo della _____.

4. Il Ministro _____ l'aumento delle tasse.

5. Nell' _____ di cioccolato Gabriella ha trovato un anello.

6. Durante la Quaresima i cristiani osservano il digiuno e l'_____.

7. Massimo _____ il compleanno a novembre.

8. La Messa è un _____ cattolico.

9. Molti cristiani _____ durante la Quaresima.

ESERCIZIO
22·3

Rispondi alle seguenti domande. *Answer the following questions.*

1. Sai cosa celebra la Pasqua? Che cosa significa questa parola?

   _____

2. Hai mai digiunato? In quale occasione?

   _____

3. L'olivo e la palma sono simboli di pace. Conosci altri simboli?

   _____

4. Quando eri piccolo/a coloravi le uova? Quale era il tuo colore preferito?

   _____

5. Ti piacciono le sorprese? Che sorpresa ti piacerebbe fare o avere?

   _____

Leggiamo

Pasqua

Pasqua è la più importante delle festività cristiane. Celebra la resurrezione di Gesù Cristo tre giorni dopo la sua crocifissione. Questa festività non ha una data fissa°, ma cade dopo l'equinozio di primavera, cioè tra il 22 marzo e il 25 aprile. Fino al 1994 la Pasqua era preceduta da un periodo di digiuno e astinenza chiamato Quaresima, che durava quaranta giorni, dal Mercoledì delle Ceneri al Sabato Santo. Le nuove disposizioni della Chiesa cattolica indicano come giorni di digiuno e astinenza il Mercoledì delle Ceneri e il Venerdì Santo. L'astinenza deve essere osservata solo durante i venerdì di Quaresima. L'ultima settimana del tempo quaresimale è detta° Settimana Santa e comincia con la Domenica delle Palme, in ricordo dei rami d'olivo° con cui la popolazione salutò° Gesù al suo arrivo a Gerusalemme. Ancora oggi c'è l'usanza di scambiarsi piccoli rami d'olivo, benedetti dal sacerdote durante la Messa, in segno di pace. Negli ultimi tre giorni della Settimana Santa, il Giovedì, il Venerdì e il Sabato, si compiono° molti riti, tra cui° la lavanda dei piedi°, la consacrazione dell'acqua battesimale e dell'olio santo° e la *Via Crucis*.

fissa	*fixed*
è detta	*is called*
in ricordo … olivo	*in remembrance of the olive branches*
salutò	*welcomed*
si compiono	*are performed*
tra cui	*among them*
la … piedi	*the washing of the feet*
olio santo	*holy oil*

I simboli

L'usanza di regalare le uova è molto antica. Ha le sue radici nei riti pagani per favorire la fecondità e il risveglio° della natura. L'uovo, infatti, è il simbolo della vita e della natura che dà ogni anno nuovi frutti. Questa usanza° si è consolidata nel Medioevo quando i signori regalavano uova ed altri oggetti a bambini e servi° per festeggiare il giorno della Resurrezione di Cristo. Anche l'uso di colorare le uova è antico.

La leggenda delle uova colorate

Maria di Magdala, una donna che aveva assistito alla morte di Gesù, andò al sepolcro°, ma lo° trovò vuoto. Allora corse° a dare la notizia agli apostoli. Uno di essi, Pietro, che non credeva alle parole di Maria, disse: "Crederò a quello che dici solo se le uova che sono in quel cestino° diventeranno rosse." E subito le uova cambiarono colore!

risveglio	*awakening*
usanza	*custom*
servi	*servants*
sepolcro	*tomb*
lo	*it*
corse	*ran*
cestino	*small basket*

Un altro simbolo della Pasqua è la colomba che, secondo il Vangelo, Maria di Magdala vide volare° davanti al sepolcro di Gesù e che da quel giorno è diventata icona della pace. Anche l'agnello, come la colomba, rappresenta l'innocenza e la purezza di tutti i popoli della terra. È il simbolo della fiducia° in Cristo che con il sacrificio della sua vita ha permesso all'uomo di riconquistare il Paradiso perduto con il peccato originale.

Le campane, poi, simbolo di festa e di allegria, hanno il compito di annunciare e accompagnare eventi importanti e celebrazioni e di richiamare i fedeli alla preghiera. Durante la Settimana Santa esse non suonano in attesa° del giorno in cui annunceranno al mondo la Resurrezione di Cristo.

vide volare	*saw flying*
fiducia	*trust*
in attesa	*waiting for*

... Pasqua con chi vuoi

Alcuni italiani preferiscono festeggiare questa festività lontano da casa visitando le città d'arte o andando all'estero. La maggior parte, però, non rinuncia al pranzo tradizionale in famiglia, le cui portate variano a seconda delle° usanze regionali. Naturalmente sempre presenti sulla tavola pasquale, elegantemente apparecchiata, sono l'agnello, le uova e la colomba (dolce con frutta candita e mandorle). Un pane tipico di questa festa è il tortano, preparato con ciccioli°, salumi e formaggi e con sopra delle uova. Il dolce pasquale tipico delle regioni del sud, ma conosciuto ormai dovunque, è la pastiera.

a seconda delle	*according to*
ciccioli	*pork fat*

La leggenda della pastiera

Ogni primavera la sirena Partenope°, simbolo della città di Napoli, emergeva dal mare e cantava per salutare gli abitanti della città ed invitarli a vivere felicemente. Una volta la sua melodiosa voce emozionò° tanto i cuori dei napoletani che questi° decisero di fare un bel regalo alla sirena per ringraziarla del suo bellissimo canto°. Infatti, le mandarono sette splendide fanciulle° con sette doni della natura: farina, ricotta, uova, grano, acqua di fiori d'arancio, spezie e zucchero. La sirena felice ringraziò le fanciulle dei doni e ritornò nel mare. Poi decise di offrire quei° meravigliosi doni della natura agli dei° insieme con il suo canto. Gli dei furono incantati dalla sua bella voce e, per ricambiare l'offerta°, mescolarono tutti gli ingredienti trasformandoli° in un dolce squisitissimo: la pastiera.

Partenope	a Siren in Greek mythology
emozionò	touched
questi	they
canto	singing
fanciulle	girls
quei	those
agli dei	to the gods
per … l'offerta	to reciprocate
trasformandoli	transforming them

Dopo il pranzo arriva il momento più atteso° dai bambini: l'apertura delle uova di cioccolato. Infatti, in ogni uovo c'è una sorpresa, cioè un dono di piccole dimensioni (giocattolo, braccialetto …) che rende felici i piccoli golosi°. Anche gli adulti possono ricevere in regalo le uova di cioccolato, che a volte contengono grandi sorprese! Spesso, infatti, mariti, mogli, fidanzati, o amici si recano° dal pasticciere per far inserire nell'uovo di cioccolato da regalare un dono importante (anello, collana, orologio).

atteso	anticipated
i … golosi	gluttonous children
si recano	they go

Al lavoro

ESERCIZIO
22·4

Rileggi i paragrafi e poi completa le frasi in modo appropriato. *Reread the paragraphs, and then complete the sentences with the appropriate information.*

Pasqua

1. La celebrazione della Pasqua ricorda la _____

   di _____ .

2. La data della Pasqua è stabilita dopo l'_____

   di _____ .

3. La Quaresima è un periodo di _____ che precede la Pasqua.

4. La Domenica delle Palme commemora l'_____

   di _____ a Gerusalemme.

5. La lavanda dei piedi e la consacrazione dell'acqua santa sono _____ pasquali.

I simboli

6. L'uovo è un simbolo pagano?

   Sì, infatti _____.

7. Nel Medioevo i bambini e i servi ricevevano le uova?

   Sì, _____.

8. La colomba è simbolo di morte?

   No, _____.

9. L'agnello è simbolo di sacrificio?

   Sì, _____.

10. Durante la Settimana Santa le campane suonano ogni giorno?

    No, _____.

... Pasqua con chi vuoi

11. A Pasqua gli italiani visitano le città d'arte, vanno all'estero o _____.

12. Il tortano è preparato con _____.

13. Le mandorle e la frutta candita sono ingredienti della _____.

14. I doni che le sette fanciulle portarono alla sirena erano: _____.

15. Gli dei trasformarono questi doni in una _____.

16. I bambini aprono le uova per scoprire qual è la _____.

ESERCIZIO

22·5

Nel paragrafo "Pasqua" trova le voci verbali e poi completa la tabella.
In the paragraph "Pasqua," identify the verb forms and then complete the table.

PRESENTE	IMPERFETTO	PASSATO REMOTO	INFINITO
_____	_____	_____	_____
_____	_____	_____	_____
_____	_____	_____	_____
_____	_____	_____	_____
_____	_____	_____	_____
_____	_____	_____	_____
_____	_____	_____	_____
_____	_____	_____	_____
_____	_____	_____	_____

ESERCIZIO 22·6

Volgi al plurale o al singolare i seguenti nomi ed aggettivi. *Change the following nouns and adjectives to the plural or singular form.*

SINGOLARE	PLURALE
_____	le uova
_____	i servi
antico	_____
l'agnello	_____
_____	le città
tradizionale	_____
_____	i formaggi
_____	gli dèi

ESERCIZIO 22·7

Completa la tabella con le voci verbali del passato remoto dei seguenti verbi. *Supply the **passato remoto** of the following verbs.*

SUONARE	PREVEDERE	CORRERE	OFFRIRE
_____	_____	*córsi*	_____
_____	_____	_____	_____
_____	*previde*	_____	_____
_____	_____	_____	_____
_____	_____	_____	*offriste*
suonarono	_____	_____	_____

Completa la tabella. *Complete the table.*

SINGOLARE		PLURALE	
MASCHILE	FEMMINILE	MASCHILE	FEMMINILE
questo	_____	_____	_____
quello, quell', quel	_____	_____	_____

Riflessioni. Vuoi regalare un uovo di cioccolato con sorpresa ad una persona speciale. Prima vai dal negoziante e scegli il regalo, poi vai dal pasticciere per ordinare l'uovo. Che sorpresa scegli? Dove la compri? Quanto la paghi? Cosa ti dice il pasticciere per rassicurarti che metterà nell'uovo la sorpresa che gli hai portato? *You want to give a chocolate egg with a surprise inside to someone special. First, you go to the shopkeeper and choose the gift. Then you go to the pastry chef to order the egg. What surprise do you pick? Where do you buy it? How much do you pay? What does the pastry chef say to reassure you that your gift will be put into the egg?*

_____

_____

_____

_____

_____

_____

Film consigliati

Il Vangelo secondo Matteo di Pierpaolo Pasolini

Gesù di Nazareth di Franco Zeffirelli

L'ultima cena di Roberto Rossellini

La Festa dei Ceri di Gubbio

Prima di leggere

VOCABOLARIO	
Nomi	
la **cera**	*wax*
il **cero**	*large candle*
la **corsa**	*race*
la **divisa**	*uniform*
la **dolcezza**	*kindness*
la **grazia**	*favor*
il **miracolo**	*miracle*
la **paglia**	*straw*
il **patrono**	*patron*
il **santo**	*saint*
la **stradina**	*little street*
il **vescovo**	*bishop*
Aggettivi	
determinato/a	*determined*
generoso/a	*generous*
ripido/a	*steep*
stretto/a	*narrow*
Verbi	
accendere (p.p. **acceso**)	*to light*
appartenere	*to belong*
arrivare	*to arrive*
cadere	*to fall*
correre (p.p. **corso**)	*to run*
divenire (p.p. **divenuto**)	*to become*
nutrirsi	*to eat*
ordinare un sacerdote	*to ordain as a priest*
partecipare	*to participate*
rinunciare	*to give up*
sorpassare	*to overtake*

Completa le frasi con una delle parole o espressioni suggerite. *Complete the sentences by choosing the appropriate word from the word bank.*

paglia   sorpassato   ripide   cera   miracoli
partecipano   accendiamo   ordinato

1. Ogni anno molte belle ragazze _____ al concorso di Miss Italia.

2. In inverno _____ la legna nel camino.

3. Le strade di montagna sono _____.

4. Molte sedie sono fatte di _____.

5. Il papa ha _____ cinque nuovi vescovi.

6. L'automobile ha _____ un camion ed è finita contro un muro.

7. La _____ si ricava dalle api.

8. San Francesco ha fatto molti _____.

In ognuna delle seguenti parole cambia la prima vocale per formarne un'altra di diverso significato e poi da' la traduzione del nuovo termine. *In each word given, change the first vowel to form another word with a different meaning. Then give the translation of the new word.*

1. cera _____

2. ripido _____

3. santo _____

4. cadere _____

5. molta _____

6. papa _____

7. fiori _____

Rispondi alle seguenti domande. *Answer the following questions.*

1. In quale parte dell'Italia si trova l'Umbria?

   _____

2. Sai qual è il suo capoluogo?

   _____

3. Quale famoso santo italiano era umbro?

   _____

4. Molti italiani accendono un cero in chiesa per "ringraziare il cielo per qualche grazia ricevuta". Qual è il tuo modo di ringraziare per un favore ricevuto?

   _____

5. Hai mai sentito parlare di miracoli? Puoi raccontarne uno in particolare?

   _____

Leggiamo

Sant'Ubaldo

Gubbio è un'antica città dell'Umbria, situata ai piedi del monte Ingino. In questa città si svolge il 15 maggio di ogni anno, da circa cinquecento anni, la Festa dei Ceri, dedicata a sant'Ubaldo, il santo patrono della città. Nato a Gubbio da nobile e ricca famiglia nel 1084 (o 1085), Ubaldo Baldassini fu ordinato sacerdote nel 1115 e nel 1129 fu nominato vescovo di Gubbio dal papa Onorio II. Visse una vita povera e al servizio della sua gente. Rinunciò alle ricchezze paterne donando° una cospicua parte dei suoi beni° ai poveri ed il resto° ai parenti. Si nutriva di pane duro e dormiva su un letto di paglia. Era molto buono, generoso ed energico nello stesso tempo. Amava tanto la sua città che la difese con tutte le sue forze contro gli attacchi di undici città nemiche e contro l'imperatore Federico di Svevia, detto il "Barbarossa". Durante tutta la sua vita compì moltissimi miracoli, ma fu amato soprattutto per la sua determinazione e la sua dolcezza. Colpito in modo violento da una terribile malattia, continuò la sua vita al servizio della gente fino al 16 maggio 1160, giorno della sua morte.

donando	*by giving*
beni	*estate*
resto	*the rest of his fortune*

I Ceri

E proprio al 1160 risale la prima edizione della Festa dei Ceri. In origine la festa consisteva nell'accendere dei ceri di vera cera. Verso la fine del '500 i Ceri furono sostituiti da tre gigantesche strutture di legno, di circa quattro metri di altezza e trecento chilogrammi ciascuna, sormontate° dalle statue di Sant'Ubaldo, San Giorgio e Sant'Antonio Abate. Ogni anno, il 15 maggio, queste enormi *macchine* sono trasportate dai "ceraioli°" dal centro della città fino alla basilica di Sant'Ubaldo. La festa ha inizio la mattina con il "corteo dei Santi": le tre statue sono portate in processione per la città fino al Palazzo dei Consoli. Dopo la tradizionale colazione a base di "baccalà° alla ceraiola", vengono distribuiti i "mazzolini° di fiori" che i ceraioli mettono sul fazzoletto che portano al collo°. Segue poi l'"alzata" durante la quale le statue dei santi vengono messe sui ceri. Alle sei del pomeriggio inizia la famosa corsa. I "ceraioli" devono correre alla massima velocità per quattro chilometri attraverso strade strette e ripide trasportando a braccia i pesanti ceri. La corsa non è una vera e propria competizione, ma un omaggio al santo patrono. I Ceri non possono sorpassarsi e devono arrivare nello stesso ordine in cui sono partiti: primo Sant'Ubaldo, poi San Giorgio seguito da Sant'Antonio. Per i "ceraioli" è una grande prova, oltre che di fede, di forza fisica e di abilità nel trasportare i Ceri fra le strette stradine medievali e stare attenti a che non tocchino° muri e terrazzi e a che non cadano. Se un Cero cade, il Cero o i Ceri che seguono devono fermarsi ed aspettare, ma chi lo precede può continuare la sua corsa, entrare in chiesa e chiudere il portone, impedendo° agli altri di entrare!

Nelle settimane successive al 15 maggio si svolgono altre due corse: quella dei *Ceri Mezzani* e quella dei *Ceri Piccoli*, a cui partecipano rispettivamente gli adolescenti e i bambini che corrono trasportando, ovviamente, ceri più leggeri.

sormontate	*topped*
ceraioli	*the three teams who carry the* Ceri
baccalà	*dried and salted cod*
mazzolini	*bouquets*
fazzoletto … collo	*neckband*
tocchino	*touch*
impedendo	*preventing*

I "ceraioli"

I ceraioli decidono liberamente di appartenere ad un cero. Tradizionalmente, al Cero di Sant'Ubaldo sono legati i muratori e gli scalpellini°; al Cero di San Giorgio i commercianti, mentre a Sant'Antonio Abate i contadini, i proprietari terrieri e gli studenti. La divisa del "ceraiolo" è costituita da pantaloni bianchi di cotone, una camicia (gialla per Sant'Ubaldo, azzurra per San Giorgio e nera per Sant'Antonio), una fascia° rossa legata in vita°, ed un fazzoletto rosso sulle spalle.

scalpellini	*stonecutters*
fascia	*sash*
in vita	*at the waist*

Al lavoro

ESERCIZIO

23·4

Rileggi i paragrafi e poi completa le frasi. *Reread the paragraphs, and then complete the sentences.*

Sant'Ubaldo

1. La Festa dei Ceri è una festa antica?

   Sì, infatti _____.

2. Sant'Ubaldo divenne vescovo nel 1115?

   No, _____.

3. Sant'Ubaldo distribuì tra i nobili le sue ricchezze?

   No, _____.

4. Sant'Ubaldo protesse la sua città dai nemici?

   Sì, infatti _____.

5. Sant'Ubaldo passò la vita ad aiutare chi ne aveva bisogno?

   Sì, _____.

I Ceri

6. I Ceri sono _____.

7. Le statuine portate in processione il 15 maggio sono quelle di

   _____, di _____ e

   di _____.

8. La mattina del 15 maggio a colazione si mangia il _____.

9. L'alzata è la fase in cui le statue vengono messe sui _____.

10. La corsa è lunga _____.

11. Il primo cero ad entrare nella basilica è quello di _____.

12. I ceraioli devono essere _____ e _____.

13. Se un Cero cade, il Cero o i Ceri che lo seguono devono _____.

14. Gli adolescenti e i bambini possono partecipare rispettivamente

    alla _____.

I "ceraioli"

15. Ad ogni Cero appartengono varie categorie di _____.

16. Il colore della camicia indica a quale Cero il ceraiolo _____.

ESERCIZIO
23·5

Abbina ogni parola al suo sinonimo. *Match each word to its synonym.*

1. _____ buono

a. forte

2. _____ generoso

b. onesto/bravo

3. _____ energico

c. altruista

4. _____ terribile

d. violento

5. _____ brutale

e. crudele

ESERCIZIO
23·6

Nel paragrafo "I Ceri" trova le forme attive e passive del presente indicativo e dell'infinito presente. *In the paragraph "I Ceri," find the active voice and the passive voice of the present indicative or infinitive.*

1. Forma attiva del presente: risale, _____

_____

2. Forma passiva del presente: sono trasporte, _____

_____

3. Infinito presente: accendere, _____

_____

Nella lettura "I ceraioli" distingui le preposizioni semplici da quelle articolate. *In the passage "I ceraioli," distinguish the simple from the compound prepositions.*

PREPOSIZIONI SEMPLICI   PREPOSIZIONI ARTICOLATE

_____   _____

_____   _____

_____   _____

_____   _____

_____   _____

_____   _____

_____   _____

Scrivi gli aggettivi da cui derivano i seguenti avverbi. *Find the adjectives from which the following adverbs are derived.*

1. liberamente   _____

2. ovviamente   _____

3. rispettivamente   _____

4. tradizionalmente   _____

Riflessioni. Cerca notizie sul "baccalà alla ceraiola". Quali sono gli ingredienti? Come si prepara? Cerca altre ricette sul baccalà. *Gather information on the "baccalà alla ceraiola." What are the ingredients? How is it prepared? Find more recipes for dried and salted cod.*

_____

_____

_____

_____

La regata storica di Venezia

Prima di leggere

VOCABOLARIO

Nomi

la **barca**	*boat*
il **barcaiolo**	*boatman*
il **canale**	*canal*
il **corteo d'acqua**	*water pageant*
l'**equipaggio**	*crew*
la **gara**	*competition*
il **gondoliere**	*gondolier*
l'**imbarcazione**	*craft*
la **manifestazione**	*parade*
il **nemico**	*enemy*
la **regata**	*regatta*
il **regatante**	*rower*
il **remo**	*oar*
la **sfida**	*challenge*
la **sfilata**	*parade*
il **tifoso**	*fan*
la **voga**	*rowing*
il **vogatore**	*rower*

Aggettivi

galleggiante	*floating*
illustre	*distinguished*
ludico/a	*playful*
nemico/a	*enemy*
sportivo/a	*sport*

Verbi

allenarsi	*to train, to practice*
competere	*to compete*
gareggiare	*to compete*
incoraggiare	*to encourage*
praticare	*to practice*
premiare	*to give a price to*
remare	*to row*
rievocare	*to recall*
sfilare	*to parade*
vogare	*to row*

ESERCIZIO 24·1

Completa le frasi con una delle parole o espressioni suggerite. *Complete each sentence by choosing a word from the word bank.*

tifoso	premia	regata	sfila
barca	gondolieri	remo	incoraggia

1. È bello prendere il sole in _____.

2. Antonio è un gran _____ del Napoli.

3. L'allenatore _____ sempre i suoi atleti.

4. Il Presidente della Repubblica _____ gli studenti migliori.

5. La _____ è una gara di velocità tra imbarcazioni a remi.

6. I _____ remano in piedi.

7. Per condurre la gondola si usa un solo _____.

8. Il corteo storico _____ sul Canal Grande.

ESERCIZIO 24·2

Nella sezione "Vocabolario" individua i sostantivi che sono collegati con la parola "acqua". *In the "Vocabolario" section, identify the nouns that can be connected with the word "acqua."*

ESEMPIO   *barca*

_____

_____

_____

ESERCIZIO 24·3

Rispondi alle seguenti domande. *Answer the following questions.*

1. Hai mai assistito ad una regata? Dove? Ti sei divertito/a?

_____

2. Ti piace andare in barca? Hai una barca a remi? Sai remare?

_____

3. Pratichi uno sport acquatico? Quale?

_____

4. Hai mai ricevuto un premio per una gara? In che occasione?

_____

5. Sei mai stato a Venezia? Ti piacerebbe vivere in una città senza automobili?

_____

6. Quali sono, secondo te, i vantaggi di vivere a Venezia? E gli svantaggi?

_____

Leggiamo

Le origini

Ogni anno, a Venezia, la prima domenica di settembre, si svolge la manifestazione sportiva più attesa dai veneziani e dai turisti di tutto il mondo: la Regata Storica. La parola "regata" sembra derivare dal latino *aurigare* che significa gareggiare. L'origine delle regate risale a molti secoli fa, quando i veneziani passavano il tempo libero praticando la voga. Dal secolo XIII in poi queste attività ricreative si trasformarono presto in vere e proprie° competizioni chiamate "regate". Le autorità pubbliche incoraggiavano questo tipo di gare tra i giovani perchè li preparavano a difendere la città in caso di attacchi nemici in mare. La prima regata fu organizzata dal doge Giovanni Soranzo il 10 gennaio 1315. Da allora furono programmate altre regate in occasione di eventi pubblici cittadini e di feste in onore di ospiti illustri. Grazie al meraviglioso spettacolo che queste gare offrivano Venezia consolidò il suo prestigio e la sua potenza commerciale e militare sul Mediterraneo.

vere e proprie	*real*

Il corteo storico

La manifestazione si divide in due momenti: il corteo storico e le regate. Il corteo storico rievoca la grande festa in onore della regina di Cipro, Caterina Cornaro, al suo arrivo a Venezia nel 1489, dopo la sua abdicazione al trono in favore della città.

Una lunga parata, formata da decine° di imbarcazioni a remi con vogatori e personaggi in costumi cinquecenteschi, come il Doge e Caterina Cornaro, attraversa il Canal Grande e si ferma davanti alla "Machina", un palco° galleggiante situato di fronte a *Ca' Foscari*°, su cui ci sono le autorità cittadine che aspettano di premiare i vincitori.

decine	*tens (dozens)*
palco	*stage*
Ca' Foscari	*a building in Gothic style on the Grand Canal, now official seat of the Ca' Foscari University of Venice*

Le regate

Dopo la spettacolare sfilata del corteo storico cominciano le regate alle quali partecipano solo regatanti veneziani. La prima sfida è quella dei giovanissimi su *pupparini*, imbarcazioni a due remi, su cui i piccoli veneziani mostrano le loro capacità di futuri vogatori. Segue la gara delle donne sulle *mascarete* a due remi, che un tempo erano usate dalle cortigiane°. Per gli uomini c'è la regata su *caorline* a sei remi, che anticamente servivano per il trasporto dei materiali lungo i

fiumi°. La gara più attesa dai tifosi veneziani è la sfida dei campioni su *gondolini* a due remi, imbarcazioni simili alle gondole per le quali è importante usare una tecnica particolare piuttosto che° la potenza delle braccia.

Ad ogni regata partecipano nove equipaggi più uno di riserva (in caso di necessaria sostituzione). Ogni barca usata per la regata ha un colore diverso dalle altre. Ad ogni colore è abbinato un numero che indica la posizione della barca al momento della partenza. I primi quattro equipaggi classificati ricevono, oltre a premi in denaro, anche le tradizionali e simboliche bandiere. I vincitori sono premiati con bandiere rosse, mentre i secondi, terzi e quarti classificati ricevono rispettivamente bandiere bianche, verdi e blu che in quest'occasione sostituiscono le tradizionali medaglie. Fino a pochi anni fa° il premio per il gruppo quarto classificato era un porcellino vivo°. In seguito alle proteste degli animalisti, nel 2002 il porcellino è stato sostituito da uno di vetro realizzato dal Consorzio Promovetro di Murano. Vincere nel "Canalasso", come i veneziani chiamano il Canal Grande, è il sogno di ogni regatante che si allena un anno intero per poterlo realizzare.

cortigiane	*female courtiers*
lungo i fiumi	*down the river*
piuttosto che	*rather than*
fa	*ago*
porcellino vivo	*live piglet*

Al lavoro

ESERCIZIO
24·4

Rileggi i tre paragrafi e poi completa le frasi. *Reread the three passages, and then complete the sentences.*

Le origini

1. Ogni anno molti turisti si recano a Venezia per _____.

2. Uno dei passatempi degli antichi veneziani era _____.

3. Per i giovani partecipare alle regate era importante perchè imparavano _____

_____.

4. Il doge Giovanni Soranzo _____.

5. Le regate consolidarono il prestigio e _____.

Il corteo storico

6. Caterina Cornaro era _____.

7. Nel 1489 Caterina Cornaro _____ in favore di Venezia.

8. Sulle imbarcazioni del corteo storico ci sono _____ e _____

_____.

9. Sulla "Machina" ci sono _____.

Le regate

10. I "pupparini" sono _____.

11. Le cortigiane usavano _____ come mezzo di trasporto.

12. Le caorline servivano per _____.

13. La gara più famosa è quella dei _____.

14. Ogni barca ha il proprio _____ e il proprio _____.

15. I colori delle bandiere sono _____.

16. Il premio per il quarto posto è un _____.

Trova i sinonimi dei seguenti verbi. Le lettere nelle caselle daranno un sinonimo del verbo "avere". *Find the synonyms of the following verbs. The letters in the boxes will spell a synonym of the verb **avere**.*

1. gareggiare   c _ _ p _ ☐ _ r e

2. trasformare   c a m _ _ _ r ☐

3. incoraggiare   c o ☐ f o r _ _ r e

4. difendere   p _ o _ e g g ☐ r e

5. organizzare   p _ _ p a ☐ a r e

6. consolidare   m a n _ ☐ n e r _

sinonimo di "avere": _ _ _ _ _ _

ESERCIZIO 24·6

Nel paragrafo "Le regate" individua i pronomi relativi. *In the paragraph "Le regate," find the relative pronouns.*

PRONOMI RELATIVI

_____   _____

_____   _____

_____   _____

_____   _____

_____

ESERCIZIO 24·7

Riflessioni. Fa' una ricerca su Caterina Cornaro, regina di Cipro. Quale compositore le dedicò un'opera? *Gather information about Caterina Cornaro, queen of Cyprus. Which composer dedicated a work to her?*

_____

_____

_____

_____

Film consigliati

Morte a Venezia di Luchino Visconti

Il mercante di Venezia (Shakespeare) di Michael Radford

Casanova di Federico Fellini

Pane e tulipani di Silvio Soldini

Casinò Royale di Martin Campbell

Il Palio di Siena

Prima di leggere

VOCABOLARIO

Nomi

la **bandiera**	*flag*
la **caccia**	*chase*
il **cavallo**	*horse*
la **chiesa**	*church*
il **combattimento**	*fight*
la **contrada**	*district*
il **contradaiolo**	*member of a* **contrada**
la **corsa**	*race, course*
la **devozione**	*devotion*
l'**estrazione**	*extraction, drawing*
il **fantino**	*jockey*
la **gara**	*competition*
il **museo**	*museum*
il **sorteggio**	*drawing*
il **torneo**	*tournament, joust*
il/la **vincitore/trice**	*winner*

Aggettivi

dipinto/a	*painted*
fedele	*faithful, loyal*
precedente	*previous*
straordinario/a	*extraordinary, special*

Verbi

aiutare	*to help*
benedire (p.p. **benedetto**)	*to bless*
correre (p. p. **corso**)	*to run*
dipingere (p.p. **dipinto**)	*to paint*
estrarre (p.p. **estratto**)	*to extract*
festeggiare	*to celebrate*
organizzare	*to organize*
ospitare	*to host*
proteggere (p.p. **protetto**)	*to protect*
selezionare	*to select*
vincere (p.p. **vinto**)	*to win*

Le contrade

Aquila	*Eagle*
Bruco	*Caterpillar*
Chiocciola	*Snail*
Civetta	*Owl*
Drago	*Dragon*
Giraffa	*Giraffe*
Istrice	*Porcupine*
Leocorno	*Unicorn*
Lupa	*She-Wolf*
Nicchio	*Shell*
Oca	*Goose*
Onda	*Wave*
Pantera	*Panther*
Selva	*Forest*
Tartuca	*Tortoise*
Torre	*Tower*
Valdimontone	*Vale of the Ram*

ESERCIZIO

25·1

Abbina ogni parola alla sua definizione. *Match each word to its definition.*

1. _____ sorteggio

2. _____ museo

3. _____ chiesa

4. _____ selezione

5. _____ correre

6. _____ organizzare

7. _____ bandiera

a. luogo dedicato al culto cristiano

b. scelta

c. estrazione a sorte

d. andare velocemente

e. luogo che ospita vari oggetti di vario interesse

f. quella italiana è di tre colori

g. ordinare, preparare

ESERCIZIO
25·2

Consulta la sezione "Vocabolario" ed indica quali contrade portano il nome di un animale reale e quali quello di un animale mitologico. *In the "Vocabolario" section, distinguish the name of the real animals from the names of the mythological animals.*

ANIMALI	ANIMALI MITOLOGICI	ALTRI NOMI
Aquila	Drago	Nicchio

ESERCIZIO
25·3

Rispondi alle seguenti domande. *Answer the following questions.*

1. Dove si trova Siena? Che cosa sai di questa città?

2. Ti piacciono gli animali? Quali?

3. Hai un cavallo? Ti piacerebbe averne uno?

4. Hai mai assistito ad una corsa di cavalli? Dove?

5. Sai che cos'è l'Apollo 11?

6. Quanti anni avevi nel 2000?

7. La città in cui vivi è divisa in quartieri?

_____

8. Vai spesso a visitare i musei?

_____

9. Che tipo di celebrazioni civili o religiose si svolgono nella tua città?

_____

Leggiamo

Le origini

Il Palio è una corsa di cavalli che si svolge in Piazza del Campo, a Siena, due volte l'anno: il 2 luglio, in onore della Madonna di Provenzano, e il 16 agosto, in onore della Madonna Assunta. In occasione di avvenimenti eccezionali, la comunità senese può decidere di organizzare un palio "straordinario", tra maggio e settembre (come, per esempio, avvenne° nel 1969, per celebrare la conquista della Luna da parte degli astronauti dell'Apollo 11, o nel 2000 per festeggiare l'ingresso° nel nuovo millennio). La corsa ha origini nel Medioevo, quando molte città italiane, tra cui Siena, organizzavano, nei periodi di pace, giostre°, tornei, combattimenti, cacce ai tori°, corse per le vie della città con cavalli senza fantini. All'inizio del XIII secolo il governo senese cominciò a dedicare manifestazioni religiose a vari santi e, in particolare, alla Madonna. Infatti, i senesi erano particolarmente devoti alla Vergine Maria e questa devozione si accentuò° dopo la battaglia di Montaperti nel 1260, perchè, secondo la leggenda, la Madonna aiutò la città di Siena a vincere contro Firenze, sua rivale. Tra i vari spettacoli e le varie gare, nel XVI secolo molto successo ebbe il "Palio alla tonda°", così chiamato perchè si correva intorno a Piazza del Campo. Sconfitta° definitivamente da Firenze (con l'aiuto della Spagna) nel 1555, Siena si isolò dalle altre città e visse una sua propria vita. Di conseguenza, anche i divertimenti e le celebrazioni diventarono avvenimenti locali, in cui erano coinvolti° tutti i senesi. Il Palio divenne, quindi, per i senesi il simbolo della libertà.

avvenne	_it happened_
ingresso	_start, entrance_
giostre	_jousts_
tori	_bulls_
si accentuò	_was emphasized_
tonda (rotonda)	_round_
Sconfitta	_Defeated_
coinvolti	_involved_

Le contrade

Nel Medioevo la città era divisa in Terzi: Terzo di Camollia, Terzo di Città e Terzo di San Martino. I Terzi erano divisi in contrade, piccole città dentro la città, la cui responsabilità era di difendere la città dagli attacchi nemici. Ancora oggi Siena è divisa in Terzi e in contrade (diciassette) e ogni individuo rimane fedele alla contrada in cui è nato. Ogni contrada ha un proprio "governo", eletto dai contradaioli. I membri del governo sono: il "priore", che è il capo assoluto; il "capitano", che cura i rapporti con il fantino e le altre contrade; due "tenenti°" che aiutano il capitano. Le contrade portano nomi di animali reali o mitologici: Aquila, Bruco, Chiocciola, Civetta,

Drago, Giraffa, Istrice, Leocorno, Lupa, Nicchio, Oca, Onda, Pantera, Selva, Tartuca, Torre, Valdimontone. Ciascuna contrada ha la propria bandiera, la propria chiesa, il proprio museo dei palii vinti e il proprio santo protettore.

tenenti	*lieutenants*

I preparativi

Delle diciassette contrade solo dieci partecipano alla gara: le sette contrade che non hanno partecipato al Palio dello stesso periodo dell'anno precedente, più le tre estratte a sorte. Quattro giorni prima del Palio, i veterinari visitano e selezionano i cavalli migliori. Poi il sindaco° procede al sorteggio e all'assegnazione° dei cavalli ai fantini scelti dalle contrade. Infine i cavalli sono portati nelle stalle, dove sono protetti, curati e coccolati° da un gruppo di contradaioli chiamati "barbereschi" da "bàrbero", nome usato per indicare il cavallo con cui le contrade partecipano al Palio. La mattina del Palio il cavallo è portato in chiesa dove è benedetto dal "correttore" (*prete*), che gli augura buona fortuna e pronuncia queste parole: "Va' e torna vincitore!".

sindaco	*mayor*
assegnazione	*assignment*
coccolati	*pampered*

Contrada della Torre "Oltre la forza la potenza".

La corsa

In piazza la manifestazione inizia con il corteo storico, formato dalla fanfara, dai figuranti°, che indossano costumi rinascimentali, e dal "Carroccio°", sul quale è situato il "Drappellone°" (chiamato anche "Palio"), uno stendardo dipinto con vari soggetti dai migliori artisti italiani e stranieri. Il "Drappellone", su cui è sempre dipinta l'immagine della Madonna, è consegnato alla contrada vincitrice alla fine della gara. Al segnale del via° i fantini, con lo "zucchino", un copricapo° metallico con i colori della contrada, guidano i cavalli in una corsa sfrenata° che dura poco più di un minuto. Vince chi arriva primo al traguardo°. Può vincere anche il cavallo "scosso", cioè senza fantino.

figuranti	*performers*
Carroccio	*cart drawn by oxen*
Drappellone o Palio	*painted silk banner*
al segnale del via	*at the countdown*
copricapo	*cap*
sfrenata	*wild*
traguardo	*finish line*

I festeggiamenti

Dopo la vittoria il fantino e il cavallo, accompagnati dai contradaioli, vengono portati nella basilica di Santa Maria di Provenzano, per il Palio di luglio, oppure° nel Duomo, per il Palio di agosto per ringraziare la Madonna. I festeggiamenti durano settimane e si concludono con la "cena della vittoria", alla fine di settembre, per la contrada vincitrice del Palio di luglio, oppure agli inizi di ottobre per la vincitrice di agosto. Alla festa finale partecipano dalle tre alle quattromila persone. Un posto speciale è riservato al cavallo vincitore, che viene messo a capotavola°!

oppure	*or*
a capotavola	*at the head of the table*

Al lavoro

ESERCIZIO

25·4

Rileggi i paragrafi e poi completa le frasi. *Reread the passages, and then complete the sentences.*

Le origini

1. Il Palio è _____.

2. Il Palio si svolge a _____ in _____.

3. I giorni in cui si corre il Palio sono _____.

4. Quelli del 1969 e del 2000 sono _____.

5. Nel Medioevo si organizzavano corse di _____ senza fantini.

6. Nella battaglia di Montaperti Siena e Firenze erano _____.

7. Il "Palio alla tonda" si correva _____.

8. Dopo la _____ subita dai senesi nel 1555 le altre

   _____ non possono partecipare al Palio.

Le contrade

9. Le parti in cui è divisa Siena si chiamano _____.

10. I Terzi sono divisi in _____ che sono _____.

11. Il capo della contrada è il _____.

12. Molti nomi di contrade sono nomi di _____.

13. Ogni contrada ha la sua bandiera, la sua _____, il suo

    _____ e il suo _____.

I preparativi

14. Le contrade che partecipano al Palio sono _____.

15. I _____ scelgono i cavalli.

16. Un altro nome per cavallo è _____.

17. Il prete della contrada benedice il _____.

La corsa

18. I costumi dei figuranti sono quelli del _____.

19. Sul Carroccio è messo il _____ o Palio su cui è

    dipinta _____.

20. Il cavallo da solo può _____ la corsa.

I festeggiamenti

21. Dopo la corsa il _____ e il _____ vanno in chiesa a ringraziare la Madonna.

22. Alla "cena della vittoria" il posto del cavallo è a _____.

In conclusione

23. Il Palio è:

   a. _____,

   b. _____,

   c. _____.

ESERCIZIO
25·5

Nel paragrafo "Le origini" individua le voci verbali dei diversi tempi indicati e poi completa la tabella secondo il modello. *In the paragraph "Le origini," find the verbs, and then complete the table by following the model.*

PRESENTE	IMPERFETTO	PASSATO REMOTO	INFINITO PRESENTE
è	*era*	*fu*	*essere*

_____ _____ _____ _____
_____ _____ _____ _____
_____ _____ _____ _____
_____ _____ _____ _____
_____ _____ _____ _____

ESERCIZIO
25·6

Volgi al plurale i nomi delle seguenti contrade. *Change the names of the following "**contrade**" to their plural forms.*

1. aquila   _____   5. drago   _____
2. bruco   _____   6. istrice   _____
3. chiocciola   _____   7. oca   _____
4. civetta   _____   8. pantera   _____

ESERCIZIO
25·7

Nel paragrafo "I preparativi" individua gli aggettivi numerali cardinali. *In the paragraph "**I preparativi**," find the cardinal numbers.*

1. _____
2. _____
3. _____
4. _____
5. _____

ESERCIZIO 25·8

Nel paragrafo "La corsa" trova i sinonimi delle seguenti parole. *In the paragraph "La corsa," find the synonyms of the following words.*

1. sfilata _____

2. posto _____

3. bandiera _____

4. figura _____

5. quartiere _____

6. arrivo _____

ESERCIZIO 25·9

Nel paragrafo "I festeggiamenti" individua le preposizioni articolate formate dalle seguenti proposizioni semplici. *In the paragraph "I festeggiamenti," find the compound prepositions of the following simple prepositions.*

1. di _____

2. a _____

3. da _____

4. in _____

ESERCIZIO 25·10

Riflessioni. Consulta un sito web per una ricerca sugli altri Palii. In particolare, individua: il luogo dove si svolge il palio, chi vi partecipa, che cosa si usa, il tipo di premio assegnato. *Consult a website for research on other Palios. In particular, include the place where it is held; those who participate; what is used; what kind of prize is awarded.*

_____

_____

_____

_____

La Festa di San Gennaro a Napoli

·26·

Prima di leggere

VOCABOLARIO

Nomi

l'adorazione	*adoration*
l'ampolla	*ampoule*
l'argento	*silver*
il **cristiano**	*Christian*
la **decapitazione**	*beheading*
la **devozione**	*devotion*
la **folla**	*crowd*
il **leone**	*lion*
la **liberazione**	*release, freedom*
la **liquefazione**	*liquefaction*
il **miracolo**	*miracle*
la **morte**	*death*
l'**orafo**	*goldsmith*
la **pena**	*punishment*
la **persecuzione**	*persecution*
la **prigione**	*prison*
il/la **prigioniero/a**	*prisoner*
la **reliquia**	*relic*
il **re**	*king*
i **resti (di un santo)**	*remains (of a saint)*
il **sangue**	*blood*
il **santo**	*saint*
la **scultore**	*sculptor*
il **vescovo**	*bishop*

Aggettivi

cristiano/a	*Christian*
drammatico/a	*tragic*
inestimabile	*priceless*
napoletano/a	*Neapolitan*
terribile	*devastating*

Verbi

affollare	*to crowd*
arrestare	*to arrest*
decapitare	*to behead*
liberare	*to free*
liquefarsi	*to liquefy*
raccogliere (p.p. **raccolto**)	*to collect*

Avverbi

allora	*then, therefore*
comunque	*however, in any case*
definitivamente	*definitively*
quindi	*then, therefore*

ESERCIZIO

26·1

Abbina ogni parola o espressione della colonna A con una delle definizioni presentate nella colonna B. *Match each word or expression in column A with its definition presented in column B.*

A

1. _____ fenomeno straordinario

2. _____ chi accetta la fede in Cristo

3. _____ persona senza libertà

4. _____ nato nel capoluogo della Campania

5. _____ uccidere tagliando la testa

6. _____ persona che lavora l'oro

B

a. prigioniero

b. miracolo

c. cristiano

d. decapitare

e. orafo

f. napoletano

Cruciverba

ORIZZONTALI

2. cattedrale

3. tremendo

4. parte del corpo

5. resti

6. il capo della monarchia

VERTICALI

1. custodire

2. per sempre

Rispondi alle seguenti domande. *Answer the following questions.*

1. Che cos'è la libertà per te? Ti senti una persona libera?

_____

2. È importante per te la libertà religiosa? Perchè?

_____

3. Secondo te, la religione ha un ruolo importante nella vita delle persone? Quale?

_____

4. Sei favorevole o contrario alla pena di morte? Perchè?

_____

5. Hai mai assistito ad un fenomeno straordinario? Ne hai sentito parlare? Che cosa è successo?

_____

6. Credi negli UFO? Perchè?

_____

Leggiamo

Il vescovo

In tutti i paesi del mondo in cui c'è una comunità napoletana il 19 settembre si celebra la Festa di San Gennaro, patrono della città di Napoli. Gennaro visse nel periodo delle persecuzioni dei cristiani da parte dell'imperatore Diocleziano. Nato nel 272 a Benevento, dove, secondo la tradizione popolare, esiste ancora la sua casa natale° nella via a lui intitolata, a quindici anni Gennaro divenne prete e a venti fu nominato vescovo. La storia narra che un giorno Gennaro si recò insieme ad altri due cristiani a Pozzuoli, in provincia di Napoli, per visitare la comunità cristiana. Il diacono Sossio, amico di Gennaro, partì da Miseno per incontrarlo, ma fu arrestato lungo la strada per ordine del persecutore Dragonzio, governatore della Campania. Gennaro, saputa la notizia°, andò nella prigione in cui era Sossio per chiedere la liberazione dell'amico. Dragonzio non solo non liberò Sossio, ma fece anche arrestare Gennaro e gli altri due cristiani che erano con lui perchè essi si erano rifiutati di adorare gli dei pagani. I tre furono quindi condannati ad essere sbranati dai° leoni nell'anfiteatro di Pozzuoli. La pena fu cambiata in decapitazione a causa delle proteste della popolazione. Il 19 settembre del 305 Gennaro e i suoi compagni furono decapitati. Secondo la tradizione, una donna di nome Eusebia raccolse° il sangue di Gennaro in due ampolle che ora sono custodite in un reliquario d'argento insieme con la testa del Santo nella Cappella del Tesoro di San Gennaro nel Duomo di Napoli.

casa natale	*birthplace*
saputa la notizia	*having heard the news*
essere sbranati da	*to be torn to pieces*
raccolse	*collected*

La traslazione° delle reliquie

Mentre la testa con le ampolle è sempre rimasta a Napoli, i resti hanno subìto° molte traslazioni per ordine di duchi, principi, re e cardinali. Solo nel 1497, grazie alla famiglia Carafa, le reliquie di San Gennaro sono definitivamente tornate a Napoli e da allora riposano in una cripta sotto l'altare maggiore del duomo. La testa e le ampolle con il sangue sono invece conservate nella Cappella del Tesoro, fatta costruire dai napoletani per ringraziare il Santo per aver protetto la città di Napoli dalla terribile epidemia del 1526–1529.

traslazione	*transfer*
hanno subìto	*have suffered*

La liquefazione del sangue

La liquefazione del sangue avviene tre volte l'anno: il sabato precedente la prima domenica di maggio e negli otto giorni successivi per ricordare la riunificazione delle reliquie (testa, sangue ed ossa) del Santo; il 19 settembre e negli otto giorni successivi per ricordare il suo martirio; il 16 dicembre per ricordare il suo patronato sulla città di Napoli e sulla diocesi. Durante una solenne cerimonia religiosa guidata dall'arcivescovo di Napoli, una moltitudine di fedeli assiste al "miracolo di San Gennaro". Questo evento è molto atteso dai napoletani che lo considerano di buon auspicio°. Infatti, secondo la tradizione, se la liquefazione non avviene, possono verificarsi eventi drammatici per la città, come guerre, epidemie e terremoti. Nel giorno della festa l'arcivescovo di Napoli estrae dal reliquiario la teca contenente le ampolle e mostra il sangue solidificato alla popolazione. Dopo ferventi preghiere da parte dei fedeli il sangue si liquefa. Allora l'arcivescovo agita un panno° bianco e mostra ai presenti il sangue liquefatto. La liquefazione è salutata da ventuno colpi di cannoni sparati da Castel Nuovo, un castello medievale del XIII secolo. Comincia quindi la cerimonia del bacio della teca. In fila i fedeli aspettano il loro turno per baciare la preziosa reliquia ed invocare su se stessi° e sulle loro famiglie la protezione del Santo.

auspicio	*auspice, sign*
panno	*cloth*
se stessi	*themselves*

Museo del Tesoro di San Gennaro

Il Tesoro di San Gennaro è composto da capolavori raccolti° in sette secoli di donazioni da parte di° papi, re, imperatori, uomini illustri e gente comune. Si tratta di oggetti, mobili, affreschi, dipinti ed ex voto di valore inestimabile che documentano l'evoluzione dell'arte e del costume attraverso i secoli.

raccolti	*collected*
da parte di	*by*

San Gennaro a New York

Anche a New York si celebra ogni anno a settembre la festa di San Gennaro, organizzata per la prima volta nel 1926 dagli immigrati napoletani a *Little Italy*, il quartiere italiano a sud di Manhattan che ha accolto° i primi immigrati italiani giunti° negli Stati Uniti nel XIX secolo. Il 19 settembre, dopo la celebrazione della Messa nella chiesa del Preziosissimo Sangue, l'immagine del Santo patrono di Napoli viene portata in processione per le vie del quartiere tra la folla esultante. Anche se ora solo il cinque per cento dei residenti a *Little Italy* è italiano, la festa è comunque un avvenimento importante che richiama ogni anno più di un milione di persone, credenti° e non, da tutti gli Stati Uniti. Alle celebrazioni religiose seguono i divertimenti.

Vengono organizzati cortei, parate, concerti di musica popolare italiana, mentre i ristoranti offrono specialità italiane e i negozi espongono merci *Made in Italy*. La festa di San Gennaro è quindi un momento di aggregazione per coloro che hanno origini italiane, ma è anche un'occasione per far conoscere la cultura italiana ai partecipanti.

ha accolto	*gave hospitality to*
giunti	*arrived*
credenti	*believers*

Al lavoro

ESERCIZIO 26·4

Rispondi alle seguenti domande. *Answer the following questions.*

Il vescovo

1. Quando si festeggia San Gennaro?

_____

2. Dove nacque Gennaro?

_____

3. Quanti anni aveva Gennaro quando divenne vescovo?

_____

4. Perchè Gennaro andò a Pozzuoli?

_____

5. Perchè Sossio non poté incontrare Gennaro?

_____

6. Quale fu la reazione di Gennaro alla notizia dell'arresto di Sossio?

_____

7. Perchè Gennaro fu arrestato?

_____

8. A quale pena furono condannati la prima volta Gennaro e gli altri due cristiani?

_____

9. Come morirono?

_____

10. Cosa fece Eusebia?

_____

11. Dove sono conservate le ampolle contenenti il sangue di San Gennaro?

_____

La traslazione delle reliquie

12. Quando furono traslate le reliquie di San Gennaro a Napoli?

_____

13. Dove sono ora le reliquie di San Gennaro?

_____

14. Perchè fu costruita la Cappella del Tesoro?

_____

La liquefazione del sangue

15. Quali sono gli eventi che si commemorano durante i giorni della liquefazione del sangue?

_____

_____

16. Secondo la tradizione, cosa succede se il sangue non si liquefa?

_____

17. Che cosa fa l'arcivescovo dopo la liquefazione del sangue?

_____

18. Perchè dopo la liquefazione del sangue i fedeli baciano la teca?

_____

Museo del Tesoro di San Gennaro

19. Cosa comprende il Tesoro di San Gennaro?

_____

20. Perchè il Tesoro ha un valore inestimabile?

_____

San Gennaro a New York

21. Quando fu organizzata la prima festa di San Gennaro a New York?

_____

22. Quali strade percorre la processione?

_____

23. Quante persone partecipano alla festa?

_____

24. Quali sono gli eventi più importanti della festa?

_____

25. Perchè è importante questa festa?

_____

ESERCIZIO
26·5

Nel paragrafo "Il vescovo" trova le parole corrispondenti alle seguenti definizioni. *In the paragraph "Il vescovo," find the words that correspond to the following definitions.*

1. gruppo di persone con le stesse origini _____

2. la strada che porta il suo nome _____

3. fu privato della libertà _____

4. fu variata _____

5. per le opposizioni _____

6. sono conservate _____

ESERCIZIO
26·6

Scrivi l'infinito delle seguenti voci verbali al passato remoto. *Give the infinitive of each of the following verbs in the **passato remoto**.*

1. visse _____

2. divenne _____

3. fu nominato _____

4. si recò _____

5. partì _____

6. fu arrestato _____

7. andò _____

8. liberò _____

9. fece _____

10. furono condannati _____

11. fu cambiata _____

12. furono decapitati _____

13. raccolse _____

ESERCIZIO
26·7

Completa le frasi con il passato remoto del verbo tra parentesi. *Complete each sentence by inserting the appropriate form of the **passato remoto** of the verb in parentheses.*

1. Una moltitudine di fedeli (assistere) _____ al miracolo.

2. L'arcivescovo (estrarre) _____ la teca dal reliquiario e la (mostrare)

   _____ ai fedeli.

3. Il sangue (liquefarsi) _____.

4. Il vescovo (agitare) _____ un panno bianco.

5. (Cominciare) _____ la cerimonia del bacio.

6. I fedeli (aspettare) _____ il loro turno per baciare la teca.

ESERCIZIO

26·8

Completa le frasi con una delle parole o espressioni suggerite. *Complete the sentences by choosing a word from the word bank.*

Messa	quartiere	immigrati	celebrazioni
richiama	origini	si celebra	avvenimento

1. È necessario conoscere le proprie _____.

2. La Festa di San Gennaro _____ a settembre.

3. Nel XIX secolo a New York c'erano molti _____ italiani.

4. Prima della processione si celebra la _____.

5. La discesa dell'uomo sulla Luna è un _____ importante.

6. La Festa di San Gennaro _____ molti turisti.

7. Little Italy è un _____ di New York.

8. Nel 2011 tutti gli italiani hanno partecipato alle _____ del 150° anniversario dell'unità d'Italia.

ESERCIZIO

26·9

Riflessioni. Molte persone sacrificano la loro vita per un ideale: non accettano compromessi e sono pronti a morire. Cosa pensi di queste persone? E della pena di morte? Quali sono i martiri di oggi? *Many people sacrifice their lives for a cause: they do not accept compromises and they are ready to risk their lives for it. What are your thoughts on these people and on capital punishment? Who are today's martyrs?*

_____

_____

_____

_____

Film consigliati

Operazione San Gennaro di Dino Risi

La Smorfia di Massimo Troisi

La repubblica di San Gennaro di Massimo Costa

SCRITTORI CONTEMPORANEI

Ti prendo e ti porto via, Niccolò Ammaniti

Niccolò Ammaniti è nato a Roma nel 1966. Il suo primo romanzo, Branchie, *da cui è stato tratto un film diretto da Francesco Ranieri Martinotti, è del 1994. Nel 1995, insieme con il padre Massimo, docente di Psicopatologia dell'età evolutiva presso l'Università La Sapienza di Roma, ha pubblicato* Nel nome del figlio, *un saggio sui problemi dell'adolescenza. Nel 1996 ha partecipato all'antologia* Gioventù cannibale *con un racconto scritto insieme con Luisa Brancaccio. Dello stesso anno è* Fango, *raccolta di racconti che contiene* L'ultimo capodanno dell'umanità *che nel 1998 il regista Dino Risi ha trasformato nel film omonimo. Nel 1999 è uscito il romanzo* Ti prendo e ti porto via. *La fama è giunta nel 2001 grazie a* Io non ho paura *con il quale ha vinto il Premio Viareggio. Nel 2003 è uscito l'omonimo film diretto da Gabriele Salvatores. Nel 2007 ha vinto il premio Strega con* Come Dio comanda. *Nel 2009 è uscito* Che la festa cominci *e nel 2010* Io e te. *Nel 2012 Ammaniti ha pubblicato la raccolta di racconti* Il momento è delicato. *I suoi libri sono stati pubblicati in quarantaquattro paesi.*

Prima di leggere

VOCABOLARIO	
Nomi	
la **bacheca**	*display case*
il **bidello**	*school janitor*
il **cancello**	*gate*
il/la **compagno/a**	*classmate*
la **gita**	*trip*
la **nuvola**	*cloud*
la **pancia**	*belly*
la **paura**	*fear*
il **risultato**	*result*
la **spiaggia**	*beach*
la **spinta**	*push*
il **tabellone**	*notice board*
la **vacanza**	*vacation*
il **voto**	*grade*

Aggettivi

abbronzato/a	*tanned*
affollato/a	*crowded*
furtivo/a	*furtive, stealthy*
magro/a	*thin*
sfocato/a	*blurry*
sfrangiato/a	*frayed*

Verbi

accalcarsi	*to crowd*
affiggere (p.p. **affisso**)	*to post*
appoggiare	*to lean*
avanzare	*to come forward*
aver paura	*to be afraid*
avviarsi	*to go toward*
essere ammesso/a	*to be admitted*
fissare	*to stare*
indossare	*to wear*
piangere (p.p. **pianto**)	*to cry*
rendersi conto (p.p. **reso**)	*to realize*
risvegliarsi	*to wake up*
sperare	*to hope*
spingere (p.p. **spinto**)	*to push*
superare un esame	*to pass an exam*
urlare	*to scream, to yell*

una pacca sulla spalla	*a pat on the back*
si schiatta dal caldo	*it's very very hot*
un sacco di gente	*a lot of people*

ESERCIZIO
27·1

Nella sezione "Vocabolario" trova almeno due parole connesse con la parola data. *In the "Vocabolario" section, find at least two words connected to the word given below.*

1. vacanza _____

2. scuola _____

3. sentimenti _____

4. bacheca _____

5. affiggere _____

Forma delle frasi abbinando ciascuna parte della colonna A con una della colonna B. *Match each phrase in column A with one presented in column B to form complete sentences.*

A

1. Alla festa _____

2. Il bidello ha affisso _____

3. Le immagini del film _____

4. Gino aveva i pantaloni _____

5. Massimo mi ha rassicurato _____

B

a. sfrangiati.

b. con una pacca sulla spalla.

c. c'era un sacco di gente.

d. il tabellone con i risultati.

e. erano sfocate.

Rispondi alle seguenti domande. *Answer the following questions.*

1. Come sono i tuoi compagni di classe? Attenti? Diligenti? Studiano molto? Partecipano alle attività scolastiche?

_____

2. Come si comportano in generale? Rispettano i compagni, i bidelli, i professori?

_____

3. Qual è stato il giorno più interessante della tua vita scolastica? Racconta che cosa è successo.

_____

4. Nelle scuole della tua città i risultati di fine anno scolastico sono affissi alle bacheche delle scuole, sono spediti per posta o si possono leggere direttamente su un sito web?

_____

Leggiamo 1

Pierini, Ronca e Bacci, tre alunni di seconda media, hanno costretto° un ragazzo della loro classe, Pietro Moroni, ad entrare con loro nell'aula di scienze della scuola, distruggere le apparecchiature° e scrivere insulti sui muri. Ora, alla fine dell'anno, Pietro ha paura di essere bocciato. Fuori dalla scuola, in attesa dei risultati, ci sono i suoi compagni e c'è Gloria Celani, la sua unica amica.

"18 giugno 199 ..."
    È finita.
    Vacanze. Vacanze. Vacanze.
    Per tre mesi. Come dire sempre.

La spiaggia. I bagni. Le gite in bicicletta con Gloria. E i fiumiciattoli° di acqua calda e salmastra, tra le canne, immerso fino alle° ginocchia, alla ricerca di avannotti, girini, tritoni° e larve d'insetti.

Pietro Moroni appoggia la bici contro il muro e si guarda in giro.

Ha dodici anni compiuti°, ma sembra più piccolo della sua età. È magro. Abbronzato. Una bolla di zanzara° in fronte. I capelli neri, tagliati corti, alla meno peggio°, da sua madre. Un naso all'insù° e due occhi, grandi, color nocciola. Indossa una maglietta bianca dei mondiali di calcio, un paio di pantaloncini jeans sfrangiati e i sandali di gomma trasparente (…).

Dov'è Gloria? Si chiede.

Passa tra i tavolini affollati del bar Segafredo.

Ci sono tutti i suoi compagni.

E tutti ad aspettare, a mangiare gelati, a cercarsi un pezzetto d'ombra.

Fa molto caldo.

(…)

costretto	*forced*
apparecchiature	*audiovisual equipment*
fiumiciattoli	*small rivers, creeks*
fino alle	*up to*
avannotti, girini, tritoni	*young fish, tadpoles, newts*
Ha … compiuti	*At age twelve*
bolla di zanzara	*mosquito bite*
alla meno peggio	*as well as she could*
all'insù	*upturned*

ESERCIZIO

27·4

Indica se le seguenti affermazioni sono vere o false. *Indicate whether the following statements are true (V) or false (F).*

1. Pietro vuole andare in vacanza in montagna.   V   F

2. La madre di Pietro ha i capelli corti.   V   F

3. Pietro indossa jeans corti e maglietta.   V   F

4. I compagni di Pietro mangiano gelati.   V   F

Rispondi alle seguenti domande. *Answer the following questions.*

1. Che cosa immagina di fare Pietro durante i tre mesi di vacanza?

_____

2. Chi è Pietro Moroni? Descrivilo.

_____

3. Chi cerca Pietro?

_____

4. Dove sono i suoi compagni? Che cosa fanno?

_____

Leggiamo 2

Il cancello della scuola è chiuso.

I risultati non sono stati ancora affissi.

Una paura leggera si muove furtiva° nella pancia, spinge contro il diaframma e riduce il respiro.

Entra nel bar.

Nonostante° si schiatti di caldo, ci sono un sacco di ragazzini assiepati° intorno all'unico videogioco.

Esce.

Eccola!

Gloria se ne sta seduta sul muretto. Dall'altra parte della strada. La raggiunge°. Lei gli dà una pacca sulla spalla e gli chiede: «Hai paura?»

«Un po'.»

«Pure io.»

«Smettila°» fa Pietro. «Ti hanno promosso. Lo sai.»

«Che fai dopo?»

«Non lo so. E tu?»

«Non lo so. Facciamo qualcosa?»

«Occhei.»

Rimangono in silenzio, seduti sul muretto, e se da una parte Pietro pensa che la sua amica è più bella del solito con quella maglietta di spugna azzurra, dall'altra sente il panico crescere.

Se ci riflette sa che non c'è nulla da temere, che la cosa, alla fine, si è sistemata°.

Ma la sua pancia non la pensa allo stesso modo.

Ha voglia di andare in bagno.

furtiva	*stealthily*
Nonostante	*Although*
assiepati	*crowded around*
raggiunge	*joins*
Smettila	*Stop it*
la cosa … sistemata	*the matter is settled*

Indica se le seguenti affermazioni sono vere o false. *Indicate whether the following statements are true (V) or false (F).*

1. Quando Pietro arriva a scuola il cancello è già aperto.   V   F

2. I compagni di Pietro sono nel bar.   V   F

3. Gloria non sta con gli altri compagni.   V   F

4. Pietro è calmo e contento.   V   F

Rispondi alle seguenti domande. *Answer the following questions.*

1. Che cosa fa capire a Pietro che i risultati non ci sono ancora?

_____

2. Gloria ha veramente paura di essere bocciata?

_____

3. Quali sono i sentimenti di Pietro in questo momento?

_____

Leggiamo 3

Davanti al bar c'è movimento.

Tutti si risvegliano, attraversano la strada e si accalcano contro il cancello chiuso.

Italo, il bidello, con le chiavi in mano avanza nel cortile urlando. «Piano! Piano! Così vi fate male.»

«Andiamo.» Gloria si avvia verso il cancello.

Pietro ha la sensazione di avere due cubetti di ghiaccio sotto le ascelle°. Non riesce a muoversi.

Intanto tutti che spingono per entrare.

Ti hanno bocciato! Una vocina°.

(Cosa?)

Ti hanno bocciato!

È così. Non è un presentimento. Non è un sospetto. È così.

(Perchè?)

Perchè è così.

Certe cose si sanno e non ha nessun senso chiedersi il perchè.

Come ha potuto credere di essere promosso?

Vai a vedere, che aspetti? Via. Corri.

(…)

Sgomita°. «Fatemi passare ... Voglio passare, per favore.»

«Piano! Sei scemo?»

«Stai calmo, imbecille. Dove credi di andare?»

Riceve un paio di spinte. Cerca di superare il cancello, ma essendo piccolo quelli più grandi lo ributtano indietro°. Si accuccia° e passa, a quattro zampe°, tra le gambe dei compagni, superando lo sbarramento°.

«Calma! Calma! Non spingete ... Piano, mann ...» Italo sta al lato del cancello e quando vede Pietro gli muoiono le parole in bocca.

Ti hanno bocciato ...

È scritto negli occhi del bidello.

Pietro lo fissa un istante e si lancia di nuovo, a rottadicollo°, verso le scale.

Sale i gradini a tre a tre ed entra.

In fondo all'ingresso, accanto a un busto di bronzo di Michelangelo, c'è la bacheca con i risultati.

Sta succedendo una cosa strana.

C'è uno, mi sembra della seconda A, che si chia ... uno che non mi ricordo il nome che se ne stava andando e mi ha visto, e si è bloccato, come se davanti non ci fossi io ma ci fosse, che ne so, un marziano°, e ora mi guarda e sta dando una gomitata a un altro, che si chiama Giampaolo Rana, questo me lo ricordo, e gli sta dicendo qualcosa e Giampaolo pure si è voltato e mi sta guardando, ora però guarda i quadri e poi mi guarda di nuovo e sta parlando con un altro che mi guarda e un altro mi guarda e tutti mi guardano e c'è silenzio...

C'è silenzio.

Il capannello° si è aperto lasciandogli spazio fino ai tabelloni. Le gambe lo portano avanti, tra due ali di compagni. Avanza e si ritrova a pochi centimetri dalla bacheca, pressato da quelli che arrivano dopo di lui.

Leggi.

Cerca la sua sezione.

B! Dov'è!? B? La sezione B? Prima B, seconda B. Eccola!

È l'ultima a destra.

Abate. Altieri. Bart...

Comincia a scorrere con lo sguardo° l'elenco dall'alto in basso.

Un nome è scritto in rosso.

C'è un bocciato.

Più o meno a metà colonna. Roba di M, N, O, P.

Hanno bocciato Pierini.

Moroni.

Strizza gli occhi° e quando li riapre intorno tutto è sfocato e ondeggia°.

Rilegge il nome.

    MORONI PIETRO   NON AMMESSO

Rilegge.

    MORONI PIETRO   NON AMMESSO

Non sai leggere?

Rilegge di nuovo.

M-O-R-O-N-I. Moroni. Mor ... M ...

Una voce gli rimbomba° nel cervello. *Come ti chiami tu?*

(Eh, che c'è?)

Come ti chiami?

(Chi? Io ...? Io mi chiamo...Pietro. Moroni. Moroni Pietro.)

E lì c'è scritto Moroni Pietro. E proprio accanto, in rosso, in stampatello, grosso come una casa, NON AMMESSO.

Allora la sensazione era giusta.

(...)

Gli altri! Guarda gli altri.

PIERINI FEDERICO	AMMESSO
BACCI ANDREA	AMMESSO
RONCA STEFANO	AMMESSO

Cerca del rosso in tutti gli altri fogli, ma è tutto blu.

Non posso essere stato bocciato solo io in tutta la scuola. La Palmieri mi aveva detto che mi avrebbero promosso°. Che le cose si sarebbero risolte°. Me lo aveva prom ...

(No.)

Ora non ci deve pensare.

Ora deve solo andarsene.

Perchè a Pierini, Ronca e Bacci li hanno ammessi e a me no?

(...)

Una spia nel cervello lo informa: Caro Pietro, è meglio che te ne vai di corsa, stai per metterti a piangere. E non vorrai farlo davanti a tutti, vero?

ascelle	*armpits*
vocina	*small voice*
Sgomita	*He makes his way*
lo ... indietro	*push him back*
si accuccia	*crouches*
a ... zampe	*crawling on all fours*
sbarramento	*barrier*
rottadicollo	*breakneck speed*
marziano	*Martian*
capannello	*knot of people*
scorrere ... sguardo	*to take a look*
Strizza gli occhi	*Squints*
ondeggia	*it is going to fall*
rimbomba	*resounds*
avrebbero promosso	*(the professors) would have passed me*
Che ... risolte	*Everything would go in the right direction*

ESERCIZIO 27·8

Indica se le seguenti affermazioni sono vere o false. *Indicate whether the following statements are true (V) or false (F).*

1. Pietro è certo di essere promosso.   V   F
2. Pietro si muove a quattro zampe per arrivare a vedere i risultati.   V   F
3. Pietro spera che abbiano bocciato Pierini.   V   F
4. La scritta (the writing) in rosso indica che Pietro è stato ammesso alla classe
   successiva.   V   F
5. Pietro ha voglia di piangere.   V   F

ESERCIZIO 27·9

Rispondi alle seguenti domande. *Answer the following questions.*

1. Perchè Pietro non vuole andare a vedere i risultati?

   _____

2. Come arriva alla bacheca Pietro?

   _____

3. Cosa nota Pietro quando è ormai vicino alla bacheca?

   _____

4. Cosa legge e rilegge sui tabelloni Pietro?

   _____

5. Ci sono altri alunni non promossi?

   _____

6. Cosa si chiede Pietro?

   _____

7. Cosa sta per fare Pietro?

   _____

Sintesi narrativa e grammaticale

Completa le frasi con una delle parole o espressioni presenti nel testo. *Complete the sentences by choosing the appropriate words or expressions from the text.*

1. Pietro è un ragazzo di _____.

2. È magro, ha i _____ neri e gli _____ color nocciola.

3. Pietro va a _____ a vedere se è stato _____.

4. La gioia di incontrare _____, la sua amica, non diminuisce la _____ di essere bocciato.

5. Quando Italo, il _____, apre il cancello della scuola, Pietro corre fino alla _____ per vedere i risultati.

6. Nell'elenco degli alunni della _____ B, c'è solo un nome in _____, il suo, _____.

7. Pietro cerca i nomi di Pierini, Bacci e _____ e vede che anche loro tre sono stati _____.

8. Pietro _____ via di corsa perchè non vuole _____ davanti a tutti.

Nella lettura 1 individua le parti del corpo e metti l'articolo davanti ad ognuna di esse. *In reading 1, identify the body parts and give each a definite article.*

1. _____

2. _____

3. _____

4. _____

ESERCIZIO 27·12

Abbina le definizioni della colonna A alle espressioni idiomatiche della colonna B presenti nella lettura 2. *Match the definitions in column A with the idiomatic expressions in column B presented in reading 2.*

A

1. _____ fa un caldo insopportabile

2. _____ moltissimi adolescenti

3. _____ non bisogna preoccuparsi

4. _____ non parlano

5. _____ la paura aumenta

6. _____ tutto è chiaro ora

B

a. non c'è nulla da temere

b. si schiatta di caldo

c. rimangono in silenzio

d. un sacco di ragazzi

e. la cosa alla fine si è sistemata

f. sente il panico crescere

ESERCIZIO 27·13

Nella lettura 3 individua le voci verbali del presente indicativo dei verbi riflessivi e poi scrivi l'infinito accanto ad ognuna di esse. *In reading 3, identify the forms of the present indicative of the reflexive verbs and give the infinitive that corresponds to each of them.*

PRESENTE

_____

_____

_____

_____

_____

_____

_____

_____

_____

_____

INFINITO

_____

_____

_____

_____

_____

_____

_____

_____

_____

_____

ESERCIZIO 27·14

Riflessioni. Analizza i sentimenti di Pietro quando scopre di essere stato bocciato. Secondo te, quali conseguenze ha su un ragazzo ripetere l'anno? Se tu fossi il padre di Pietro, come reagiresti alla notizia del suo fallimento? *Analyze the feelings of Peter when he discovers that he has failed. In your opinion, what are the consequences for a boy who has to repeat the school year? If you were Peter's father, how would you react to the news of his failure?*

_____

_____

_____

_____

ESERCIZIO 27·15

Riflessioni. Che ruolo hanno i genitori nel determinare il successo scolastico dei loro figli? In che modo i genitori possono aiutare i figli a superare le difficoltà scolastiche? *What role do parents have in determining the academic success of their children? How can parents help their children overcome learning difficulties?*

_____

_____

_____

_____

Film consigliati

Notte prima degli esami di Fausto Brizzi

Io non ho paura,
Niccolò Ammaniti

Prima di leggere

VOCABOLARIO	
Nomi	
il **buco**	*hole*
il **buio**	*dark*
la **cartella**	*backpack*
la **coperta**	*blanket*
la **narice**	*nostril*
la **palpebra**	*eyelid*
il **rapimento**	*kidnapping*
il **riscatto**	*ransom*
il **sequestratore**	*kidnapper*
la **smorfia**	*grimace*
la **tata**	*nanny*
il **telegiornale**	*television news*
Aggettivi	
cieco/a	*blind*
magro/a	*thin*
otturato/a	*clogged*
pazzo/a	*crazy*
sudicio/a	*filthy*
Verbi	
afferrare	*to grab*
andarsene	*to leave*
giurare	*to swear*
mettersi a (p.p. **messo**)	*to begin, to start*
morire (p.p. **morto**)	*to die*
piangere (p.p. **pianto**)	*to cry*
rannicchiarsi	*to crouch*
rapire	*to kidnap*
rimanere (p.p. **rimasto**)	*to remain*
scalciare	*to kick*
scendere (p.p. **sceso**)	*to go down*
scuotere (p.p. **scosso**)	*to shake*
soffocare	*to suffocate*
voler bene	*to love*

mi manchi	*I miss you*
mi manca	*I miss him/her/it*

VERBO

PRESENTE **ANDARSENE**

io me ne vado
tu te ne vai
lui/lei/Lei se ne va
noi ce ne andiamo
voi ve ne andate
loro se ne vanno

ESERCIZIO

28·1

Completa le frasi con una delle parole o espressioni suggerite. *Complete the sentences by choosing a word or phrase from the word bank.*

ha afferrato	coperte	cieca	vogliono bene	pazzo
soffochiamo	cartella	buchi	riscatto	buio

1. Michele mette i libri e i quaderni nella _____.

2. In inverno usiamo le _____ di lana per riscaldarci.

3. Io non ho paura del _____.

4. La Fortuna è _____.

5. Quando vuole qualcosa Giorgio urla come un _____.

6. Per non cadere Matteo _____ il braccio della mamma.

7. In estate (noi) _____ dal caldo perchè non abbiamo il condizionatore.

8. A volte i bambini cadono nei _____.

9. I genitori _____ ai loro figli.

10. I sequestratori hanno chiesto un _____ di due milioni di euro per la liberazione del figlio del ricco industriale.

Per ciascun vocabolo della colonna A cerca il suo contrario nella colonna B. *Match each word in column A with its antonym in column B.*

A   B

1. _____ morire   a. salire

2. _____ piangere   b. odiare

3. _____ scendere   c. liberare

4. _____ voler bene   d. nascere

5. _____ rapire   e. andare

6. _____ rimanere   f. ridere

Rispondi alle seguenti domande. *Answer the following questions.*

1. Che cos'è la paura per te? In quale occasione hai avuto paura?

   _____

2. Di che cosa avevi paura quando eri piccolo/a? Hai ancora le stesse paure?

   _____

3. Credi nell'amicizia? Quali qualità deve avere un amico per te?

   _____

4. Hai un amico? Descrivilo.

   _____

5. Chi è l'angelo custode? Come deve comportarsi una persona che vuole proteggere un'altra?

   _____

Leggiamo 1

Michele Amitrano, un bambino di nove anni, trova per caso in un buco vicino a una casa abbandonata un bambino della sua stessa età e fa amicizia con lui. Infatti, ogni giorno va a trovarlo per fargli passare qualche ora di serenità. Un giorno, guardando la televisione, Michele scopre che il bambino si chiama Filippo Carducci e che è stato rapito proprio da suo padre, Pino Amitrano, e dagli altri uomini del paese in cui vive.

In questa parte del romanzo Michele si reca da Filippo per portagli il messaggio di sua madre apparsa in televisione.

(*Michele parla a Filippo*)—Sono venuto a dirti una cosa molto importante. Allora … Tua madre dice che ti vuole bene. E dice che le manchi. Lo ha detto ieri alla televisione. Al telegiornale. Ha detto che non ti devi preoccupare … E che non vuole solo le tue orecchie°, ma ti vuole tutto.

Niente.

—Mi hai sentito?

Niente.

Ho ripetuto.—Allora … Tua madre dice che ti vuole bene. E dice che le manchi. Lo ha detto ieri alla televisione. Ha detto che non ti devi preoccupare … E che non vuole solo le tue orecchie.

—La mia mamma è morta.

—Come è morta?

Da sotto la coperta mi ha risposto.—La mia mamma è morta.

—Ma che dici? È viva. L'ho vista io, alla televisione …

—No, è morta.

Mi sono messo una mano sul cuore.—Te lo giuro° sulla testa di mia sorella Maria che è viva. L'ho vista ieri notte, era in televisione. Stava bene. È bionda. È magra. È un po' vecchia … È bella, però. Era seduta su una poltrona alta, marrone. Grande. Come quella dei re. E dietro c'era un quadro con una nave. È vero o no?

—Sì. Il quadro con la nave …—Parlava piano, le parole soffocate dalla stoffa.

—E hai un trenino elettrico. Con la locomotiva con il fumaiolo°. L'ho visto.

—Non ce l'ho più. Si è rotto. La tata l'ha buttato via.

—La tata? Chi è la tata?

—Liliana. È morta anche lei. Anche Peppino è morto. E nonna Arianna è morta. E mio fratello è morto. Sono tutti morti e vivono in buchi come questo. E in uno ci sono io. Tutti quanti. Il mondo è un posto pieno di buchi dove dentro ci sono i morti. E anche la luna è una palla tutta piena di buchi dove dentro ci sono altri morti.

—Non è vero. Gli ho poggiato° una mano sulla schiena.—Non si vede niente. La luna è normale. E tua madre non è morta. L'ho vista io. Mi devi stare a sentire°.

È rimasto un po' zitto, poi mi ha chiesto:—Allora perchè non viene qui?

Ho scosso la testa.—Non lo so.

—Perchè non viene a prendermi?

—Non lo so.

—E perchè io sto qui?

—Non lo so. Poi ho detto cosí piano che non poteva sentirmi:—Mio papà ti ci ha messo qua.

Mi ha dato un calcio°.—Tu non sai niente. Lasciami in pace. Tu non sei l'angelo custode. Tu sei cattivo. Vattene°.

E si è messo a piangere.

Non sapevo che fare.—Io non sono cattivo. Io non c'entro niente. Non piangere, per favore.

Ha continuato a scalciare.—Vattene. Vattene via.

—Ascoltami …

—Vai via!

orecchie	ears (The hijackers wanted to cut off Filippo's ears.)
Te lo giuro	I swear to you
fumaiolo	chimney
ho poggiato	put
Mi … sentire	You must listen to me
calcio	kick
Vattene	Go away

Al lavoro

ESERCIZIO

28·4

Indica se le seguenti affermazioni sono vere o false. *Indicate whether the following statements are true (V) or false (F).*

1. Michele dice al bambino che la mamma è morta.   V   F

2. Il bambino crede che siano tutti morti, compreso lui.   V   F

3. Michele piange e va via.   V   F

Rispondi alle seguenti domande. *Answer the following questions.*

1. Chi ha visto in televisione Michele?

_____

2. Che cosa ha detto?

_____

3. Quali particolari della casa descrive Michele al bambino?

_____

4. Perchè il bambino è convinto che sono tutti morti?

_____

5. Perchè Michele non può rispondere alla domanda del bambino: "E perchè sto qui?"

_____

Leggiamo 2

Sono scattato° in piedi.—Io sono venuto fino a qua per te, ho fatto tutta la strada, due volte, e tu mi cacci via°. Va bene, io me ne vado, ma se me ne vado non torno piú. Mai piú. Rimarrai qui, da solo, per sempre e ti taglieranno tutte e due le orecchie—. Ho afferrato la corda e ho cominciato a risalire. Lo sentivo piangere. Sembrava che stesse° soffocando.

Sono uscito dal buco e gli ho detto:—E non sono il tuo angelo custode!

—Aspetta …

—Che vuoi?

—Rimani …

—No. Hai detto che me ne devo andare e ora me ne vado.

—Ti prego. Rimani.

—No!

—Ti prego. Solo cinque minuti.

—Va bene. Cinque minuti. Ma se fai il pazzo me ne vado.

—Non lo faccio.

Sono sceso giú. Mi ha toccato un piede.

—Perchè non esci da quella coperta?— gli ho domandato e mi sono rannicchiato vicino a lui.

—Non posso, sono cieco …

—Come sei cieco?

—Gli occhi non si aprono. Voglio aprirli ma rimangono chiusi. Al buio ci vedo. Al buio non sono cieco.— Ha avuto un'esitazione.—Lo sai, me lo avevano detto che tornavi.

—Chi?

—Gli orsetti lavatori°.

—Basta con questi orsetti lavatori! Papà mi ha detto che non esistono. Hai sete?

—Sí.

Ho aperto la cartella e ho tirato fuori la bottiglia.—Ecco.

—Vieni.—Ha sollevato la coperta.

Ho fatto una smorfia°.—Lí sotto?—Mi faceva un po' schifo°. Ma così potevo vedere se aveva ancora le orecchie al loro posto.

Ha cominciato a toccarmi.—Quanti anni hai?—Mi passava le dita sul naso, sulla bocca, sugli occhi.

Ero paralizzato.—Nove. E tu?

—Nove.

—Quando sei nato?

—Il dodici settembre. E tu?

—Il venti novembre.

—Come ti chiami?

—Michele. Michele Amitrano. Tu che classe fai?

—La quarta. E tu?

—La quarta.

—Uguale.

—Uguale.

—Ho sete.

Gli ho dato la bottiglia.

Ha bevuto.—Buona. Vuoi?

Ho bevuto pure io.—Posso alzare un po' la coperta?—Stavo crepando di caldo e di puzza°.

—Poco.

L'ho tirata via quel tanto che bastava a prendere aria° e a guardargli la faccia.

Era nera. Sudicia. I capelli biondi e sottili si erano impastati° con la terra formando un gro-viglio° duro e secco. Il sangue rappreso° gli aveva sigillato le palpebre. Le labbra erano nere e spaccate. Le narici otturate dal moccio° e dalle croste.

—Posso lavarti la faccia?—gli ho domandato.

Ha allungato il collo, ha sollevato la testa e un sorriso si è aperto sulle labbra martoriate°. Gli erano diventati tutti i denti neri.

Mi sono tolto la maglietta e l'ho bagnata con l'acqua e ho cominciato a pulirgli il viso.
(…)

—Lo vedi? Lo vedi? Non sei cieco! Non sei cieco per niente!

—Non posso tenerli aperti.

—È perchè stai sempre al buio. Però ci vedi, vero?

—Sí! Sei piccolo.

—Non sono piccolo. Ho nove anni.

—Hai i capelli neri.

—Sí.

Era molto tardi. Dovevo tornare a casa.—Ora però devo andare. Domani torno.

Con la testa sotto la coperta ha detto:—Promesso?

—Promesso.

Sono scattato	*I jumped*
cacci via	*you send me away*
stesse	*was going to*
orsetti lavatori	*racoons*
smorfia	*grimace*
faceva … schifo	*it disgusted me a little*
Stavo … puzza	*I was dying of heat and stench*
L'ho … aria	*I pulled it out just enough to breathe*
impastati	*mixed*

groviglio	*tangle*
sangue rappreso	*clotted blood*
narici ... moccio	*stuffy nose*
martoriate	*tortured*

ESERCIZIO 28·6

Indica se le seguenti affermazioni sono vere o false. *Indicate whether the following statements are true (V) or false (F).*

1. Michele dice al bambino che non tornerà più.   V   F

2. Il bambino promette di non fare il pazzo.   V   F

3. Michele prende del pane dalla cartella.   V   F

4. Michele e il bambino hanno la stessa età.   V   F

5. Michele usa la sua maglietta per lavare il bambino.   V   F

ESERCIZIO 28·7

Rispondi alle seguenti domande. *Answer the following questions.*

1. Perchè Michele si arrabbia?

_____

2. Perchè Michele rimane nel buco?

_____

3. Cosa offre Michele al bambino?

_____

4. In quali mesi sono nati i due bambini?

_____

5. Cosa fa Michele con la sua maglietta?

_____

Sintesi narrativa e grammaticale

Completa le frasi con una delle parole o espressioni presenti nel testo.
Complete the sentences by choosing the appropriate words or expressions from the text.

1. Michele va dal bambino per dirgli che ha visto sua _____ in televisione.

2. Michele riferisce che la madre gli _____ e che lui non

   si _____.

3. La madre è una donna bionda, _____, un po' vecchia

   e _____.

4. Il bambino non crede alle parole di Michele perchè per lui tutti i suoi familiari

   sono _____.

5. Michele vuole andare via, ma il bambino gli chiede di _____.

6. Tutti e due i bambini hanno _____ anni e frequentano

   la _____ elementare.

7. Michele lava la _____ del bambino.

8. Michele è felice perchè il bambino non è _____.

9. Michele promette al bambino di _____ il giorno dopo.

Cerca nelle letture i tempi dei seguenti infiniti. *Find in the text the tenses that correspond to the following infinitives.*

INFINITO	PRESENTE	PASSATO PROSSIMO
volere	*vuole/vuoi*	
rispondere		
mettersi		
vedere		
venire		
dare		
uscire		
dire		

Io non ho paura, Niccolò Ammaniti 241

ESERCIZIO

28·10

Nella lettura 1 trova i pronomi diretti *lo, la*. *In reading 1, identify the direct pronouns **lo** and **la** with their accompanying verb.*

_____   _____

_____   _____

_____   _____

_____   _____

ESERCIZIO

28·11

Completa la tabella con le voci verbali del futuro. *Complete the table with the forms of the future tense.*

RIMANERE	TAGLIARE
_____	_____
rimarrai	_____
_____	_____
_____	_____
_____	*taglieranno*

ESERCIZIO

28·12

Indovina di quale parte del corpo si parla. *Guess which part of the body is described below.*

1. Possono essere lunghi o corti _____.

2. Fanno parte della mano _____.

3. Le ha grandi l'elefante _____.

4. È sotto la testa _____.

5. Sono trentadue negli adulti _____.

6. Coprono gli occhi _____.

7. Chiudono la bocca _____.

Riflessioni. Cerca su Internet notizie sui sequestri in Italia nel 1978. In particolare, focalizza la tua attenzione su: il periodo storico-politico in cui questi sequestri avvenivano, le ragioni dei sequestri, chi era sequestrato, i riscatti pagati e non pagati, le indagini della polizia, le decisioni della magistratura. *Search the Internet for news about kidnappings in Italy in 1978. In particular, focus your attention on the political-historical period in which these kidnappings occurred; the reasons behind these kidnappings; who was kidnapped; ransoms paid and not paid; the police investigations; the decisions of the court.*

Film consigliati

Io non ho paura di Gabriele Salvatores

Il caso Moro di Giussepe Ferrara

Piazza delle Cinque Lune di Renzo Martinelli

Tre metri sopra il cielo, Federico Moccia

Federico Moccia è nato a Roma nel 1963. Il padre, Giuseppe Moccia, conosciuto con il nome di Pipolo, è stato sceneggiatore cinematografico di varie pellicole con Tòtò, Franco Franchi e Ciccio Ingrassia ed altri comici italiani e regista di alcuni importanti successi della commedia all'italiana degli anni Settanta e Ottanta.

Nel 1992 Federico ha pubblicato a sue spese poche copie del suo primo libro, Tre metri sopra il cielo, perchè nessuna casa editrice era disposta a pubblicarlo. Il romanzo ha ottenuto un enorme consenso tra i giovani dei licei romani che, appassionatisi alla storia, se lo passavano fotocopiandolo. Dopo il grande successo di pubblico l'opera è stata pubblicata dalla Feltrinelli° e in seguito trasformata in film. Con Tre metri sopra il cielo *Moccia ha vinto il premio Torre di Castruccio, sezione narrativa 2004, e il premio Insula Romana, sezione Giovani Adulti 2004. Nel 2006 è uscito il séguito° di* Tre metri sopra il cielo, Ho voglia di te, *diventato poi anch'esso un film di grande successo con 16 milioni di euro di incassi°. Nel 2007 è apparso sugli schermi il romanzo* Scusa ma ti chiamo amore *con l'interpretazione di Raul Bova. Nello stesso anno lo scrittore ha pubblicato* Cercasi Niki disperatamente. *Successivamente sono stati pubblicati* Amore 14 e Scusa ma ti voglio sposare, *séguito di* Scusa ma ti chiamo amore. *Il suo ultimo romanzo,* L'uomo che non voleva amare, *è del 2011. Nel maggio del 2012 è stato eletto sindaco di Rosello in provincia di Chieti, in Abruzzo.*

Feltrinelli	an Italian publishing house
séguito	sequel
16 … incassi	the movie has grossed €16 million

Prima di leggere

VOCABOLARIO	
Nomi	
l'**attimo**	*moment*
il **corteggiatore**	*suitor*
la **felicità**	*happiness*
la **guancia**	*cheek*
la **nuvola**	*cloud*
la **pioggia**	*rain*
lo **sguardo**	*look*
lo **squillo**	*ring*
la **vestaglia**	*robe*

Aggettivi

arrossato/a	*flushed*
bagnato/a	*wet*
divertente	*funny*
emozionato/a	*excited*
furbo/a	*cunning*
sgomento/a	*fearful*
stupito/a	*astonished*
timoroso/a	*fearful, timid*

Verbi

accendere (p.p. acceso)	*to turn on*
accontentarsi	*to be satisfied*
accorgersi (p.p. accorto)	*to notice*
allontanarsi	*to go away*
capire	*to understand*
complimentarsi	*to congratulate*
credere	*to believe*
essere in punizione	*to be grounded*
fissare	*to stare*
frequentarsi	*to see each other frequently*
fuggire	*to run away*
funzionare	*to work*
incastrare	*to trap*
mettersi con	*to start seeing each other*
nascondere (p.p. nascosto)	*to hide*
provare	*to feel, to try, to taste*
ridere	*to laugh*
salutare	*to greet*
smettere (p.p. smesso)	*to quit*
sorridere	*to smile*
sparire	*to disappear*
stringere (p.p. stretto)	*to tighten*
toccare	*to touch*
tranquillizzarsi	*to calm down*
venire in mente	*to come to mind, to occur*

Altre parole o espressioni

accanto a	*next to*
di fianco a	*next to, beside*
vicino a	*close to, nearby*
di fronte	*in front of*

facciamo questa follia	*let's do it*
avere una cotta per	*to have a crush on*
fare filone/fare sega a scuola/marinare la scuola	*to cut school*

ESERCIZIO

29·1

Espressioni idiomatiche. Consulta un dizionario o un sito web per spiegare il significato delle seguenti espressioni. *Idiomatic expressions. Consult an Italian dictionary or a website to find the meanings of the following expressions.*

Essere complice

1. Che significa essere complice di qualcuno?

____

2. Sei mai stato complice di un tuo amico? In che occasione?

____

3. Tra fratelli o amici c'è spesso una tacita complicità. Quali sono gli aspetti positivi e negativi di essa?

____

Fare sega a scuola, marinare la scuola o fare filone sono espressioni molto note tra gli studenti italiani.

1. Che significano?

____

2. Hai mai marinato la scuola? Perchè?

____

Il cuore a duemila (battiti)

1. Cosa può significare?

____

2. Hai mai sentito il tuo cuore battere così velocemente?

____

ESERCIZIO

29·2

Completa le frasi con una delle parole o espressioni suggerite. *Complete the sentences by choosing a word or phrase from the word bank.*

pioggia	si frequentano	hanno marinato	in punizione	
è sparito	corteggiatori	ha una cotta	complice	guance

1. Liz Taylor aveva molti ______________________.
2. L'uragano porta molta ______________________.
3. Marco è ______________________ perchè ha detto una bugia alla mamma.

4. Carlo e Mirella _____ da due mesi.

5. Le _____ di Babi erano arrossate.

6. Babi _____ per Step.

7. Il ladro ha preso il denaro ed _____.

8. Marisa e Sabrina non avevano studiato, perciò _____ la scuola.

9. La polizia ha arrestato il _____ del sequestratore.

ESERCIZIO
29·3

Forma delle frasi collegando gli elementi della colonna A con quelli della colonna B. *Match each phrase in column A with one presented in column B to form complete sentences.*

A	B
1. Il regista _____	a. hanno incastrato i ladri.
2. Matteo e Maria _____	b. si complimenta con gli attori.
3. I poliziotti _____	c. ha smesso di fumare.
4. Massimo _____	d. non funziona.
5. L'operaio _____	e. si accontenta di 900 euro il mese.
6. L'aspirapolvere _____	f. accendiamo le luci.
7. Di sera noi _____	g. si sono messi insieme.

Leggiamo 1

Step e Babi si frequentano contro la volontà dei genitori di Babi. In questa parte del romanzo Babi riceve una telefonata ...

Piove. Babi e Daniela sono sedute sul divano di fianco ai genitori. Guardano un film divertente e familiare sul primo°. L'atmosfera sembra più distesa°.

Poi uno squillo. Daniela accende il cordless che tiene accanto a lei sul cuscino del divano.

"Pronto?" Guarda Babi stupita. Non riesce a credere alle proprie orecchie. "Ora te la passo." Babi si volta tranquilla verso la sorella. "Babi è per te."

Le basta° quell'attimo, uno sguardo, vedere la sua faccia per capire tutto. È lui.

Daniela le passa il telefono cercando di controllarsi di fronte ai genitori. Lei lo prende delicatamente, quasi timorosa di toccarlo, di stringerlo, come se una vibrazione di troppo potesse far cadere la linea°, farlo sparire per sempre. Lo porta lentamente vicino al viso dalle guance arrossate, alle sue labbra emozionate anche per quel semplice ... "Sì?"

"Ciao, come stai?" La voce calda di Step le arriva direttamente al cuore. Babi si guarda intorno sgomenta, preoccupata che qualcuno si sia accorto° di quello che prova, il suo cuore a duemila, la felicità che tenta disperatamente di nascondere.

"Bene, e tu?"

"Bene. Puoi parlare?"

"Aspetta un attimo che qui non si sente niente." Si alza dal divano portando via con sé il telefono e la sua vestaglia svolazzante°. Non si sa com'è, ma davanti ai genitori certi telefoni non funzionano mai. Sua madre la guarda uscire dal salotto poi si gira sospettosa verso Daniela. "Chi è?"

Daniela è rapida. "Oh, Chicco Brandelli, uno dei suoi corteggiatori".

(…)

primo	*TV channel one*
distesa	*relaxed*
basta	*it's enough*
potesse … linea	*they could be disconnected*
si sia accorto	*has noticed*
svolazzante	*flowing*

ESERCIZIO
29·4

Rispondi alle seguenti domande. *Answer the following questions.*

1. Chi delle due ragazze è la complice? _____ Con quale aggettivo è

   descritta? _____

2. Chi domani non andrà a scuola? _____

3. Chi ha *il cuore a duemila*? _____

ESERCIZIO
29·5

Indica se le seguenti affermazioni sono vere o false. *Indicate whether the following statements are true (V) or false (F).*

1. Daniela è la sorella di Babi.   V   F

2. Babi risponde alla telefonata tranquillamente.   V   F

Rispondi alle seguenti domande. *Answer the following questions.*

1. Quali membri della famiglia sono presenti nella stanza al momento della telefonata?

   _____

2. Per chi è la telefonata?

   _____

3. Perchè Babi prende delicatamente il cordless?

   _____

4. Perchè il cuore di Babi va a duemila?

   _____

5. Perchè Babi cambia stanza?

   _____

Leggiamo 2

Le luci spente della sua camera. Lei contro il vetro bagnato dalla pioggia, con il telefono in mano.
   "Pronto Step, sei tu?"
   "Chi vuoi che sia?"
   Babi ride. "Dove sei?"
   "Sotto la pioggia. Vengo da te?"
   "Magari°. Ci sono i miei."
   "Allora vieni tu."

"No, non posso. Sono in punizione. Ieri quando sono tornata mi hanno beccata°. Erano alla finestra ad aspettarmi."

Step sorride e butta la sigaretta.

"È vero allora! Esistono ancora le ragazze che finiscono in punizione ..."

"Già, e tu ti sei messo con una di quelle°." Babi chiude gli occhi terrorizzata dalla bomba che ha appena lanciato°. Aspetta la risposta. [...] Lentamente apre gli occhi. Al di là del vetro, sotto un lampione, la pioggia è più visibile. Sta diminuendo. "Ci sei ancora?"

"Sì. Stavo cercando di capire che effetto fa venir incastrato da una furba°."

Babi si morde il labbro°, cammina felice e nervosa per la stanza. Allora è vero.

"Se fossi veramente furba avrei scelto qualcun altro da incastrare."

Step ride. "Va bene, pace. Cerchiamo di resistere almeno un giorno. Che fai domani?"

"Scuola, poi studio e continuo a stare in punizione."

"Be', posso venire a trovarti."

"Direi che non è proprio una delle idee migliori ..."

"Mi vesto bene."

Babi ride. "Non è per quello. È un discorso un po' più generale. A che ora ti alzi domani?"

"Mah, dieci, undici. Quando viene Pollo (amico di Step) a svegliarmi."

Babi scuote la testa. "E se non viene?"

"Mezzogiorno, l'una ..."

"Ce la fai a venire a prendermi a scuola?"

"All'una? Sì, credo di sì.

"Intendevo° all'entrata."

Silenzio. "A che ora sarebbe?"

"Otto e dieci."

"Ma perchè si va a scuola all'alba? E poi che facciamo?"

"Ma non lo so, fuggiamo ..." Babi non crede quasi alle sue orecchie. Fuggiamo. Dev'essere impazzita.

"Va bene, facciamo questa follia. Alle otto a scuola tua. Spero solo di svegliarmi."

"Sarà difficile, vero?"

"Abbastanza."

Rimangono un attimo in silenzio. Indecisi su cosa dirsi, su come salutarsi.

"Be', allora ciao."

Step guarda fuori. Ha smesso di piovere. Le nuvole si muovono veloci. Si sente felice. Guarda il telefonino. Dall'altra parte c'è lei in quel momento.

"Ciao Babi." Attaccano. Step guarda in alto. Alcune stelle sono comparse timide e bagnate, lassù nel cielo. Domani sarà una bella giornata. Passerà la mattina con lei.

Magari	I wish!
mi hanno beccata	they caught me
ti sei messo con una di quelle	you go with one of those
bomba ... lanciato	the bomb that has been dropped (metaphorically)
venir incastrato da una furba	trapped by a cunning girl
si ... labbro	bites her lip
Intendevo	I meant

Indica se le seguenti affermazioni sono vere o false. *Indicate whether the following statements are true (V) or false (F).*

1. Babi invita Step a casa sua.   V   F

2. I genitori hanno punito Babi.   V   F

3. Babi fa capire a Step che vuole mettersi con lui.   V   F

4. Step capisce che (lui) piace a Babi.   V   F

5. Step chiede a Babi se può andarla a prendere a scuola.   V   F

6. Step e Babi si incontreranno il giorno dopo.   V   F

ESERCIZIO 29·8

Rispondi alle seguenti domande. *Answer the following questions.*

1. Perchè Step non può andare a casa di Babi?

_____

2. Perchè i genitori hanno punito Babi?

_____

3. Cosa pensa Step di Babi dopo che lei gli ha fatto capire che voleva mettersi con lui?

_____

4. A che ora si alza di solito Step?

_____

5. Cosa propone Babi a Step?

_____

6. A che ora si incontreranno l'indomani?

_____

Leggiamo 3

Otto e dieci. Dev'essere impazzito. Cerca di ricordarsi quand'è stata l'ultima volta che si è svegliato così presto. Non gli viene in mente. Sorride. Appena° tre giorni prima è tornato a casa a quell'ora.

   Nel buio della sua camera con il portatile° in mano, Babi continua a fissare il vetro per un po'. Lo immagina per strada. Deve far freddo fuori. Prova un brivido per lui. Torna in salotto. Dà il telefono alla sorella poi si siede accanto a lei sul divano. Daniela senza farsi accorgere studia curiosa il suo viso. Vorrebbe farle mille domande. Deve accontentarsi di quegli occhi che a un tratto la fissano felici. Babi riprende a guardare la televisione. Per un attimo quel vecchio film in bianco e nero le sembra° a colori. Non capisce minimamente di cosa stiano parlando e si allontana rapita dai suoi pensieri°. Poi torna improvvisamente alla realtà. Si guarda intorno pre-occupata ma nessuno sembra saperlo. Domani, per la prima volta in vita sua, farà sega a scuola.

Appena	*Only*
portatile	*mobile phone*
le sembra	*appears to her*
rapita … pensieri	*absorbed in her thoughts*

ESERCIZIO 29·9

Indica se le seguenti affermazioni sono vere o false. *Indicate whether the following statements are true (V) or false (F).*

1. Step non vuole svegliarsi presto.   V   F

2. Babi è preoccupata per Step.   V   F

3. Daniela capisce che Babi è triste.   V   F

4. Babi domani non andrà a scuola.   V   F

ESERCIZIO 29·10

Rispondi alle seguenti domande. *Answer the following questions.*

1. Quale "sacrificio" deve fare Step l'indomani mattina?

_____

2. Perchè Babi è preoccupata per Step?

_____

3. Perchè Daniela non può fare domande a Babi?

_____

4. Come si sente Babi dopo la telefonata?

_____

Sintesi narrativa e grammaticale

ESERCIZIO 29·11

Completa le frasi con una delle parole o espressioni presenti nelle letture. *Complete the sentences by choosing the appropriate words or expressions from the readings.*

1. Babi e Daniela guardano un _____ in televisione.

2. Ad un tratto il telefono suona e Daniela _____.

3. È _____ che vuole parlare con _____.

4. Babi, molto emozionata, prende il _____ e va

   in _____.

5. Step vuole _____ Babi, ma la ragazza non può perchè è

   in _____.

6. Babi fa capire a Step che vuole _____ con lui.

7. Step ride, ma è contento che Babi lo _____.

8. Babi propone a Step di _____ l'indomani alle otto e dieci.

9. Step è esitante perchè in genere si sveglia _____ al mattino. Poi accetta la proposta di Babi.

10. Babi è felicissima: domani per la prima volta _____.

ESERCIZIO 29·12

Nella lettura 2 trova gli aggettivi che descrivono Babi e poi fa' una frase per ognuno di essi. *In reading 2, identify the adjectives that describe Babi and then make a sentence for each of them.*

1. _____

   _____

2. _____

   _____

3. _____

   _____

4. _____

   _____

ESERCIZIO 29·13

Nella lettura 1 trova i pronomi diretti. *In reading 1, identify the direct object pronouns with their accompanying verb.*

1. _____   5. _____

2. _____   6. _____

3. _____   7. _____

4. _____

ESERCIZIO
29·14

Nelle letture 2 e 3 trova i verbi riflessivi e poi completa la tabella, secondo il modello. *In readings 2 and 3, identify the reflexive verbs and then complete the table by following the model.*

FORMA VERBALE	TEMPO	INFINITO
ti sei messo	*passato prossimo*	*mettersi*

ESERCIZIO
29·15

Completa le coniugazioni del presente del verbo ricordarsi e del passato prossimo del verbo mettersi. *Complete the conjugations of the present tense of* ***ricordarsi*** *and of the passato prossimo of* ***mettersi***.

PRESENTE **RICORDARSI**

mi _ricordo_

ti _____

si _____

ci _ricordiamo_

vi _____

si _____

PASSATO PROSSIMO **METTERSI**

mi _sono_____ messo/a

ti _____ messo/a

si è _____

_____ siamo messi/e

vi _____ messi/e

si sono _____

Riflessioni. Che tipo di sorella è Daniela? Come si comporta nei confronti di Babi? *What kind of sister is Daniela? How does she act toward Babi?*

_____

_____

_____

_____

Riflessioni. Come immagini che sia fisicamente Step? Che carattere ha? Come pensi che sia il suo rapporto con Babi? *How do you imagine Step's physical appearance? What characteristics does he have? What do you think his relationship with Babi is?*

_____

_____

_____

_____

Film consigliati

Tre metri sopra il cielo di Luca Lucini

Bagheria, Dacia Maraini

Dacia Maraini è nata a Fiesole (Firenze) nel 1936 da madre pittrice e padre etnologo ed autore di diversi libri sul Tibet e sul Giappone. Nel 1943 la famiglia si trasferì in Giappone perchè al padre era stato affidato il compito di compiere degli studi sugli Hainu, popolazione dell'Hokkaido in via d'estinzione.

Verso la fine della seconda guerra mondiale, a causa della loro opposizione al regime fascista, i coniugi Maraini con le loro tre figlie furono mandati in un campo di concentramento a Tokyo. Liberati dagli americani dopo due anni, si stabilirono in Sicilia, presso i nonni materni, nella Villa di Valguarnera di Bagheria, dove le tre figlie continuarono a studiare.

In seguito alla separazione dei genitori, Dacia lasciò la Sicilia e andò a vivere a Roma con suo padre. Negli anni Sessanta, si sposò con Lucio Pozzi, pittore milanese da cui si separò dopo quattro anni. Nel 1962 uscì il suo primo romanzo, La vacanza, a cui seguirono molti altri, fra cui Memorie di una ladra, Storia di Piera, Il treno per Helsinki, Isolina. Altre opere di grandissimo successo sono La lunga vita di Marianna Ucrìa *(1990) e* Bagheria *(1993). Nel primo decennio del XXI secolo sono stati pubblicati* Colomba, Il gioco dell'universo, Il treno dell'ultima notte *e* La ragazza di via Maqueda.

Dacia Maraini ha una grande passione per il teatro, che giudica un mezzo diretto di informazione, tanto che nel 1973 ha fondato il Teatro della Maddalena, gestito e diretto soltanto da donne.

Prima di leggere

VOCABOLARIO	
Nomi	
l'**ambasciatore**	*ambassador*
la **beneficenza**	*charity*
il **paese**	*country*
il **palcoscenico**	*stage*
la **pelle**	*skin*
le **sopracciglia**	*eyebrows*
lo **zigomo**	*cheekbone*

Aggettivi

gentile	*kind*
giovane	*young*
liscio/a	*smooth*
pacchiano/a	*gaudy*
sporgente	*protruding*
strafottente	*arrogant*
testardo/a	*stubborn*

Verbi

accettare	*to accept*
cedere	*to give up*
corteggiare	*to court*
curare	*to take care of*
distinguere (p.p. **distinto**)	*to distinguish*
incoraggiare	*to encourage*
mantenere le promesse	*to keep promises*
peggiorare	*to get worse*
proibire	*to forbid*
proporre (p.p. **proposto**)	*to propose*
resistere	*to resist*
rimpiangere (p.p. **rimpianto**)	*to regret*
riportare	*to bring back*
rotolarsi	*to roll*
scappare	*to flee*
urlare	*to scream*

VERBI

TRAPASSATO PROSSIMO **STUDIARE**	TRAPASSATO PROSSIMO **SCAPPARE**
io avevo studiato	io ero scappato/a
tu avevi studiato	tu eri scappato/a
lui/lei/Lei aveva studiato	lui/lei/Lei era scappato/a
noi avevamo studiato	noi eravamo scappati/e
voi avevate studiato	voi eravate scappati/e
loro avevano studiato	loro erano scappati/e

ESERCIZIO

30·1

Completa le frasi con una delle parole suggerite. *Complete each sentence by choosing a word from the word bank.*

ha accettato	pelle	ha proposto	proibisce	
rimpiange	testardo	beneficenza	ha riportato	ambasciatore

1. Giorgio non ascolta nessuno. È _____ come un mulo.

2. Gina _____ la proposta di matrimonio di Carlo.

3. Maria ha una _____ molto chiara e liscia.

4. Marco _____ a Claudia i CD che lei gli aveva prestato.

5. La nonna _____ la sua vita passata.

6. Il primo ministro _____ l'aumento delle tasse.

7. L' _____ americano ha incontrato il Presidente del Consiglio.

8. Il ricco impresario ha donato diecimila euro in _____.

9. La legge _____ di fumare nei luoghi pubblici.

ESERCIZIO
30·2

Rispondi alle seguenti domande. *Answer the following questions.*

1. Racconta la tua infanzia. Com'era la tua giornata? La tua scuola era lontano da casa? Con chi giocavi? Quali erano i tuoi giochi preferiti? E i tuoi amici? C'è un episodio che ricordi in modo particolare?

   _____

   _____

2. Descrivi uno dei tuoi nonni. Qual è il ricordo (di lui/di lei) a te più caro? Che influenza ha avuto su di te e sulla tua vita?

   _____

   _____

3. Quale professione ti piacerebbe fare? Comporta molti sacrifici? Che studi dovresti seguire?

   _____

   _____

4. Pensi sia giusto rinunciare ai propri sogni per assecondare la volontà dei genitori? (*to satisfy your parents' expectations*)

   _____

5. Dov'è il Cile? A quale continente appartiene?

   _____

Leggi il testo completo senza cercare le parole che non conosci e poi individua. *Read the complete text without searching for words that you do not know and then identify the following.*

1. chi parla e di chi si parla: a. _____ b. _____

2. chi sono gli altri personaggi della storia: _____

   e _____

3. quali luoghi sono citati:

   a. _____ d. _____ g. _____

   b. _____ e. _____ h. _____

   c. _____ f. _____

Leggiamo 1

Bagheria è un romanzo autobiografico che ci fa conoscere paesaggi e personaggi dell'infanzia di Dacia Maraini. In queste pagine la scrittrice ci presenta la nonna materna, bella donna cilena, con una personalità molto forte e stravagante.

In un'altra fotografia c'è mia nonna Sonia giovane: una grande faccia dagli zigomi sporgenti. Era bruna lei, bianchissima di pelle con sopracciglia e capelli neri che venivano dal suo paese di origine, il Cile. Aveva del sangue indio nelle vene, così diceva lei. Gli occhi erano enormi, di seta, il sorriso invece duro, strafottente.

    (...)

    Non l'ho mai vista piangere mia nonna Sonia. Nemmeno° alla morte del nonno. Gli è sopravvissuta° di quasi trent'anni, la bella cilena che a ottant'anni non sapeva ancora parlare l'italiano come si deve°. Le sue frasi erano costruite secondo il ritmo e la logica di un'altra lingua, la spagnola. Diceva «el uomo» non distingueva fra cappello e capello, diceva: «Esci così, en cuerpo?» per dire che uno non portava il cappotto.

Nemmeno	*Not even*
sopravvissuta	*survived*
come si deve	*as it should be*

Scegli la risposta giusta. *Choose the correct response.*

1. La nonna aveva
   a. la pelle nera.
   b. la pelle molto chiara.
   c. i capelli biondi.

2. Sonia
   a. aveva un carattere dolce.
   b. era di origine cilena.
   c. non sorrideva mai.

3. Il nonno
   a. è morto a trent'anni.
   b. è vissuto trent'anni meno della nonna.
   c. è morto a ottant'anni.

4. La nonna
   a. portava grandi cappelli.
   b. non portava il cappotto.
   c. usava l'articolo determinativo spagnolo.

Leggiamo 2

Venuta dal Cile alla fine del secolo scorso col padre ambasciatore, aveva studiato pianoforte e canto° a Parigi. Aveva una bella voce di soprano e un temperamento° teatrale. Tanto che tutti i maestri l'avevano incoraggiata a farne il suo mestiere°. Ma non era una professione per ragazze di buona famiglia. E il padre glielo° aveva proibito. Proponendole invece subito un buon matrimonio con un proprietario di terre argentino.

Ma lei aveva resistito. E, a diciotto anni, era scappata di casa per andare a "fare la lirica" come diceva lei. Era approdata° a Milano dove aveva conosciuto Caruso° che l'aveva avviata° alla scuola della Scala. Famosa in famiglia la fotografia di Caruso dedicata alla "brava e bella Sonia". Perfino Ricordi° aveva giudicato "straordinario" il suo talento lirico.

canto	*singing*
temperamento	*attitude*
a ... mestiere	*to make it a career*

glielo	*it to her*
approdata	*arrived*
Enrico Caruso	*famous Italian opera singer*
avviata	*sent*
Ricordi	*owner of the musical publishing house established in 1808*

ESERCIZIO 30·5

Scegli la risposta giusta. *Choose the correct response.*

1. La nonna
   a. recitava molto bene.
   b. cantava molto bene.
   c. studiava molto bene.

2. Il padre della nonna
   a. aveva trovato un lavoro per Sonia.
   b. studiava pianoforte e canto.
   c. era un diplomatico.

3. La nonna Sonia
   a. amava la lirica.
   b. era scappata da Milano.
   c. non voleva cantare.

Leggiamo 3

Ma il padre Ortuzar non intendeva cedere. Andò a prenderla a Milano e la riportò a Parigi. E da Parigi Sonia scappò di nuovo, mostrando una grande tenacia° e un grande amore per la sua arte.

(…) il padre Ortuzar era tornato a cercarla. L'aveva trovata, nascosta in casa di amici e l'aveva riportata per la seconda volta a casa, in Francia. L'aveva chiusa, però, questa volta in camera giurando che non ne sarebbe uscita che per sposarsi.

Ma poi, di fronte alle reazioni a dir poco "spropositate°" di lei si era spaventato. Non si dice quali siano state queste reazioni "spropositate", immagino che si sia buttata per terra°, come continuò a fare in seguito, anche dopo sposata, e abbia urlato. Fatto sta° che il padre stesso l'aveva accompagnata a Milano perché riprendesse gli studi°, ma sotto la sua stretta sorveglianza°.

tenacia	*perseverance*
spropositate	*excessive*
buttata per terra	*thrown herself on the ground*
Fatto sta	*The fact is*
riprendesse gli studi	*she would continue to study*
stretta sorveglianza	*tight watch*

Scegli la risposta giusta. *Choose the correct response.*

1. Ortuzar e Sonia
   a. amavano il teatro.
   b. erano entrambi molto testardi.
   c. si sposarono.

2. Sonia
   a. era andata a vivere da alcuni amici.
   b. era andata alla Scala.
   c. si era arresa alla volontà del padre.

3. Il padre aveva ceduto
   a. perchè voleva che Sonia cantasse.
   b. perchè Sonia aveva fatto molte scenate.
   c. perchè Sonia era tornata a casa.

Leggiamo 4

Fu allora che Sonia conobbe il bel siciliano dagli occhi azzurri che era mio nonno Enrico e se ne innamorò. O forse fu lui a innamorarsi di lei, così teatrale, mentre lui era timido, silenzioso, ironico e mite.

Neanche il giovane Enrico però, una volta sposato, poté accettare che la moglie facesse la "lirica" e se la portò con sé nei suoi palazzi palermitani dove le fece subito fare un figlio°.

(…)

Mia madre dice ora che la nonna è stata una donna "frustrata". La Sicilia non le era mai piaciuta, non era mai stata contenta del suo matrimonio, per quanto° il nonno fosse docile e gentile. Ha rimpianto° per tutta la vita il palcoscenico che non ha potuto frequentare e la musica che non ha potuto coltivare (…).

Tutto questo era peggiorato° quando aveva perso l'unico figlio maschio per un echinococco riconosciuto° troppo tardi. Tanto era peggiorata che il marito, ormai, viveva sempre più a lungo fuori casa, a Casteldaccia a curare i suoi vini o a Valguarnera a curare i suoi limoni e i suoi carrubi. Lei se ne stava sola a Palermo nel grande palazzo di piazza Bologni a fare la vita mondana. Andava a pranzi e cene, giocava a carte, frequentava l'opera e si faceva corteggiare dagli uomini più ardimentosi° della città.

fece … figlio	*she quickly became pregnant*
per quanto	*even though*
Ha rimpianto	*Regretted*
peggiorato	*deteriorated*
riconosciuto	*diagnosed*
ardimentosi	*bold*

Scegli la risposta giusta. *Choose the correct response.*

1. Enrico
   a. aveva un carattere mite.
   b. era testardo.
   c. era teatrale.

2. Sonia
   a. sposò Enrico.
   b. smise di cantare.
   c. suonò nei teatri.

3. Sonia
   a. continuò a recitare.
   b. non fu mai contenta della sua vita.
   c. amò la Sicilia.

4. Dopo la morte dell'unico figlio maschio Sonia ed Enrico
   a. per tutta la vita si separarono.
   b. vissero felici e contenti.
   c. si odiarono.

5. Sonia
   a. andò a vivere in campagna.
   b. andò a Casteldaccia.
   c. rimase a Palermo.

Leggiamo 5

Quando l'ho conosciuta io, aveva ancora una faccia liscia e tonda, ma di corpo era grassa e sfatta°. Eppure si vestiva con cura. Una cura un poco pacchiana: grandi gonne di organza, corpetti° attillati°, scarpe in tinta con la camicetta di seta, e di sera faceva molto uso di paillettes° e di frange. Era una eleganza vagamente da palcoscenico, qualche volta persino da circo.

Due o tre volte mi è anche capitato di dormire con lei nel grande letto laccato° di bianco e di oro al piano di sopra di villa Valguarnera a Bagheria. Avevo una specie di terrore di poterla anche solo sfiorare° con un piede. Dal suo corpo emanava un calore che si propagava fra le lenzuola come una stufa°, e non so perché quel calore mi era odioso. Come se fosse lì°, con quel corpo-stufa a rammentarmi° le leggi feroci dell'ereditarietà. Avevo orrore di assomigliarle°. Per fortuna non ho preso niente da lei salvo una certa pesantezza° della braccia e una buona intonazione della voce.

sfatta	*flabby*
corpetti	*corsets*
attillati	*tight*
paillettes	*sequins*
laccato	*lacquered*
sfiorare	*touch lightly*
stufa	*stove*
Come … lì	*As she was there*
rammentarmi	*remind*
assomigliarle	*to look like her*
pesantezza	*heaviness*

ESERCIZIO 30·8

Scegli la risposta giusta. *Choose the correct response.*

1. I vestiti della nonna erano
   a. molto vistosi.
   b. molto moderni.
   c. molto costosi.

2. La narratrice aveva paura
   a. di dormire con la nonna.
   b. di diventare come la nonna.
   c. di cantare come la nonna.

Sintesi narrativa e grammaticale

ESERCIZIO 30·9

Indica se le seguenti affermazioni sono vere o false. *Indicate whether the following statements are true (V) or false (F).*

1. L'autrice descrive una sua parente.	V	F
2. La nonna parlava perfettamente italiano.	V	F
3. Il padre Ortuzar era molto severo.	V	F
4. Il padre Ortuzar si arrese alla volontà della figlia Sonia.	V	F
5. Enrico sposò Sonia perchè era ricca.	V	F
6. A Sonia piaceva divertirsi.	V	F
7. La scrittrice ha un bel ricordo della nonna.	V	F

ESERCIZIO 30·10

Rispondi alle seguenti domande. *Answer the following questions.*

1. Da quale documento l'autrice ricava la descrizione della nonna?

   _____

2. Perchè la nonna della narratrice usava parole spagnole quando parlava?

   _____

3. Quali elementi nel testo ti fanno capire che apparteneva ad una famiglia dell'alta società?

   _____

4. Quali personaggi famosi avevano apprezzato le doti musicali di Sonia?

_____

5. In che modo Sonia riusciva ad ottenere dal padre di fare quello che voleva?

_____

6. Quali decisioni presero insieme Sonia ed Enrico dopo il matrimonio?

_____

7. Quali arti usava Sonia per raggiungere i suoi scopi?

_____

8. Perchè Sonia non è stata una donna felice?

_____

9. Quando cominciarono a peggiorare i rapporti tra Sonia ed Enrico?

_____

10. Che cosa in lei ricordava la vita del teatro?

_____

ESERCIZIO
30·11

Cerca nelle letture almeno cinque aggettivi che descrivono la nonna e cinque aggettivi che descrivono il nonno. _In the readings, find at least five adjectives that describe the author's grandmother and five adjectives that describe the author's grandfather._

NONNA SONIA   NONNO ENRICO

_____   _____

_____   _____

_____   _____

_____   _____

_____   _____

Nella lettura 2 individua i verbi al trapassato prossimo e poi scrivi l'infinito accanto ad ognuno di essi. *In reading 2, identify the forms of the **trapassato prossimo**, and for each of them write the corresponding infinitive.*

TRAPASSATO PROSSIMO   INFINITO

_____   _____

_____   _____

_____   _____

_____   _____

_____   _____

_____   _____

_____   _____

_____   _____

Nella lettura 4 individua i verbi al passato remoto e poi volgili al passato prossimo. *In reading 4, identify the forms of the **passato remoto**, and then change them to the **passato prossimo**.*

PASSATO REMOTO   PASSATO PROSSIMO

_____   _____

_____   _____

_____   _____

_____   _____

_____   _____

ESERCIZIO 30·14

Riflessioni. Racconta la tua vita, dalla nascita ad oggi. Rifletti su che cosa hai fatto durante questi anni. Cosa rifaresti e cosa non rifaresti più? Quale persona ha influenzato la tua vita in modo positivo? Perchè e in che modo? Quali sono i tuoi sogni nel cassetto? Come ti vedi tra dieci anni? *Recount events about your life, from birth till now. Think about what you've done during all these years. What would you do again and what would you not do again? What person has influenced your life in a positive way? Explain why and in what way. What are your dreams? How do you see yourself in ten years?*

_____

_____

_____

_____

_____

_____

_____

Film consigliati

Baarìa di Giuseppe Tornatore

La solitudine dei numeri primi, Paolo Giordano

Paolo Giordano è nato a Torino nel 1982. Nel 2005 ha conseguito la laurea specialistica in fisica delle interazioni fondamentali e nel 2010 il dottorato di ricerca in fisica teorica presso l'Università degli Studi di Torino. Il suo primo romanzo La solitudine dei numeri primi, pubblicato nel 2008 a soli ventisei anni, ha ottenuto un successo straordinario tanto da vincere diversi premi come il Premio Campiello Opera Prima, il Premio Fiesole Narrativa Under 40, il Premio Strega e il Premio letterario Merck Serono. Nel 2010 da questo romanzo è stato tratto il film omonimo con la regia di Saverio Costanzo. Il suo secondo romanzo, Il Corpo umano, è del 2012.

Prima di leggere

VOCABOLARIO

Nomi

l'**astronave** (f.)	*spaceship*
la **cassiera**	*cashier*
il **cervello**	*brain*
la **confezione**	*package*
il **cubetto**	*small cube*
l'**espositore**	*display shelf*
il/la **gemello/a**	*twin*
il **giocattolo**	*toy*
il **guantino**	*small glove*
il **lenzuolo**	*sheet*
il **portafoglio**	*wallet*
la **sberla**	*slap in the face*
la **scatola**	*gift box*
il **tapis roulant**	*conveyor belt*

Aggettivi

alberato/a	*with trees*
attrezzato/a	*equipped*
incerto/a	*uncertain, dubious, unclear*

Verbi

accovacciarsi	*to crouch*
aggiungere (p.p. **aggiunto**)	*to add*
annuire	*to nod*
fissare	*to stare*
formicolare	*to tingle*
frignare	*to whine*
lisciare	*to smooth*
mettersi a (p.p. **messo**)	*to start, to begin*
scoprire	*find out*

levarsi un peso dallo stomaco	*to take a load off one's chest*
fare brutta figura	*to make a bad impression*
scrollare le spalle	*to shrug one's shoulders*

ESERCIZIO 31·1

Completa le frasi con una delle parole suggerite. *Complete each sentence by choosing a word or phrase from the word bank.*

frignano	astronave	cassiera	brutta figura	gemella
cubetti	portafoglio	scrollare le spalle	scatola	

1. Mattia ha una sorella _____ che si chiama Michela.

2. L' _____ Apollo 11 ha raggiunto la luna nel 1969.

3. A Marisa piace mettere i _____ di ghiaccio nel tè.

4. Spesso i bambini _____ quando vogliono qualcosa.

5. Bruno ha regalato a Matteo una _____ di costruzioni Lego.

6. La _____ dà sempre lo scontrino.

7. Stefano ha studiato molto perchè non voleva fare _____ all'esame.

8. Mattia non era d'accordo su quello che la mamma diceva di Riccardo, perciò si limitava

   a _____.

9. Il ladro ha rubato il _____ di Erica.

ESERCIZIO 31·2

Indica almeno cinque parole che associ con "solitudine" e cinque con "compagnia." *Indicate at least five words that you associate with the word **solitudine** and five with the word **compagnia**.*

1. solitudine: tristezza, _____

2. compagnia: allegria, _____

ESERCIZIO
31·3

Rispondi alle seguenti domande. *Answer the following questions.*

1. Che cosa indica la parola "solitudine" per te? Ti senti solo/a?

_____

2. Chi sono gli altri per te? Che rapporto hai con gli altri?

_____

3. Quali problemi possono nascere in una famiglia quando uno dei suoi membri nasce o diventa "diversamente abile" (*with a disability*)?

_____

4. In che modo le persone e le strutture possono aiutare la famiglia a superare gli ostacoli che la vita quotidiana offre?

_____

VERBI

CONDIZIONALE PASSATO **FARE**	CONDIZIONALE PASSATO **USCIRE**
io avrei fatto	io sarei uscito/a
tu avresti fatto	tu saresti uscito/a
lui/lei/Lei avrebbe fatto	lui/lei/Lei sarebbe uscito/a
noi avremmo fatto	noi saremmo usciti/e
voi avreste fatto	voi sareste usciti/e
loro avrebbero fatto	loro sarebbero usciti/e

Leggiamo 1

La solitudine dei numeri primi narra la vita di Alice e Mattia, dall'infanzia all'età adulta. In questa parte del romanzo, Mattia e la sorella gemella autistica, Michela, si preparano ad andare alla festa di compleanno di Riccardo Pelotti, un loro compagno di classe.

Poi, un mattino di gennaio, Riccardo Pelotti, quello con i capelli rossi e i labbroni° da babbuino, si avvicinò al banco di Mattia.

«Senti, ha detto mia madre che ci puoi venire anche tu alla mia festa di compleanno» disse d'un fiato, guardando verso la lavagna.

«E anche lei» aggiunse indicando Michela che stava lisciando accuratamente la superficie del banco, neanche fosse stata un lenzuolo.

La faccia di Mattia prese a formicolare per l'emozione. Rispose grazie, ma Riccardo, levatosi il peso, si era già allontanato.

La mamma dei gemelli entrò subito in agitazione e portò tutti e due alla Benetton per vestirli a nuovo. Girarono° tre negozi di giocattoli ma ogni volta Adele non era abbastanza convinta.

«Ma che gusti ha Riccardo? Gli può piacere questo?» domandava a Mattia, soppesando° la confezione di un puzzle da millecinquecento pezzi.

«E io che ne so?» le rispondeva il figlio.

«È un tuo amico, insomma. Saprai bene che giochi gli piacciono.»

Mattia pensò che Riccardo non era un suo amico e che non sarebbe riuscito° a spiegarlo a sua madre. Si limitò a scrollare le spalle.

Alla fine Adele decise per l'astronave dei Lego, la scatola più grande e costosa del reparto.

«Mamma, è troppo» protestò il figlio.

«Ma va'. E poi voi siete in due. Non vorrete mica° fare brutta figura.»

Mattia sapeva benissimo che, Lego o no, loro la brutta figura la facevano comunque. Con Michela era impossibile il contrario. Sapeva benissimo che a quella festa Riccardo li aveva invitati solo perchè i suoi lo avevano obbligato. Michela gli sarebbe stata appiccicata° tutto il tempo, si sarebbe rovesciata l'aranciata addosso° e poi si sarebbe messa a frignare, come faceva sempre quando era stanca.

Per la prima volta Mattia pensò che forse era meglio starsene° a casa.

Anzi no, pensò che era meglio se Michela se ne stava a casa.

«Mamma» attaccò incerto.

Adele cercava il portafoglio nella borsa.

«Sì?»

Mattia prese fiato.

«Michela deve proprio venirci, alla festa?»

Adele si immobilizzò di colpo e piantò gli occhi° in quelli del figlio. La cassiera osservava la scena con sguardo indifferente e con una mano aperta sul tapis roulant, in attesa dei soldi. Michela stava mischiando i pacchetti di caramelle sull'espositore.

Le guance di Mattia si scaldarono°, pronte a ricevere una sberla che non arrivò mai.

«Certo che ci viene» si limitò a dire sua madre e la questione si chiuse lì.

labbroni	*big lips*
Girarono	*went*
soppesando	*weighing*
non sarebbe riuscito	*he would not be able*
mica	*at all*
appiccicata	*close to him*
si sarebbe … addosso	*she would spill orange juice on herself*
starsene	*to be*
piantò gli occhi	*stared*
si scaldarono	*became red*

ESERCIZIO

31·4

Indica se le seguenti affermazioni sono vere o false. *Indicate whether the following statements are true (V) or false (F).*

1. Riccardo Pelotti, festeggiava il suo compleanno in gennaio.   V   F

2. Michela non fu invitata alla festa.   V   F

3. La signora Adele comprò ai suoi figli abiti di un famoso stilista italiano.   V   F

4. Mattia, che conosceva bene Riccardo, gli comprò una scatola di costruzioni Lego.   V   F

5. Mattia sapeva che sua sorella lo avrebbe messo in imbarazzo.   V   F

6. Mattia non voleva portare sua sorella alla festa.   V   F

Leggiamo 2

A casa di Riccardo potevano andarci da soli. Erano appena dieci minuti a piedi.

Alle tre in punto Adele spinse i gemelli fuori dalla porta.

«Dai che fate tardi. Ricordatevi di ringraziare i suoi genitori» disse.

Poi si voltò verso Mattia.

«Fai attenzione a tua sorella. Sai che di schifezze° non ne può mangiare.»

Mattia annuì. Adele li baciò entrambi sulle guance, Michela più a lungo. Le sistemò i capelli sotto il cerchietto° e disse divertitevi.

(…)

Farà cadere le patatine a terra, pensò Mattia.

Prenderà la palla e non vorrà più ridarla a nessuno.

«Ti vuoi sbrigare°?» si voltò a dire alla gemella, che d'un tratto si era accovacciata in mezzo al marciapiede e con un dito torturava un verme lungo una spanna.

Michela guardò il fratello come se lo vedesse per la prima volta dopo tanto tempo. Gli sorrise e gli corse incontro stringendo il verme tra pollice e indice.

«Che schifo che fai°. Buttalo via» le ordinò Mattia ritraendosi°.

Michela guardò ancora un momento il verme e sembrò domandarsi come fosse finito tra le sue dita. Poi lo lasciò cadere e abbozzò una corsa sbilenca° per raggiungere il fratello che si era già allontanato di qualche passo.

Si prenderà il pallone e non vorrà darlo a nessuno, proprio come fa a scuola, pensava Mattia.

schifezze	*junk food*
cerchietto	*hair band*
Ti … sbrigare	*Hurry up*
Che … fai	*That's disgusting*
ritraendosi	*stepping back*
abbozzò … sbilenca	*started running lopsided*

ESERCIZIO
31·5

Indica se le seguenti affermazioni sono vere o false. *Indicate whether the following statements are true (V) or false (F).*

1. La mamma accompagnò i bambini alla festa.   V   F

2. Mattia pensava al comportamento della sorella a casa di Riccardo.   V   F

3. Michela voleva dare il verme al fratello.   V   F

4. Michela camminava velocemente dietro a suo fratello.   V   F

Leggiamo 3

Guardò la gemella che aveva i suoi stessi occhi, il suo stesso naso, il suo stesso colore di capelli e un cervello da buttare° e per la prima volta provò un odio° autentico. Le prese la mano per attraversare il corso, perchè lì le macchine andavano forte°. Fu mentre attraversavano che gli venne un'idea.

Lasciò la mano della sorella, coperta dal guantino di lana, e pensò che però non era giusto.

Poi, mentre costeggiavano° il parco, cambiò idea un'altra volta e si convinse che non l'avrebbe mai scoperto nessuno.

È solo per qualche ora, pensò. Solo per questa volta.

Cambiò direzione bruscamente°, tirandosi dietro Michela per un braccio, ed entrò nel parco. (…)

Al parco non c'era nessuno. Con quel freddo la voglia di passeggiare sarebbe passata a chiunque. I due gemelli raggiunsero una zona alberata, attrezzata con due tavoli di legno e una griglia per il barbecue. In prima° si erano fermati a pranzare proprio lì, una mattina che le maestre li avevano portati in giro a raccogliere foglie secche, con cui poi avevano confezionato dei brutti centrotavola da regalare ai nonni per Natale.

«Michi, ascoltami bene» disse Mattia. «Mi stai ascoltando?»

(…)Mattia attese un cenno° del capo della sorella.

«Bene. Allora, io adesso devo andare per un po', okay? Però non sto via molto, solo mezz'oretta» le spiegò.

Non c'era motivo per dire la verità, tanto per Michela mezz'ora o un giorno intero faceva poca differenza. (…)

«Tu stai seduta qui e mi aspetti» disse alla gemella.

Michela fissava il fratello con serietà e non rispose nulla, perchè non sapeva rispondere. Non diede segno di aver capito davvero, ma per un momento gli occhi le si accesero e per tutta la vita Mattia pensò a quegli occhi come alla paura.

Si allontanò di qualche passo dalla sorella, camminando all'indietro per continuare a guardarla e assicurarsi che lei non lo seguisse°. Solo i gamberi° camminano così, lo aveva sgridato una volta sua madre, e finisce sempre che vanno a sbattere° da qualche parte.

Era a una quindicina di metri e Michela non lo guardava più, tutta presa nel tentativo di staccare un bottone dal suo cappotto di lana.

Mattia si voltò e si mise a correre, stringendo in mano il sacchetto con il regalo. Dentro la scatola più di duecento cubetti di plastica sbattevano l'uno sull'altro e sembrava volessero° dirgli qualcosa.

un cervello da buttare	*nonfunctioning brain*
odio	*hate*
andavano forte	*sped up*
costeggiavano	*were walking alongside*
bruscamente	*abruptly*
In prima	*In the first grade*
cenno	*nod*
non lo seguisse	*she was not following him*
gamberi	*shrimp*
sbattere	*crash*
volessero	*wanted*

ESERCIZIO
31·6

Indica se le seguenti affermazioni sono vere o false. *Indicate whether the following statements are true (V) or false (F).*

1. Mattia entrò nel parco dove c'erano alcuni bambini con le maestre che pranzavano intorno a tre tavoli di legno.   V   F

2. Mattia disse a sua sorella di sedersi e di aspettarlo nel parco.   V   F

3. Michela non aveva la nozione del tempo.   V   F

4. Michela cominciò a piangere perchè aveva paura di rimanere da sola nel parco.   V   F

5. Mattia si avviò correndo verso la casa del suo compagno.   V   F

Sintesi narrativa e grammaticale

ESERCIZIO
31·7

Completa le frasi con una delle parole o espressioni presenti nel testo. *Complete the sentences by choosing the appropriate words or expressions found in the text.*

1. Mattia e Michela erano _____ e frequentavano la

   stessa _____.

2. Un giorno, Riccardo Pelotti, un loro _____, li invitò a casa sua per

   festeggiare il suo _____.

3. La signora Adele, _____ dei due bambini, li portò alla

_____ per comprare loro dei _____.

4. La signora Adele acquistò una _____ di costruzioni Lego per Riccardo.

5. Mattia non voleva portare la sorella da Riccardo perchè aveva problemi al

_____ e non poteva _____ con gli altri.

6. La signora Adele non li accompagnò perchè Riccardo abitava a soli

_____ a piedi.

7. Mentre camminava Mattia immaginava il comportamento della _____ a casa di Riccardo.

8. Ad un certo punto Mattia decise di non _____ con sè.

9. Così la _____ nel parco e _____ da solo a casa del compagno.

ESERCIZIO
31·8

Rispondi alle seguenti domande. *Answer the following questions.*

1. Quale sentimento provò Mattia quando Riccardo lo invitò alla festa?

_____

2. Perchè Mattia non sapeva quale regalo comprare al compagno?

_____

3. Perchè Mattia non voleva portare sua sorella alla festa?

_____

4. Qual era l'unica caratteristica che differenziava i due gemelli?

_____

5. Quale idea passò per la mente di Mattia mentre si avvicinavano al parco?

_____

6. Che cosa disse Mattia a sua sorella quando decise di non portarla alla festa?

_____

7. Che cosa provava Mattia ogni volta che pensava agli occhi di sua sorella?

_____

8. Che cosa fece Mattia per accertarsi che sua sorella non lo seguisse?

_____

9. Quale sensazione ebbe Mattia nel sentire i pezzi di Lego che si agitavano nella scatola?

_____

ESERCIZIO

31·9

Nella lettura 1 individua le forme verbali del condizionale passato e poi completa la tabella. *In reading 1, identify the verb forms in the past conditional and then complete the table.*

CONDIZIONALE PASSATO	INFINITO
_____	_____
_____	_____
_____	_____
_____	_____

ESERCIZIO

31·10

Nelle letture 2 e 3 individua i tempi in cui sono scritti i seguenti infiniti. *In readings 2 and 3, find the tenses in which the following verbs are used.*

ESEMPIO   voltarsi   *si voltò (passato remoto)*

1. fare _____

2. sorridere _____

3. sembrare _____

4. costeggiare _____

5. convincersi _____

6. dire _____

7. camminare _____

8. finire _____

ESERCIZIO
31·11

Componi delle frasi per ognuna delle seguenti espressioni. *Put each of the following expressions into a complete sentence.*

di colpo, d'un fiato, fare brutta figura, scrollare le spalle, levarsi un peso

_____

_____

_____

_____

_____

ESERCIZIO
31·12

Riflessioni. Rifletti sul comportamento di Mattia. Secondo te, quali ragioni lo hanno spinto a lasciare la sorella nel parco? I genitori sono responsabili del suo comportamento? Per tutta la vita Mattia ricorderà il suo "folle" gesto. Quale pensi che sia stata la sua vita da quel giorno? *Reflect on the behavior of Mattia. In your opinion, what reasons led him to leave his sister in the park? Are his parents responsible for his behavior? For all of his life, Mattia will remember his "foolish" act. What do you think his life has been like ever since that day?*

_____

_____

_____

_____

_____

Film consigliati

La solitudine dei numeri primi di Saverio Costanzo

Vocabolario

A

abbandonare to abandon
abbastanza enough, quite
abbinare to coordinate, to match
abbronzarsi to tan
abbrustolire to toast
l'abete (m.) fir
l'abitànte (m. & f.) inhabitant
abitàre to live
l'abitazione (f.) home
l'abito dress
l'abito da cerimonia formal dress
accalcarsi to crowd
accanto near, next to
accendere (p.p. **acceso**) to light
accentuare to emphasize
l'accessorio accessory
accettare to accept
l'acciaio (inossidabile) (stainless) steel
accollarsi to take upon oneself
accompagnato (-a) accompanied
accontentarsi to be satisfied
accorgersi (p.p. **accorto**) to notice, to realize
accovacciarsi to crouch
accucciarsi to crouch
accumulare to accumulate
l'acqua water
l'acquaiolo water vendor
acquistare to purchase, to buy
addobbare to decorate
addormentarsi to fall asleep
l'adorazione (f.) adoration
adornare to decorate
afferrare to seize, to grab
l'affidamento custody
affiggere (p.p. **affisso**) to post
affittare to rent
l'affitto rent
l'affluente (m.) tributary
affollare to crowd, to flock
affrontare to face
affumicato (-a) smoked
aggiungere (p.p. **aggiunto**) to add

l'agnello lamb
l'ago needle
agosto August
l'agricoltore (m.) farmer
l'agriturismo vacation on a farm
aiutare to help
l'albero tree
alcuno (-a/-i/-e) any, some
gli **alimentari** foodstuffs, groceries
allenarsi to train, to practice
allestire to prepare
allevare to raise
allontanarsi to leave, to go away
allora then
    da allora since then
allungare la vita to lengthen the life
l'alpeggio summer pasture in the mountains
le **Alpi** Alps
alto (-a) high, tall, loud
l'alunno/a student
amaro (-a) bitter
l'ambasciatore (m.) ambassador
l'ambulante (m. & f.) peddler
l'amicizia friendship
l'amico/a friend
l'amido cornstarch
ammirare to admire
l'ampolla ampoule
anche also, even
ancóra still, yet
andare to go
    andare a piedi to walk
    andare in bicicletta to ride a bicycle
l'anguilla eel
l'anguria watermelon
l'anice (m.) anice (liquor)
l'animale (m.) animal
l'anno year
annunciare to announce
annuire to nod
antico (-a) old
l'antipasto appetizer
l'anziano/a elderly person

l'ape (f.) bee
apparecchiare to set the table
l'apparecchiatura equipment
apparire (p.p. apparso) to appear
l'apparizione (f.) appearance
l'appartamento apartment
appartenere to belong
appena only
appendere (p.p. appeso) to hang
gli Appennini Apennines
applaudire to applaud
appoggiare to lean
apprendere (p.p. appreso) to learn
approdare to arrive
aprile April
aprire (p.p. aperto) to open
l'aquila eagle
l'architetto (m. & f.) architect
l'arcipelago archipelago, a group of islands
ardimentoso (-a) bold
l'argenterìa silverware
l'argentiere silversmith
l'argento silver
l'argilla clay
l'argomento subject
arrestare to arrest
arrivare to arrive
arrossare to redden
arrostire to roast
l'arrosto roast
arrotolare to twist
artigianale (m. & f.) related to handicraft
l'artigiano craftsman
l'ascella armpit
l'asilo nido nursery school
l'asinello little donkey
aspettare to wait
assaggiare to try, to taste
l'assaggiatore (m.) taster
assaporare to savor
assegnare to assign
assieparsi to crowd together
assomigliare to look like
assumere (p.p. assunto) to hire, to undertake
l'astinenza abstinence
l'astronave (f.) spaceship
l'atleta (m. & f.) athlete
l'atrio hall, atrium
attendere (p.p. atteso) to expect, to wait for
l'attimo moment
l'attóre (m.) actor
attraversare to cross, to pass through
l'attrezzo tool
l'attrezzatura equipment
attuale incumbent, current, present
l'augùrio greeting, wish
l'àula classroom

aumentare to raise
l'aumento raise
l'automobile (f.) car
l'automobile da corsa race car
l'automobilismo automobile racing
avanzare to come forward
avere to have
    aver bisogno di to need
    aver paura to be afraid (scared)
    avere una cotta per to have a crush on
l'avvenimento event
l'Avvento Advent
avviarsi to go forward
avvicinare (-arsi) to approach
l'avvocato lawyer
gli Azzurri Italian national soccer team

B

Babbo Natale Santa Claus
la bacheca display case
il/la badante (m. & f.) caretaker
bagnato (-a) wet
il bagno bathroom
il/la bambino/a child
la bàmbola doll
la bancarella booth
il banchetto banquet
il banco counter, desk
la bandiera flag
il barbiere barber
la barca boat
il barcaiolo boatman
bardare to harness, to adorn elaborately
il/la barista barman
il basilico basil
basso (-a) short
basta enough
la battaglia battle
il battesimo baptism
beccare to peck, to get
bendato (-a) blindfolded
benedire (p.p. benedetto) to bless
la beneficenza charity
il benessere well-being
i beni goods, assets, estate
la benzina gasoline
bere (p.p. bevuto) to drink
il berretto frigio Phrygian (red)cap
la bestia beast, bug
la bevanda beverage, drink
bianco (-a) white
la bibita soft drink
la bibita gassata soda
la biblioteca library
il/la bibliotecario/a librarian
la bicicletta bicycle
il bidello school janitor

il **biglietto** ticket, card
il **biglietto d'auguri** greeting card
biondo (-a) blond
il **bisogno** need
bocciare to fail someone
bollire to boil
la **borsa** bag
il **bosco** woods
la **bottega** shop
la **brace** ember, coal
    alla **brace** grilled
bravo (-a) good
la **bravura** cleverness
brindare to toast
il **brivido** shiver
il **bronzo** bronze
il **bruco** caterpillar
bucare to puncture
il **buco** hole
il **bue** (pl. **buoi**) ox
il **buio** dark
il **bulbo** bulb
buono (-a) good

C

il **cacao** cocoa
la **caccia** chase, hunting
cadere to fall
il **caffè** coffee
il **calcio** soccer, kick
caldo (-a) hot
la **calza** stocking
il **calzolaio** shoemaker
la **càmera** room, chamber
la **camicetta** blouse
la **camicia** shirt
il **camino** fireplace
la **campagna** country
la **campana** bell
il **campanile** bell tower
il **campionato** championship
il **campione** champion
la **campionessa** (f.) champion
il **campo** field
il **cancello** gate
candito (-a) candied
la **canotta** tank top
cantare to sing
la **cantina** cellar, basement
la **capanna** hut
il **capannello** knot of people
il **capello** hair
capire to understand
la **capitale** capital (country)
il **capo** head
il **capo d'abbigliamento** article of clothing
il **Capodanno** New Year's Day

il **capoluogo** capital (region)
la **cappella** chapel
la **caramella** candy
il **carbone** charcoal
la **carne** meat
la **carne di maiale** pork
la **carogna** carcass, flesh
la **carota** carrot
il **carretto** cart
la **carriera** carrier
il **carro allegorico** float
il **carrozziere** coach builder
la **cartapesta** papier-mâché
la **cartella** backpack
la **cartina** map
il **cartoccio** foil
la **casa automobilistica** car maker
la **casa editrice** publishing house
la **casalinga** housewife
il **casco** helmet
la **cassa** register
la **casseruola** casserole, stewpan
la **cassiera** cashier
il **castello** castle
cattivo (-a) bad
il **cavallo** horse
il **cavo** cable
cèdere to give up
celebrare to celebrate
celebre (m. & f.) famous
la **cenere** ash, cinder
il **cenno** nod
il **cenone** feast
centrale (m. & f.) central
il **centro (città)** downtown
il **centro storico** historic district
la **cera** wax
i **ceraioli** the teams who carry the Ceri
la **ceramica** ceramics, pottery
cercare to look for
il **cerchietto** hair band
i **cereali** cereals
il **cero** big candle
il **cervello** brain
il **cestino** small basket
chiacchierare to chat, to gossip
il **chicco** bean
chiedere (p.p. **chiesto**) to ask for
la **chiesa** church
il **chilogrammo** kilogram
chiudere (p.p. **chiuso**) to close
ciascuno (-a) each, every
il **cibo** food
la **cicala** cicada
il **cicciolo** pork rinds
il **ciclismo** cycling
cieco (-a) blind

il **cielo** heaven
la **cifra** digit
la **ciliegia** cherry
la **cintura** belt
il **cioccolatino** chocolate candy
il **cioccolato** chocolate
circa about, approximately
circondare to surround, to encircle
la **cisterna** cistern
il/la **cittadino/a** citizen
il **ciuccio** donkey
la **civetta** owl
il/la **cliente** client
coccolare to cuddle, to pamper
il/la **coetaneo/a** peer
coinvolgere (p.p. **coinvolto**) to involve
la **colomba** dove
coltivare to farm, to grow
il **combattimento** fight
il/la **commercialista** business consultant
il/la **commerciante** trader
il/la **commesso/a** clerk
il **commissario tecnico** manager
il/la **compagno/a** classmate
competere to compete
compiere (p.p. **compiuto**) to perform, to accomplish
il **compito** homework
il **compleanno** birthday
complimentarsi to congratulate
comporre (p.p. **composto**) to compose
il **comportamento** behavior
comportarsi to behave
comprare to buy
la **conchiglia** shell
concludere (p.p. **concluso**) to end
condannare al rogo to condemn to the stake
condire to season
la **conducibilità** conductibility
i **confetti** Jordan almonds
confezionare to manufacture
la **confezione** package, packaging
confinare to border
il **confine** border
il **congedo** leave, dismissal
connèttere (p.p. **connesso**) to join, to link, to connect
conoscere (p.p. **conosciuto**) to know, to meet
conservare to preserve
il **consiglio** advice
il **consumo** consumption
i **consumi** consumer goods
il/la **contadino/a** farmer, countryman
contenere to contain
contento (-a) happy, glad
il **contorno** side dish
la **contrada** district
il **contradaiolo** person from a **contrada**
contro against

il **coperchio** lid, cover
la **coperta** blanket
la **coppia** couple
coprire (p.p. **coperto**) to cover
i **coriandoli** confetti
il **corpetto** corset
correre (p.p. **corso**) to run
il **corridore** cyclist, racer
la **corsa** race
corteggiare to court
il **corteggiatore** admirer, suitor
il **corteo** procession, parade, pageant
il **corteo d'acqua** water pageant
corto (-a) short
cosiddetto (-a) so-called
costituire to establish
costringere (p.p. **costretto**) to force, to compel
costruire to build, to construct
il **costume** costume
il **costume da bagno** bathing suit
la **cottura** baking, cooking
il **cranio** skull
la **cravatta** tie
creare to create
credere to believe
crepare to die
crescere (p.p. **cresciuto**) to raise, to grow
la **crescita** growth
la **creta** clay
il **cristiano** Christian
la **croce** cross
crollare to collapse
il **cruciverba** crossword
il **cucchiaio** spoon
la **cucina** kitchen
cucinare to cook
cucire to sew
il/la **cugino/a** cousin
la **culla** cradle
cuocere (p.p. **cotto**) to cook, to bake
    cuocere in umido to stew, to steam
il **cuoio** leather, hide
il **cuore** heart
la **cùpola** dome
la **cura** care, cure
curare to cure
il **cuscino** cushion, pillow
custodito (-a) kept

D

da from
la **dama** (game of) checkers
la **danza** dance
dare to give
davanti in front of
decapitare to behead
la **decapitazione** beheading

decidere (p.p. **deciso**) to decide
la **decima** church tithe
decimo (-a) tenth
il **delegato** representative
democratico (-a) democratic
il **denaro** money
determinato (-a) determined
devoto (-a) devoted
la **devozione** devotion
il **diaframma** diaphragm
dicembre December
dichiarare declare
dieci ten
dietro behind
difendere (p.p. **difeso**) to defend, to protect
difficile (m. & f.) difficult
digeribile (m. & f.) digestible
digiunare to fast
il **digiuno** fast (withhold from food)
diminuire to diminish, to decrease
il **dio** (pl. **gli dei**) god
dipendere (**da**) (p.p. **dipeso**) to depend on
dipingere (p.p. **dipinto**) to paint
il **dipinto** painting
dire (p.p. **detto**) to tell, to say
direttamente directly
il **direttore di un giornale** newspaper editor
la **disciplina** (**sportiva**) sport
discutere (p.p. **discusso**) to discuss
disoccupato (-a) unemployed
la **disoccupazione** unemployment
disteso (-a) calm
distinguere (p.p. **distinto**) to distinguish
distruggere (p.p. **distrutto**) to destroy
il **dito** (pl. **le dita**) finger
il **divano** couch
divenire (p.p. **divenuto**) to become
diventare to become
divertente (m. & f.) entertaining, funny, fun
il **divertimento** fun
divertirsi to have fun
dividere (p.p. **diviso**) to divide
il **divorzio** divorce
il/la **docente** (m. & f.) teacher
dodici twelve
il **doge** Doge, the elected chief magistrate of the
    former republic of Venice
il **dolce** dessert
dolce (m. or f.) sweet
la **dolcezza** kindness
dolciastro (-a) sweetish
la **domanda** question
la **Doménica delle Palme** Palm Sunday
la **donna** woman, lady
il **dono** gift, present
dopo then, after, afterward
dormire to sleep
il/la **dottore/essa** physician, person with doctorate

dove where
dovere to have to, must
il **dovere** duty, obligation
il **drago** dragon
due two
durante during
durare to last
duro (-a) hard

E

l'**edificio** building
effettuato (-a) done
eleggere (p.p. **eletto**) to elect
elencare to list
l'**elettricista** (m. & f.) electrician
l'**elettrodomestico** appliance
emergere (p.p. **emerso**) to emerge
l'**enogastronomia** food and wine
enorme (m. & f.) enormous
entrare to enter
l'**equipaggio** crew
l'**equitazione** horse riding
l'**eresia** heresy
l'**esame di maturità** high school final exam
essere (p.p. **stato**) to be
    essere bocciato (-a) to fail
    essere bravo (-a) **in** to be good in
    essere in punizione to be grounded
    essere promosso (-a) to pass
esporre (p.p. **esposto**) to expose, show
l'**esportazione** (f.) export
l'**espositore** (m.) display shelf
l'**est** (m.) east
estrarre (p.p. **estratto**) to draw
l'**estrazione** (f.) extraction
l'**èstero** foreign countries
    all'èstero abroad
l'**età** age
l'**etnologo** ethnologist

F

fa ago
la **fàbbrica** factory
il **fabbro** blacksmith
il **faggio** beech
i **fagiolini** string beans
la **falda** slope
il **falegname** carpenter
fallire to fail
famoso (-a) famous
la **fanciulla** girl
il **fantino** jockey
farcire to stuff
fare (p.p. **fatto**) to do, to make
    fare i compiti to do homework
    far parte di to be a part of
    fare un esame to take an exam
la **farina** flour

la **fascia** sash
la **fattoria** farm
favorire to promote
il **fazzoletto** handckerchief/neckband
febbraio February
la **fede** faith
fedele (m. & f.) faithful
i **fedeli** faithful, believers
felice (m. & f.) happy, pleased
le **ferie** vacation
ferire to wound
fermarsi to stop
il **ferro** iron
la **festa** feast, party
i **festeggiamenti** celebrations
festeggiare to celebrate
festivo (-a) festive, holiday
la **fiamma** flame
il **fianco** side, hip
    di **fianco a** next to, beside, by
la **fiducia** trust
il **fienile** barn
il **fieno** hay
la **fiera** local fair
la **figlia** child, daughter
il **figlio** child, son
filante (m. & f.) stringy
il **filo** thread
la **finestra** window
il **fiore** flower
il **fioretto** foil
firmare to sign
fissare to fix, to stare, to schedule
fisso (-a) permanent
il **fiume** river
il **fiumiciattolo** small river, creek
la **focaccia** flat bread, flat cake, bun
la **folla** crowd
fondare to found
il/la **fondatore/trice** founder
la **fontana** fountain
le **forbici** scissors
la **forchetta** fork
la **forma** form
il **formaggio** cheese
formicolare to tingle
il **fornaio** baker
il **forno** oven
    al **forno** baked
la **fragola** strawberry
il **frassino** ash tree
il **fratello** brother
frequentare to attend
frequentarsi to see each other frequently
la **freschezza** freshness
fresco (-a) cool, fresh
friggere (p.p. **fritto**) to fry

frignare to whine
frizzante (m. & f.) sparkling, vivacious, lively
la **fronte** forehead
la **frutta candita** candied fruit
la **frutta secca** dried fruit
fuggire to escape
il **fumaiolo** chimney
il **fumetto** comic book
funzionare to work
il **fuoco** fire
i **fuochi d'artificio (o artificiali)** fireworks
furbo (-a) cunning, clever
furtivo (-a) furtive, stealthy

G

il **gagliardetto** pennant
galleggiare to float
la **gara** race, competition
gareggiare to compete
il **gelato** ice cream
il/la **gemello** (-a) twin
i **generi alimentari** groceries
il **genero** son-in-law
generoso (-a) generous
il **genitore** parent
gennaio January
gentile (m. & f.) kind
il **gesso** chalk
gestire to manage, to run
il **ghiaccio** ice
il **giardiniere** gardener
il **giardino** garden
giocare to play
il **giocatore** player
il **giocattolo** toy
il **giornalaio** news vendor
la **giostra** joust, carousel
giòvane (m. & f.) young
giovedì Thursday
la **gioventù** youth
la **giraffa** giraffe
girare to turn, to go around
il **girino** tadpole
la **gita** trip, excursion
giugno June
giurare to swear
godersi to enjoy
il **golfo** gulf
goloso (-a) gluttonous
la **gomma** rubber
il **gondoliere** gondolier
la **gonna** skirt
la **grandezza** size, greatness, magnitude
il **grano** wheat
la **grazia** favor
greco (-a) Greek
grigio (-a) gray

la **grotta** grotto/cave
guadagnare to earn
il **guadagno** earnings
la **guancia** cheek
il **guanto** glove
il **guardaroba** wardrobe
la **guerra** war
gustare to taste
il **gusto** flavor
gustoso (-a) tasty

I

l'**idraulico** plumber
l'**igiene** (f.) hygiene
illuminare to enlighten
illustre (m. & f.) illustrious, distinguished
l'**imbarcazione** (f.) craft
l'**impasto** mixture, batter
impersonato (-a) played
l'**impiegato** employee
impietosito (-a) moved to pity
importante (m. & f.) important
l'**imprenditore** entrepreneur
l'**impresa** company, firm, deed
improvvisamente suddenly
incandescente (m. & f.) incandescent,
   white hot
incastrare to frame, to trap
l'**incendio** fire, blaze
incontrare to meet
incoraggiare to encourage
indimenticabile (m. & f.) unforgettable
l'**indirizzo** address
l'**indomani** the following day
indossare to wear
l'**industria** industry, factory
ineguagliabile (m. & f.) incomparable
l'**infanzia** childhood
infatti in fact
l'**infermiere/a** nurse
infine finally
l'**ingegnere** (m.) engineer
l'**ingresso** entrance
l'**innovazione** (f.) innovation
inoltre in addition
l'**insegna** sign
l'**insetto** insect
insieme together
insomma in short
intagliare to carve
intendere (p.p. **inteso**) to intend
interamente entirely
interno inside, internal
interrogare to ask questions about a
   specific topic
l'**interrogazione** (f.) questions asked by a teacher
   about a specific topic

introdurre (p.p. **introdotto**) to introduce, to insert
l'**introduzione** (f.) introduction
l'**inverno** winter
invitare to invite
iscriversi (p.p. **iscritto**) to enroll
l'**isola** island
l'**Istituto Professionale** Vocational School
l'**istrice** (m.) porcupine
l'**istruzione** (f.) education

J

i **jeans** denim, jeans

K

il **kiwi** kiwi

L

il **labbro** (pl. le **labbra**) lip
il **lago** lake
il **lampione** streetlight
lanciare to throw
lasciare to let go, to leave
la **lastra** slab
il **lato** side
il **latte** milk
la **lattina** can
la **lavandaia** laundrywoman
la **lavastoviglie** dishwasher
la **lavatrice** washing machine
il **lavoro** work, job
il **lavoro fisso** permanent job
la **legge** law
lèggere (p.p. **letto**) to read
leggèro (-a) light
la **legna** firewood
il **legno** wood
le **lenticchie** lentils
il **lenzuolo** sheet
il **leocorno** (m.) unicorn
il **leone** lion
liberare to free
la **liberazione** (f.) release
la **lingua straniera** foreign language
liquefarsi (p.p. **liquefatto**) to liquefy
la **liquefazione** (f.) liquefaction
liscio (-a) smooth
la **località** location
luccicare to glitter
la **luce** light
luglio July
la **luna** moon
la **lunghezza** length
lungo (-a) long
lungo (prep.) along, alongside
il **luogo** place
la **lupa** she-wolf
il **lustrascarpe** shoeshine

M

la **màcchina da cucire** sewing machine
la **macchinetta del caffè** coffee machine
macinare to grind
la **madre** mother
il/la **maestro/a** teacher
magari I wish, maybe
maggio May
il **magistrato** judge
la **maglietta** T-shirt
il **maglione** sweater
magro (-a) thin
mai never
il **maiale** pig, pork
la **malattia** disease
la **mancanza** lack
mancare to miss
la **mancia** tip
mandare to send
il **mandarino** tangerine, mandarin
la **mandorla** almond
mangiare to eat
la **mangiatoia** manger
la **maniera** way
la **manifestazione (f.)** parade, show
la **mano (pl. le mani)** hand
mantenere to maintain, to keep
il **marchio** trademark, brand
il **mare** sea
marinare (la scuola) to cut school
il **marito** husband
il **marmo** marble
Martedì Grasso Mardi Gras
il **marzapane** marzipan
marzo March
la **maschera** mask
mascherarsi to masquerade, to wear a mask
la **materia (di studio)** subject
il **matrimonio** marriage, wedding
la **mattina** morning
il **mazzolino** bouquet
la **medaglia** medal
il **medico** physician
il **Medioevo** Middle Ages
la **mela** apple
la **melanzana** eggplant
il **membro** member
meno less
la **mensola** shelf
mentre while
il **mercato** market
le **merci** goods
il **Mercoledì delle Ceneri** Ash Wednesday
mescolare to mix
il **mese** month
il **mestiere** job, trade
la **meta** destination, goal

il **metallo** metal
il **metro** tape measure
il **metro quadrato** square meter
la **metropolitana** subway
mettere (p.p. messo) to put
mettersi to wear, to put on
    mettersi a to begin, to start
    mettersi con to start seeing someone
il **mezzo di trasporto** means of transportation
il **miele** honey
il **miglio (pl. le miglia)** mile
migliorare to improve
la **minestra** soup
il **miracolo** miracle
la **miscela** mixture
il **mobile** piece of furniture
il/la **modello/a** model
la **moglie** wife
mondiale (m. & f.) worldwide, global
il **mondo** world
la **moneta** coin, currency
il **monte** mountain
morbido (-a) soft
morire (p.p. morto) to die
la **morte** death
la **motocicletta** motorcycle
il **motociclismo** motorcycling
la **mucca** cow
il/la **mugnaio/a** miller
il **mulo** mule
muovere (p.p. mosso) to move
mungere (p.p. munto) to milk
munire to fortify, to equip
la **muratura** masonry work
il **muschio** moss
il **museo** museum

N

napoletano (-a) Neapolitan
la **narice** nostril
nascere (p.p. nato) to be born
nascondere (p.p. nascosto) to hide
la **nascita** birth
il **naso** nose
il **Natale** Christmas
la **navata** aisle
la **nave** ship
il **negozio** store
neolitico (-a) Neolithic
nero (-a) black
il **nicchio** shell
niente nothing
il **nipote** nephew, grandson
la **nipote** niece, granddaughter
la **nocciola** hazelnut
la **nonna** grandmother
il **nonno** grandfather

nonostante despite
nonostante ciò nevertheless
il **nord** north
la **notizia** news
noto (-a) known, famous
novembre November
le **nozze** wedding
il **nucleo** unit, team
il **numero di scarpe** shoe size
numeroso (-a) numerous
la **nuora** daughter-in-law
nuotare to swim
nuòvo (-a) new
di nuòvo again
la **nuvola** cloud

O

l'**oca** goose
l'**occasione** (f.) occasion, chance
gli **occhiali da sole** sunglasses
l'**occhio** eye
l'**odio** hate
l'**oggetto** object
ogni each, every
l'**ombra** shade
l'**onda** wave
l'**onomastico** name-day
opaco (-a) opaque
l'**opera buffa** comic opera
l'**operaio/a** factory worker
l'**orafo** goldsmith
l'**orario** school hours, schedule
ordinare to order
    ordinare un sacerdote to ordain a priest
l'**orefice** (m. & f.) goldsmith
organizzare to organize
l'**orgoglio** pride
ormai by now, at this point
l'**oro** gold
l'**orto** vegetable garden
ospitare to accommodate, to lodge
l'**ospite** (m. & f.) host, guest
l'**osso** (pl. **le ossa**) bone
ottobre October
l'**Ottocento** nineteenth century
ottimo (-a) excellent, very good
otturato (-a) clogged
ovale (m. & f.) oval, oval shaped
l'**ovest** (m.) west

P

pacchiano (-a) gaudy
la **pace** peace
la **padella** pan, skillet
il **padre** father
il **padrone** master, owner
il **paese** country, land, town

pagare to pay
la **pagella** report card
la **paglia** straw
il **palazzo** building
il **palco** private booth
il **palcoscenico** stage
la **palestra** gymnasium
la **pallavolo** volleyball
il **pallone** soccer ball
la **palpebra** eyelid
la **pancia** belly
il **panettiere** baker
la **panna** cream
i **pantaloni** pants
la **pantera** panther
il **papa** pope
la **parata** parade
il/la **parente** relative
la **parete** wall
la **parola d'ordine** password
la **parolaccia** curse
la **parrocchia** parish
il **parroco** pastor
il/la **parrucchiere/a** hairdresser
partecipare to participate
la **partita** game
la **Pasqua** Easter
pascolare to pasture, to graze
passare to pass, to cross
la **pasta di mandorle** almond paste
il **pasto** meal
il **pastore** shepherd
la **patente** driver's license
il **patrimonio** heritage
il **patrono** patron
il **pattinaggio artistico** figure skating
il **pattinaggio su ghiaccio** ice skating
la **paura** fear
pazzo (-a) crazy
la **pausa** break
la **pecora** (**pecorella**) sheep (lamb)
la **pedina** pawn
peggiorare to get worse
la **pelle** leather (fabric), skin
il **peltro** pewter
la **pena** punishment
la **penisola** peninsula
la **penitenza** penance
il **pennacchio** feather, plume
il/la **pensionato/a** retiree
la **pentola** pot
la **pentola a pressione** pressure cooker
la **pentola a vapore** steam kettle/cooker
il **peperoncino** hot pepper
perchè why, because
percorrere (p.p. **percorso**) to pass through
perdere (p.p. **perso**) to lose

la **periferia** suburbs
il **periodo** period (time)
la **persecuzione** persecution
pesare to weigh
il **pescatore** fisherman
il **pesce** fish
il **pesce azzurro** Mediterranean fish
la **pesistica** weightlifting
il **petardo** firecracker
il **pezzo** piece, bit
piacere (p.p. **piaciuto**) to like, enjoy
piacevole (m. & f.) enjoyable
il **piano** floor
piangere (p.p. **pianto**) to cry
la **pianta** plant
la **pianura** plain
il **piatto** plate, dish
la **piazza** square
piccante (m. & f.) spicy
la **pietra** stone
pigliare to seize
il/la **pilota** pilot
il **pino** pine
la **pioggia** rain
piovere to rain
la **piscina** pool
i **piselli** peas
la **pista** racetrack
piuttosto che rather than
il **pizzo** lace
la **placca** plate
la **platea** main floor, audience
il **plenilunio** full moon
plissettato (-a) pleated
poichè since
le **polacchine** suede ankle boots
il **pomeriggio** afternoon
il **pomodoro** tomato
la **porcellana** porcelain
il/la **portabandiera** flag bearer
il **portafoglio** wallet
il **portafortuna** lucky charm
portare to bring, to take
la **portata** course (meal)
il **portico** arcade
il **portiere** doorman
la **posata (d'argento)** silverware
potere can, to be able
il **potere** power
povero (-a) poor, needy
praticare to practice
il **prato** grass, lawn
precario (-a) precarious
precedere to come before
la **preghiera** prayer
premiare to give a prize
il **premio** prize, award

prendere (p.p. **preso**) to take
prendere le misure to measure
preoccupare to worry
il **presepe** nativity scene
il/la **presidente** president
prevedere (p.p. **previsto**) to include, to foresee
il **prezzo** price
la **prigione** prison
il **prigioniero** prisoner
primeggiare to excel
primo (-a) first
il **prodotto** product
i **prodotti caseari** dairy products
produrre (p.p. **prodotto**) to produce
il/la **programmatore/trice di computer** computer
   programmer
proibire to forbid
proporre (p.p. **proposto**) to propose
la **proprietà** property
proteggere (p.p. **protetto**) to protect
la **prova orale/scritta** oral/written exam
provare to try, to taste, to feel
pulire to clean
la **punizione** punishment
puzzare to stink

Q

qualche a few, some
   qualche volta sometimes
la **qualità** quality
quando when
   da quando since
quaranta forty
la **Quaresima** Lent
il **quartiere** neighborhood, district
quattordici fourteen
quello (-a) that
questo (-a) this
qui here
quindi then, afterward, therefore, so

R

raccogliere (p.p. **raccolto**) to collect
il **raccolto** harvest
la **radice** root
la **ragazza** girl
il **ragazzo** boy
raggiungere (p.p. **raggiunto**) to reach, to join
rallegrare to make happy
il **rame** copper
il **ramo d'olivo** olive branch
rampante (m. & f.) prancing
rannicchiarsi to crouch
il **rapimento** kidnapping
rapire to kidnap
il **re** king
recarsi to go

il **recipiente** container
regalare to give as a gift
il **regalo** gift
la **regata** regatta, boat race
il/la **regatante** rower
la **regione** region
regnare to reign
la **reliquia** relic
remare to row
il **remo** oar
rendersi conto to realize
la **repubblica** republic
resistere to resist
il **respiro** breath
i **resti** remains (burial)
la **resurrezione** resurrection
il **ricambio** return, exchange
ricco (-a) rich
la **ricerca** research
richiamare to attract, to call
ricordarsi remember, recall
ridere (p.p. **riso**) to laugh
ridurre (p.p. **ridotto**) to reduce
rievocare to recall
rifugiarsi to seek refuge
rilassarsi to relax
rimanere (p.p. **rimasto**) to remain
rimbombare to rumble, to resonate
rimpiangere (p.p. **rimpianto**) to regret
rinunciare to give up
ripetere to repeat
ripido (-a) steep
riportare to bring back
risalire to go up again
il **riscatto** ransom
riscoprire (p.p. **riscoperto**) to rediscover
il **riso** rice
risparmiare to save
ristrutturare to restructure
il **risultato** result
il **rito** rite
riunirsi to gather
riuscire to succeed, to be able to
la **rivolta** rebellion
la **roba vecchia** old stuff
la **roccia** rock
la **roccia calcarea** limestone rock
rompere (p.p. **rotto**) to break
rotolarsi to roll
rovente (m. & f.) very hot, scorching
il **ruolo** role
la **ruota** wheel

S

la **Sacra Sindone** Holy Shroud
la **sagra** festival
la **sala** room

il **sale** salt
il **salotto** living room
salmastro (-a) salty
la **salsa** sauce
salutare to greet
il **saluto** welcome
il **sandalo** sandal
il **sangue** blood
il/la **santo/a** saint
sapere to know
il **sapore** taste
il/la **sarto/a** tailor, dressmaker
la **sartoria** tailor's workshop
il **sasso** stone
la **sberla** slap in the face
sbilenco (-a) lopsided
gli **scacchi** chess
scalciare to kick
lo **scalpellino** stonecutter
scambiarsi to exchange
scappare to flee
la **scarpa** shoe
la **scarsità** scarcity
la **scatola** gift box
scattare to click, to snap, to go
scavare to excavate, to dig
scegliere (p.p. **scelto**) to choose
scendere (p.p. **sceso**) to go down
lo/la **sceneggiatore/trice** screenwriter
la **scherma** fencing
la **schiavitù** slavery
la **schiena** back
lo **scialle** shawl
la **sciarpa** scarf
scioperare to strike
lo **sciopero** strike
la **sconfitta** defeat
lo **scontrino** receipt
la **scoperta** discovery
scoprire (p.p. **scoperto**) to discover, to expose
lo/la **scrittore/trice** writer
scrìvere (p.p. **scritto**) to write
scrollare le spalle to shrug one's shoulder
la **scuderia** motor racing team
lo **scudetto** badge
lo **scultore** sculptor
la **scuola** school
la **scuola dell'obbligo** compulsory school
la **scuola primaria** elementary school
la **scuola professionale** vocational school
la **scuola secondaria di primo grado** middle school
la **scuola secondaria di secondo grado** high school
scuotere (p.p. **scosso**) to shake
il **sècolo** century
la **sede** seat, place, home
sedersi to seat
la **sedia** chair

il **segnale** sign
seguire to follow
seicentesco/a of the seventeenth century
selezionare to select
la **selva** forest
sembrare to seem, to appear
il **seme** seed
sempre always
il **sentiero** path
sentire to hear, to smell
sentirsi to feel
senza without
separare to separate
il **sepolcro** tomb
la **sepoltura** burial
serale (m. & f.) evening
il/la **servo/a** servant
la **seta** silk
il **Settecento** Eighteenth century
la **settimana** week
la **Settimana Santa** Holy Week
severo (-a) strict
sfatto (-a) flabby
la **sfida** match, challenge
sfidare to defy
sfilare to parade, to march
la **sfilata** parade
sfiorare to touch lightly
lo **sfondo** background
sfrangiare to fray
sgomento (-a) dismayed, appalled, fearful
sgomitare to shove, to elbow one's way
lo **sguardo** look
il **significato** meaning, significance
il **sindacato** union
il **sindaco** mayor
sintetizzare to summarize, to synthesize
sistemare to settle, to arrange
il **sito** site, place
la **slitta** sled
smettere (p.p. **smesso**) to stop
la **smorfia** grimace
sociale (m. & f.) social
la **soffitta** attic
soffocare to suffocate
i **soldi** money
il **sole** sun
sontuosamente lavishly, richly
le **sopracciglia** eyebrows
la **sorella** sister
sormontato (-a) topped
sorpassare to overtake
sorprendente (m. & f.) amazing
sorridere (p.p. **sorriso**) smile
sorseggiare to sip
il **sorteggio** drawing
sotto under

sparire to disappear, to vanish
lo **specchio** mirror
spendere (p.p. **speso**) to spend
sperare to hope
lo **spettacolo** show
la **spezia** spice
la **spiaggia** beach
spingere (p.p. **spinto**) to push
la **spinta** shove
sporgente (m. & f.) protruding
sposarsi to marry, to wed
spropositato (-a) excessive
lo **spumante** sparkling wine
la **squadra** team
lo **squillo** ring
lo **stadio** stadium
lo **stagno** tin, pond
la **stalla** stable
la **stanza** room
stare to stay
lo **stato** state, status
la **statuina** figurine
la **stella** star
la **stella filante** streamer
lo **stendàrdo** banner, flag
lo/la **stilista** fashion designer
lo **stipendio** salary, wage
la **stoffa** fabric
la **strada** road
la **stradina** narrow street
strafottente (m. & f.) arrogant
lo **strato** layer
strillare to scream
stringere (p.p. **stretto**) to tighten, to clutch
strizzare to squeeze
studiare to study
la **stufa** stove
stupito (-a) astonished
succedere (p.p. **successo**) to happen, to succeed
il **successo** success
il **sud** south
sudicio (-a) dirty, filthy
il **sughero** cork
suonare to ring
superare to pass
svegliarsi to wake up
svòlgere (p.p. **svolto**) to do, to practice, to carry out

T

la **tabella** table, chart, board
il **tabellone** notice board
tacere (p.p. **taciuto**) to be silent
la **taglia** dress size
tagliare to cut
tale such
il **tanfo** stink
il **tapis roulant** conveyor belt

la **tappa** stage
la **tavola** table
la **tazzina** small cup
la **tecnologia** technology
il **tegame** pan
la **teglia** pan, baking tin
il **tema** composition
temere to fear, to dread
il **tempio** temple
la **tenacia** perseverance
tentare to attempt
il **termometro** thermometer
la **terracotta** fired clay, earthenware
la **terraglia** china(ware), earthenware
il **territorio** territory
il **tessuto** fabric
testardo (-a) stubborn
il **tetto** roof
il/la **tifoso/a** fan
timoroso (-a) fearful, timid
toccare to touch
tondo (-a) round
il **torneo** tournament, joust
la **torre** tower
il **torrente** stream
il **torrone** nougat
la **torta** cake
il **tortello** type of ravioli
la **tortuca** tortoise
toscano (-a) Tuscan
tostare to toast
tra between, among
il **traguardo** finish line
tranquillizzarsi to calm down
trascorrere (p.p. trascorso) to spend time
la **traslazione** transfer
traslocare to move
trasparente (m. & f.) sheer
trasportare to haul
trentasette thirty-seven
tritare to grind, to chop
il/la **troglodita** cave dweller, troglodyte
trotterellare to toddle along
il **tufo** tuff, tufa
tutto (-a) all, everything

U

uccìdere (p.p. ucciso) to kill
l'**ufficio** office
umido (-a) damp, wet
l'**uomo (pl. gli uomini)** man
ùndici eleven
unico (-a) only
l'**uovo (pl. le uova)** egg
urlare to scream, to yell
usare to use
l'**utensìle (m.)** tool, utensil

utilizzare to use, to utilize
l'**uva** grape

V

la **vacanza** vacation
il **vacanziere** vacationer
la **valle** valley
    a valle downhill
la **valutazione** evaluation
il **vangelo** Gospel
vantare to boast
il **vaso** vase
la **vecchietta (vecchina)** old lady
vecchio (-a) old
vedere (p.p. visto) to see
il **veglione** New Year's Eve party
véndere to sell
la **vendita** sale
venerdì Friday
venire (p.p. venuto) to come
    venire in mente to come to mind
venti twenty
il **vento** wind
verde (m. & f.) green
la **verdura** vegetables
vero (-a) true, real
il **véscovo** bishop
la **vestaglia** robe
vestirsi to get dressed
il **vestito** dress
la **vetrìna** window
la **vettura** car
la **via** road, street
viaggiare to travel
il **viaggio** trip
il **viceré** viceroy
vicino a near, next to
il **videogioco** videogame
il/la **vincitore/trice** winner
vincere (p.p. vinto) to win
il **vino** wine
la **vita** life, waistline
vìvere (p.p. vissuto) to live
la **voga** rowing
vogare to row
il **vogatore** rower
volare to fly
voler bene to love
volere to want
il **voto** grade
il **vulcano** volcano

Z

la **zia** aunt
lo **zigomo** cheekbone
lo **zio (pl. gli zii)** uncle
la **zona** area
lo **zucchero** sugar

Answer key

 LA SOCIETÀ ITALIANA

1 L'Italia

1·1 1. paesi confinanti 2. fiumi 3. isole 4. Lago, Lago 5. Mare 6. città
7. regioni

1·2 1. c 2. a 3. f 4. b 5. d 6. e

1·3 *Answers will vary.*

1·4 1. La Sardegna si trova nell'Italia centrale e la Sicilia nell'Italia meridionale. 2. Ischia e
Capri fanno parte della Campania. 3. I più importanti fiumi sono il Po e l'Adige.
4. La pianura più grande d'Italia è la Pianura Padana. 5. I principali laghi sono al nord.
6. Roma si trova nel Lazio. 7. Milano si trova in Lombardia, Venezia nel Veneto,
Ferrara e Ravenna in Emilia Romagna, Firenze in Toscana, Roma nel Lazio, Napoli in
Campania, e Torino in Piemonte.

1·5 *Answers may vary. Some possibilities:*

1. Venezia nel Veneto, Genova in Liguria, Napoli in Campania e Palermo in Sicilia.
2. Torino in Piemonte, Milano in Lombardia, Siena in Toscana e Assisi in Umbria.

1·6 1. Mar Mediterraneo 2. Monte Bianco 3. vulcani, inattivo 4. Mar Tirreno
5. Monviso, Mar Adriatico 6. Alto Adige 7. centrale 8. torrenti 9. nord,
Trasimeno, Bolsena 10. Presidente, Parlamento, 58 rappresentanti regionali
11. Primo Ministro/Presidente del Consiglio 12. Parlamento 13. nord
14. Unione Europea 15. stati indipendenti

1·7 1. Luciano Pavarotti è di Modena. 2. Enrico Caruso è di Napoli. 3. Lorenzo de
Medici è di Firenze. 4. Cristoforo Colombo è di Genova. 5. Galileo Galilei è di Pisa
6. Sofia Loren è di Pozzuoli (Napoli). 7. San Francesco è di Assisi. 8. Marco Polo è
di Genova. 9. Eros Ramazzotti è di Roma.

1·8 1. le capitali 2. i confini 3. i fiumi 4. le isole 5. i laghi 6. i mari
7. i monti 8. i paesi 9. le pianure 10. le regioni

1·9 *Answers will vary.*

2 La famiglia

2·1 1. zia 2. fratello 3. nonno 4. figli/figlie 5. nipote 6. cugini/parenti
7. nipote

2·2 1. b 2. e 3. a 4. c 5. d

2·3 *Answers will vary.*

2·4 1. F 2. F 3. V 4. F 5. V 6. V 7. F 8. V 9. V
10. V 11. V 12. V 13. V 14. V 15. V 16. F

2·5 *Answers may vary. Some possibilities:*

1. Il ruolo dei nonni è molto importante. Essi spesso sostituiscono i genitori nelle varie attività della giornata.   2. È difficile per un genitore solo crescere i figli perchè deve dividersi tra il lavoro e la famiglia.   3. Queste associazioni offrono alle donne e agli uomini separati un aiuto per migliorare la qualità della loro vita.   4. Uno dei motivi per cui i giovani restano a casa con i genitori fino ai trent, anni è la mancanza di lavoro. Un altro motivo è che se anche lavorano, vogliono conservare un po' di soldi prima di formare una famiglia.   5. La famiglia s'incontra tutte le sere a cena. I parenti si incontrano alle feste di famiglia come battesimi, prime comunioni, cresime, matrimoni, Natale e Pasqua.

2·6   1. f   2. a   3. b   4. g   5. c   6. d   7. e

2·7   1. padre   2. anziano   3. crescere   4. portare   5. opportunità   6. separarsi   7. formato

2·8   1. aiutare   2. portare   3. andare   4. essere   5. giocare   6. separarsi   7. vivere

2·9   *Answers will vary.*

2·10   *Answers will vary.*

3   La scuola

3·1   1. asilo nido   2. bocciato   3. materia   4. secondo grado   5. lingue straniere   6. voti

3·2   1. professore   2. libro   3. problema   4. scuola   5. interrogazione

3·3   *Answers will vary.*

3·4   1. b   2. a   3. b   4. c   5. b   6. c   7. c   8. c   9. b   10. a   11. c   12. b

3·5   1. e   2. d   3. f   4. b   5. c   6. a   7. g   8. i   9. h

3·6

Presente verbi in **-are**	Presente verbi in **-ere**	Presente verbi in **-ire**
è organizzato (da organizzare—forma passiva)	possono (potere)	preferiscono (preferire)
mandare	spendere	offrono (offrire)
vanno (andare)	essere promossi (da promuovere—forma passiva)	
passano (passare)		
cominciano (cominciare)		
frequentare		
aiuta (aiutare)		
socializzare		
prepara (preparare)		
iniziano (iniziare)		
dura (durare)		
si usano (usare—forma passiva)		
sintetizzano (sintetizzare)		

3·7

volere	potere	dovere
voglio	posso	devo
vuoi	puoi	devi
vuole	può	deve
vogliamo	possiamo	dobbiamo
volete	potete	dovete
vogliono	possono	devono

3·8

Parola o espressione	Contrario
essere promosso	essere bocciato
facile	difficile
frequentare	marinare
iniziare	finire
massimo	minimo
severo	indulgente
socializzare	isolarsi

3·9   *Answers will vary.*

4 La cucina

4·1

bianco	rosso	verde	arancione	viola
uva	anguria	fagiolini	carota	melanzana
	ciliegia	piselli	mandarino	
	fragola	spinaci	pèsca	
	pomodoro	mela	peperone	
	mela	peperone		
	peperone			

4·2   1. carota   2. patata   3. fragole   4. uva   5. mela   6. contorno   7. piatto

4·3   *Answers will vary.*

4·4   *Answers may vary. Some possibilities:*

1. si riunisce per mangiare e conversare   2. cucina/prepara da mangiare   3. verdure   4. cucinare e condire   5. al forno/alla brace/fritto   6. all'insalata   7. pasta   8. in inverno   9. acqua, vino rosso, vino bianco, birra, e bibite gassate   10. zucchero   11. artigianalmente

4·5

Presente	Infinito
è	essere
si riuniscono	riunirsi
è	essere
apparecchiano	apparecchiare
sparecchiano	sparecchiare
mettono	mettere

4·6

	essere	fare	preferire
io	sono	faccio	preferisco
tu	sei	fai	preferisci
lui/lei/Lei	è	fa	preferisce
noi	siamo	facciamo	preferiamo
voi	siete	fate	preferite
loro	sono	fanno	preferiscono

4·7   *Answers will vary.*

5 La pentola

5·1   1. pentola   2. coperchio   3. bolle, cuocere   4. tegame   5. cotti

5·2   1. V   2. V   3. F   4. F   5. F   6. F

5·3   *Answers will vary.*

5·4   1. no   2. sì   3. sì   4. sì   5. no   6. no   7. sì   8. sì   9. no   10. sì   11. sì

5·5   *Answers may vary. Some possibilities:*

Materiale	Utensile da cucina
acciaio	pentole
terracotta	vaso, pentole, cucchiai, tegami, casseruole, padelle
conchiglie e ossa cave di animali	cucchiai
bronzo	tegami, casseruole, padelle
rame	tegami, casseruole, padelle, pentole, teglie
ferro	tegami
argilla	pentole
legno	cucchiaio, pentole, coperchi
peltro	cucchiai
stagno	vari oggetti
ceramica	vari oggetti
porcellana	piatti
argento	piatti, pentole, casseruole, padelle,
alluminio	posate e utensìli vari

5·6   1. c   2. d   3. f   4. a   5. b   6. e

5·7   1. passare dal male al peggio (*from bad to worse*)   2. essere forte   3. le azioni cattive prima o poi sono scoperte   4. non aggiornarsi   5. essere nuovamente innamorato della stessa persona.   6. c   7. a   8. e   9. b   10. d

5·8   *Answers will vary.*

5·9   *Answers will vary.*

6   Le nuove proposte per la prossima estate

6·1   1. un maglione   2. un vestito lungo   3. un paio di pantaloni neri/una gonna di pelle   4. una cravatta   5. una maglietta di cotone

6·2   1. b   2. d   3. a   4. g   5. c   6. e   7. f

6·3   *Answers will vary.*

6·4   1. F   2. V   3. F   4. F   5. V   6. V   7. F

6·5   *Answers may vary. Some possibilities:*

1. Nell'articolo si parla della gonna che non può essere indossata da sola, perchè va sempre abbinata ad una camicetta o ad un top.   2. L'articolo parla di gonne lunghe, realizzate in materiali leggeri, gonne semitrasparenti e plissettate.   3. Su una gonna possiamo mettere una camicetta classica, un top di pizzo, una canotta.   4. Sopra un paio di pantaloni bianchi possiamo mettere una camicia classica a maniche lunghe di un colore a scelta o un top bianco.   5. Per il mare si possono scegliere sandali bassi o ballerine, borse da spiaggia, occhiali da sole, teli da mari e costumi da bagno.   6. Benetton propone bikini, costumi interi e costumi monospalla come costumi da bagno.   7. La collezione di Gai Mattiolo è dedicata al pubblico maschile.   8. Lo stilista ha scelto tessuti opachi e lucidi.   9. Nella collezione manca la camicia, sostituita da una maglia leggera.   10. Il cappello è tornato di moda.   11. Si parla anche di scarpe.   12. In vacanza si possono portare i bermuda.

6·6

Maschile singolare	Maschile plurale	Femminile singolare	Femminile plurale
veneziano	leggeri	prossima	lunghe
	giusti	salutata	leggere
		grande	lunghissime
		classica	realizzate
		elegante	trasparenti
		ultima	plissettate
		semplice	libere
			moderne

6·7

Capi d'abbigliamento	Accessori
pantaloni	cintura
camicia	sandali
top	ballerine
maglietta	borsa
bikini	occhiali
costumi	telo

6·8   *Answers will vary.*

6·9   *Answers will vary.*

7   La moda

7·1   1. bottega   2. cliente   3. prende le misure   4. gesso   5. stoffa   6. macchina da cucire   7. sfilata di moda   8. abiti   9. modelle

7·2   1. tessuto   2. forbici   3. ago, filo, macchina da cucire   4. metro   5. numero di scarpe   6. taglia

7·3   *Answers will vary.*

Answers may vary. Some possibilities:

1. La prima sfilata ha luogo a Firenze a casa del marchese Giorgini.   2. Gli eventi internazionali si svolgono a Palazzo Pitti.   3. Il sarto usa: forbici, gesso, metro, ago, filo, macchina da cucire.   4. Giorgio Rivetti crea il sistema delle taglie e del prodotto confezionato.   5. Chi compra un abito confezionato può sceglierlo e provarlo nella propria taglia prima di comprarlo. Inoltre, i prezzi degli abiti confezionati sono più bassi rispetto a quelli dei modelli esclusivi.   6. I clienti vedono nelle borse e nelle scarpe il complemento fondamentale di un bel vestito.   7. L'alleanza tra stilisti e imprenditori è il segreto del successo del *Made in Italy.*

7·5

Maschile singolare	Maschile plurale	Femminile singolare	Femminile plurale
straordinario	italiani	splendida	successive
enorme	internazionali	internazionale	
	relativi		

7·6

	Maschile singolare	Maschile plurale	Femminile singolare	Femminile plurale
Articoli determinativi	il (metro)	i (meno ricchi)	la (moda)	le (case)
	l' (idea)	i (vestiti)	la (taglia)	le (botteghe)
	il (gesso)		la (stoffa)	le (misure)
	il (metro)		l' (alta moda)	
	il (sistema)			
	il (cliente)			
	il (modello)			
	l' (era)			
	il (prêt-a-porter)			
Pronomi diretti	provarlo		la (cuciono)	le (riportono)
	comprarlo		la (sa usare)	

7·7

Accessori da indossare	Accessori da portare in mano
calze	borsa
cappello	bastone
cintura	ombrello
cravatta	ventaglio
occhiali da sole	
orologio	
scialle	
sciarpa	

7·8 *Answers will vary.*

8   La casa

8·1   1. d   2. b   3. h   4. a   5. g   6. e   7. f   8. c

8·2   1. antico   2. Ho affittato   3. piano   4. risiede   5. negozio

8·3   *Answers will vary.*

8·4   1. F   2. V   3. V   4. V   5. F   6. V   7. F   8. V   9. V   10. F   11. V

8·5   *Answers may vary. Some possibilities:*

1. Il quartiere è una delle zone in cui è divisa la città con case, negozi, chiese e scuole.   2. Gli italiani che non hanno una casa di proprietà sono il 20% della popolazione.   3. Il sindaco è eletto dai cittadini.
4. Spesso la lavatrice è in cucina perchè il bagno è piccolo.   5. Gli appartamenti sono costosi nel centro storico.   6. Le persone che abitano in periferia vanno al lavoro con i mezzi pubblici perchè la benzina costa molto.   7. Compra una villa chi preferisce vivere in una zona tranquilla fuori città.

8·6   1. garage   2. mezzo di trasporto   3. cucina   4. quartieri   5. cantina   6. costo   7. fuori città   8. elettrodomestico

8·7   *Answers may vary. Some possibilities:*

1. quartiere   2. casa   3. moderno   4. brutto   5. basso   6. prezzo   7. bottega   8. noleggio
9. prendere   10. aumentare   11. dentro   12. formato

8·8   1. loro vivono   2. voi abitate   3. loro sono   4. noi ospitiamo   5. loro variano   6. noi preferiamo   7. voi usate   8. loro trovano   9. noi compriamo   10. loro scelgono

8·9

Maschile plurale	Femminile singolare	Femminile plurale
i suoi negozi	la sua piazza	le sue abitazioni
i suoi monumenti	la sua chiesa	le sue chiese
	la sua scuola	le sue scuole

8·10   *Answers will vary.*

8·11   *Answers will vary.*

9   Le abitazioni più antiche

9·1   1. e   2. f   3. b   4. g   5. c   6. a   7. d

9·2   1. tende   2. vetro   3. cane   4. specialista   5. erba   6. cesto   7. immobile   8. partenza

9·3   *Answers will vary.*

9·4   *Answers will vary. Some possibilities:*

1. costruzioni d'orgine preistorica a forma cilindrica   2. finestre   3. aria   4. dormivano insieme nel trullo   5. la stanza da bagno   6. una piacevole vacanza   7. abitazioni di età preistorica   8. due quartieri   9. in precarie condizioni igieniche   10. con le famiglie   11. nel 1952 il primo ministro Alcide De Gasperi ha ordinato ai cittadini di lasciare queste abitazioni   12. risorse della natura necessarie per vivere   13. abitazioni rurali del Trentino Alto Adige costruite in legno o in legno e pietra   14. cuocere i cibi e preparare il formaggio   15. autunno, primavera   16. recuperare le energie

9·5   1. I Sassi di Matera   2. I masi del Trentino Alto-Adige   3. I trulli di Alberobello   4. I trulli di Alberobello e i masi del Trentino Alto-Adige

9·6

Preposizioni semplici	Preposizioni articolate
1. di	1. del = di + il
2. in	2. della = di + la
3. di	3. della = di + la
4. a	4. sul = su + il
5. con	5. dell' = di + la
6. in	6. dai = da + i
7. a	7. dai = da + i
8. con	8. dei = di + i
9. di	9. nel = in + il
10. da	10. nei = in + i
11. d'	11. all' = a + lo
12. di	12. del = di + il
13. di	13. nella = in + la
14. a	14. dell' = di + lo
15. con	15. dai = da + i
16. per	16. ai = a + i
17. a	17. al = a + il
18. per	
19. con	
20. per	
21. da	
22. con	
23. a	
24. da	
25. per	
26. di	
27. per	

9·7 *Answers may vary. Some possibilities:*

Parola	Sinonimo	Contrario
1. costruire	fabbricare	demolire
2. famoso	popolare	sconosciuto
3. intero	completo	frazionato
4. ordinare	comandare	obbedire
5. precario	temporaneo	stabile
6. primo	iniziale	ultimo
7. speciale	particolare	ordinario

10 Le piazze

10·1 1. fiori 2. mercato 3. palazzo 4. fontane 5. spezia 6. spettacolo 7. generi alimentari 8. festa 9. fiera 10. piazza

10·2 *Answers will vary.*

10·3 *Answers will vary.*

10·4 1. V 2. V 3. F 4. V 5. F 6. V 7. F 8. V 9. V 10. V 11. V 12. V 13. F 14. V 15. V 16. F 17. F 18. V 19. F 20. V 21. V 22. F

10·5

Maschile singolare	Maschile plurale	Femminile singolare	Femminile plurale
religioso	pubblici	italiana	commerciali
politico	religiosi	religiosa	culturali
commerciale	rinascimentali	notturna	numerose
nuovo	diversi	romana	numerose
domenicano	culturali	unica	laterali
condannato	presenti	papale	nobili
romano	vari		numerose
libero	italiani		artistiche
	stranieri		culturali
			commerciali
			nobili
			laterali
			artistiche

10·6

Presente	Infinito
deriva	derivare
ospita	ospitare
domina	dominare
è	essere
ospita	ospitare

10·7 1. di, a, di, a, a, in, a, di, con, con, di, di, con, con, a, da, da, d', in, ad, a, per, di, ad, di, di, da, a 2. delle, della, dal, alla, nel, dei, ai, della, del, negli, del, nei, della, al, della, al, nel

10·8 *Answers will vary.*

10·9 *Answers will vary.*

11 Tre monumenti

11·1 1. dio 2. regina 3. pareti 4. direttore d'orchestra 5. compositore 6. ha distrutto 7. cupola 8. papa 9. Cappella 10. ha progettato 11. regna

11·2 1. Roma 2. Bisanzio 3. Venezia 4. Napoli 5. Argentina 6. Israele

11·3 *Answers will vary.*

11·4 *Answers may vary. Some possibilities:*

1. tempio dedicato a tutti gli dei 2. una basilica cristiana col nome di *Sancta Maria ad Martyres* 3. Pantheon 4. modello per molti altri edifici 5. erano in Egitto 6. fu costruita una piccola chiesa 7. scoprì i resti di San Marco in una colonna 8. furono trasportati a Parigi 9. furono eletti

papi   10. fu inaugurato il Teatro alla Scala   11. compose l'opera *Europa Riconosciuta*   12. sedili   13. gli appassionati dell'opera che non avevano molti soldi per comprare il biglietto del palco   14. "opere buffe"   15. diventò famoso in tutto il mondo   16. compositori   17. due artisti   18. papa Benedetto XVI   19. ballerini

11·5   *Answers will vary.*

11·6   1. g   2. c   3. e   4. b   5. d   6 a   7. f

11·7

Imperfetto	Infinito	Passato remoto	Infinito
era usata	usare	fu inaugurato	inaugurare
aveva	avere	caratterizzò	caratterizzare
iniziava	iniziare	diventò	diventare
prendevano	prendere		
si accomodavano	accomodarsi		
guardavano	guardare		
c'era	esserci		
si sedevano	sedersi		
avevano	avere		

11·8   *Answers will vary.*

12   Mestieri e professioni

12·1   1. acqua   2. biblioteca   3. ceramica   4. elettricità   5. giardino   6. giornale   7. oro   8. pane   9. porta   10. programma

12·2   1. bottega   2. calzolaio   3. giornalaio   4. magistrato   5. attore   6. panettiere   7. giardiniere   8. parrucchiere   9. commesso   10. pensione   11. scioperano   12. infermiere/a

12·3   *Answers will vary.*

12·4   1. V   2. F   3. V   4. F   5. V   6. V   7. V   8. V   9. V   10. V   11. V   12. V   13. V   14. V   15. F

12·5

Professione o mestiere	Dove lavora	Che cosa usa	Quale attività svolge
avvocato	studio legale/ tribunale	i codici	Difende gli innocenti e i criminali. Si occupa di divorzi e bancarotte.
barbiere	salone	forbici, pettine, rasoio, schiuma da barba	Taglia i capelli, pettina, fa la barba.
giornalaio	edicola	giornali, riviste, fumetti	Vende giornali, riviste, fumetti.
falegname	bottega	sega, martello, chiodi, colla	Costruisce e ripara mobili.
giardiniere	giardino	pala, innaffiatoio, tosaerba, piante	Cura i fiori e le piante, taglia il prato e innaffia le piante.
medico	ambulatorio/studio	termometro, stetosco-pio, medicine	Diagnostica la malattia e cura i pazienti.
operaio	cantiere, fabbrica	macchinario, arnesi	Costruisce, monta, assembla i vari pezzi.
programmatore	azienda	computer	Redige (writes) programmi.
panettiere	panetteria	farina, zucchero, lievito, cucchiaio, forno	Cuoce e vende vari tipi di pane.
sarto	bottega/sartoria	tessuto, ago, filo, metro, macchina da cucire	Progetta, crea e cuce abiti.
vigile del fuoco	luoghi colpiti dalle fiamme	estintore/acqua	Estingue gli incendi/salva le persone in difficoltà.

12·6   1. che   2. che   3. di cui   4. che   5. che   6. che

12·7   *Answers may vary. Some possibilities:*

1. L'attore è più famoso dell'operaio./L'operaio è meno famoso dell'attore.   2. Le gonne e le magliette sono più pratiche degli abiti da sera./Gli abiti da sera sono meno pratici delle gonne e delle magliette.

3. Il lavoro del commesso è meno pesante del lavoro dell'agricoltore./Il lavoro dell'agricoltore è più pesante del lavoro del commesso.   4. Le borse di Tod's sono più costose delle borse di Ferragamo./Le borse di Ferragamo sono meno costose delle borse di Tod's.   5. Lo stipendio del magistrato è più alto dello stipendio del professore.   6. La professione del medico è più rischiosa della professione dell'architetto./La professione dell'architetto è meno rischiosa della professione del medico.

12·8   *Answers will vary.*

12·9   *Answers will vary.*

12·10   *Answers will vary.*

13   Lo sport

13·1   1. tifoso   2. tappa   3. calcio   4. campione   5. medaglia   6. ciclismo   7. partita   8. stadio   9. pallone   10. corsa   11. atleta   12. casco

13·2   1. ciclismo   2. squadra   3. medaglia   4. vettura   5. tappe   6. stadio   7. auto   8. casco

13·3   *Answers will vary.*

13·4   *Answers may vary. Some possibilitiies:*

1. lo sport più popolare d'Italia   2. allo stadio o in TV   3. due squadre   4. punti   5. i migliori giocatori della serie A   6. campionato mondiale   7. il secondo posto   8. la medaglia d'argento, il gagliardetto e il pallone   9. edizioni di Formula 1   10. le auto da corsa della Ferrari   11. 90%   12. tempo   13. un eroe della prima guerra mondiale   14. il logo della Ferrari   15. dei colori della città di Modena   16. i colori della bandiera italiana   17. b   18. c   19. b   20. c   21. a   22. c   23. F   24. F   25. V   26. V   27. V   28. V

13·5

primavera	marzo	aprile	maggio	giugno
estate	giugno	luglio	agosto	settembre
autunno	settembre	ottobre	novembre	dicembre
inverno	dicembre	gennaio	febbraio	marzo

13·6

I	= primo	V	= quinto	IX	= nono	XIII	= tredicesimo
II	= secondo	VI	= sesto	X	= decimo	XIV	= quattordicesimo
III	= terzo	VII	= settimo	XI	= undicesimo	XV	= quindicesimo
IV	= quarto	VIII	= ottavo	XII	= dodicesimo	XVI	= sedicesimo

13·7   1. quarto   2. tredicesimo   3. sedicesimo   4. seconda   5. primo

13·8   1. gli sport popolari   2. le stagioni calcistiche   3. le bandiere italiane   4. i livelli internazionali   5. le maglie azzurre   6. gli anni successivi   7. i campionati mondiali

13·9

Passato remoto	Infinito
fu	essere
disse	dire
ascoltò	ascoltare
apparve	apparire
chiese	chiedere

13·10

Passato prossimo	Passato remoto	Infinito
hanno contribuito	contribuì	contribuire
ha vinto	vinse	vincere
ha subìto	subì	subire
ha fatto	fece	fare
ha ottenuto	ottenne	ottenere

13·11   *Answers will vary.*

14   Le vacanze

14·1   1. c   2. g   3. e   4. f   5. b   6. a   7. d

14·2   1. trascorrere   2. mucche   3. cavalli   4. coste   5. agricoltori   6. all'estero   7. assaporare   8. agriturismo

14·3   *Answers will vary.*

14·4   *Answers may vary. Some possibilities:*

1. riduzione dei prezzi e la maggiore tranquillità che le località turistiche offrono in questi mesi
2. a. ridurre il numero dei giorni di ferie b. eliminare le spese superflue   3. il mare/le coste   4. le regioni preferite dai vacanzieri   5. preferisce la montagna   6. visita le città d'arte   7. promuovere iniziative a favore degli agricoltori e favorire il contatto città–campagna   8. a. nella ristrutturazione degli edifici b. nella crescita di piante tipiche c. nel ritorno degli animali   9. a. vivere a contatto con la natura b. trascorrere una vacanza rilassante   10. a coltivare l'orto, ad andare a cavallo, a mungere e a stare a contatto con la natura   11. al lavoro degli agricoltori

14·5

Futuro	Infinito
ridurranno	ridurre
elimineranno	eliminare
passeranno	passare
spenderanno	spendere
saranno	essere
si recherà	recarsi
saranno	essere
sceglierà	scegliere
visiterà	visitare
sarà	essere
andranno	andare

14·6   1. gruppo   2. agricoltori   3. rurale   4. habitat   5. enogastronomici   6. tipici

14·7   *Answers may vary. Some possibilities:*

Prodotti dell'orto	Animali da fattoria
patate	tacchino
pomodori	maiale
cipolle	pecora
zucchine	coniglio
insalata	gallina

14·8   *Answers will vary.*

 FESTE E TRADIZIONI

15 Il caffé

15·1   1. acqua   2. barista   3. cucchiaino   4. macchinetta   5. corretto   6. macinare, tostare   7. scontrino   8. caffè

15·2   **Orizzontali:**   3. anice   4. scontrino   6. panna   7. tazzina   8. bevande
    Verticali: 1. cucchiaino   2. macchinetta   5. uva   8. barista

15·3   *Answers will vary.*

15·4   1. F   2. F   3. V   4. V   5. F   6. 250 milioni di chili   7. 49%   8. zucchero   9. lungo 10. in piedi   11. È il caffè chiamato così perchè viene dall'Arabia.   12. Le caffetterìe diventano famose perchè sono luoghi d'incontro di letterati e uomini d'affari.   13. I paesi produttori di caffè sono: Brasile, Vietnam, Colombia, Etiopia, Indonesia e India.   14. La miscela Arabica è più diffusa perchè è meno amara e meno astringente della Robusta.   15. La Bezzera funziona a vapore, mentre la Gaggia funziona a pistone. 16. Le caffettière usate in casa sono la "napoletana" e la Moka.   17. Gli effetti del caffè sono: a. antidipressivo, b. contro lo sviluppo dei tumori dell'utero, c. contro le malattie cardiache, respiratorie, ictus, ferite e infezioni.

15·5   *Answers may vary. Some possibilities:*

1. i chicchi   2. il liquore   3. il banco   4. la cassa e lo scontrino, il caffè   5. il caffè e il latte

15·6   1. pubblicità   2. metà   3. quantità   4. acidità   5. varietà   6. città (I nomi in -tà al plurale non cambiano desinenza—la città = le città).

15·7 *Answers may vary. Some possibilities:*

1. Entro nel bar.   2. Vado alla cassa, chiedo un caffè e pago.   3. Prendo lo scontrino.   4. Mi reco al banco.   5. Ordino il caffè al barista.   6. Lo bevo in piedi e vado via.

15·8 1. molte   2. apprezzato   3. aperta   4. celebri   5. diverse   6. importanti   7. amara   8. astringente

15·9 *Answers will vary.*

16 Il torrone di Cremona

16·1 1. miele   2. lattine   3. mandorle, noccioline   4. portate   5. cacao   6. gustoso   7. piemontese   8. pasta di mandorle

16·2 1. cuoco   2. lattina   3. banchetto   4. miele   5. morbido   6. cioccolato

16·3 *Answers will vary.*

16·4 1. V   2. F   3. V   4. V   5. V   6. F   7. F   8. Gli ingredienti-base sono: bianco d'uovo, zucchero, miele, nocciole e mandorle.   9. La prima fabbrica di torrone si chiama Sperlari.   10. Si produce duro, morbido, grande, tipo bombons e ricoperto di cioccolato.   11. Il torrone si produce in quasi tutta l'Italia.   12. cimiteri   13. torrone   14. cioccolato   15. nell'aldilà   16. soldi

16·5 1. i cuochi famosi   2. i dolci preparati con le uova   3. le città lombarde   4. questi giorni   5. gli ingredienti importanti   6. le croci bianche   7. le prime fabbriche

16·6

abbrustolire	produrre	proporre
abbrustolisco	produco	propongo
abbrustolisci	produci	proponi
abbrustolisce	produce	propone
abbrustoliamo	produciamo	proponiamo
abbrustolite	producete	proponete
abbrustoliscono	producono	propongono

16·7 1. Loro hanno parlato con gli amici.   2. La città ha organizzato la sagra della melanzana.   3. Massimo ha comprato un regalo per il bambino.   4. Il cuoco ha preparato un dolce squisito.   5. Il nonno ha accompagnato il nipotino a scuola.   6. Maria ha ricevuto dei fiori.   7. Lo studente ha messo i libri sul banco.

16·8 *Answers will vary.*

17 Le sagre

17·1 1. pomodori   2. al cartoccio   3. freschi   4. farciti   5. basilico   6. prodotti caseari   7. gustare   8. trita

17·2 1. negozio   2. pesche   3. prezzemolo   4. cotto   5. sapone   6. litro

17·3 *Answers will vary.*

17·4 1. V   2. V   3. F   4. V   5. V   6. F   7. V   8. V   9. V   10. V   11. F   12. V   13. V   14. F   15. V   16. V   17. F   18. F   19. V   20. V

17·5

Aggettivo	Superlativo relativo	Superlativo assoluto
ricco	il più ricco	ricchissimo
antico	il più antico	antichissimo
bianco	il più bianco	bianchissimo
caldo	il più caldo	caldissimo
famoso	il più famoso	famosissimo
fresco	il più fresco	freschissimo
popolare	il più popolare	popolarissimo

17·6 *Answers may vary. Some possibilities:*

1. I pomodori freschi sono più (meno) gustosi dei pomodori in insalata.   2. Le olive nere sono più (meno) saporite delle olive bianche.   3. Il prosciutto cotto è meno salato del prosciutto crudo.   4. I vini della Campania sono più leggeri dei vini del Piemonte.   5. L'olio è meno grasso del burro.

17·7   *Answers will vary.*

17·8   *Answers will vary.*

18   Il carretto siciliano

18·1   1. barca   2. ha dipinto   3. grano   4. legno   5. isola   6. mezzo di trasporto   7. intaglia   8. merci   9. ruota   10. lati

18·2   *Answers will vary.*

18·3   1. Le barche e gli animali servivano a trasportare merci e persone.   2. Lo strascinu è un veicolo simile alla slitta usato per il trasporto del grano.   3. Le *regie trazzere* erano strade pubbliche costruite prima per il passaggio degli animali e poi anche per scopi militari.   4. Il carretto veniva usato perché aveva le ruote alte e poteva evitare gli ostacoli.   5. Il *Carretto del Lavoro* era usato per il trasporto di merci e persone. Il *Carretto de Gara* era usato per cerimonie.   6. Si dipingeva il carretto e si bardava il cavallo perchè si voleva attrarre l'attenzione delle persone sulla merce che il commerciante voleva vendere.   7. All'inizio erano dipinte scene del Vangelo, immagini della Vergine e la vita dei santi. In seguito furono dipinti eroi e personaggi storici.   8. La "*Lapa*" (o *l'ape*) ha sostituito il carretto.   9. Per costruire il carretto servono il ferro e tre diversi tipi di legno: l'abete, il faggio, e il frassino.   10. Il fabbro monta i vari pezzi del carretto.

18·4   1. h   2. b   3. c   4. e   5. g   6. a   7. f   8. d

18·5

Passato remoto	Infinito
furono costruiti	costruire
furono dipinti	dipingere
cominciarono	cominciare
si trasformò	trasformarsi
usarono	usare
bardarono	bardare
furono sostituite	sostuire
fu usato	usare

18·6   1. muli e buoi   2. veicoli rudimentali   3. regie trazzere/sentieri   4. si trasformò   5. annunciavano l'arrivo   6. trasportare merci

18·7   1. veicolo rudimentale   2. curva pericolosa   3. altra parte   4. luogo turistico   5. manifestazione pubblica   6. cerimonia folcloristica

18·8   *Answers will vary.*

19   Natale

19·1   1. addobbano   2. camino   3. luci   4. pastori   5. alberi   6. nascita   7. regalo   8. capanna   9. Babbo Natale

19·2   **Orizzontali:**   2. stelle   4. palline   6. bue   8. legna.
         Verticali: 1. regali   3. abete   5. Avvento   7. Re

19·3   *Answers will vary.*

19·4   *Answers may vary. Some possibilities:*

1. L'Avvento è il periodo liturgico di preparazione al Natale costituito da quattro domeniche, dall'undici al venticinque dicembre.   2. Il Natale celebra la nascita di Gesù.   3. Il Natale diventa una festa ufficiale nel 354 d.C.   4. I paesi e le città si trasformano in luoghi di festa.   5. L'albero di Natale è il simbolo della vita immortale.   6. San Francesco   7. capanna, bue, asinello   8. Gesù Bambino   9. la produzione artigianale   10. presepio   11. San Gregorio Armeno   12. sì (Viveva nella città di Myra, in Turchia.)   13. sì (Dava sempre molti regali ai bambini.)   14. no   15. no   16. sì (Diventò il santo protettore della città di Bari.)   17–25. *Answers will vary.*   26. Passato remoto: pregò, decise, andò, raggiunse, salì, lanciò, poterono.   Un giovane fornaio milanese, di nome Toni, era innamorato della figlia del padrone. Poichè era molto povero, non osava parlare con la giovane per dichiararle il suo amore. Un giorno ha deciso di preparare un dolce speciale e squisito, mai preparato prima. Alla pasta da pane ha

aggiunto uova, burro, zucchero, uva sultanina e frutta candida, poi ha mescolato tutti gli ingredienti e ha dato all'impasto la forma di una cupola. Quando il dolce era pronto, Toni lo ha offerto alla giovane che lo ha apprezzato per il suo profumo, la sua leggerezza e la sua bontà e ha ringraziato il fornaio offrendogli il suo cuore. Da questo atto d'amore è nato il "Pan de Toni", il famoso "Panettone".

19·5 *Answers will vary.*

19·6 1. Maria, Gesù, Giuseppe, Re Magi, pastori, fornai, macellai, pescivendoli, lavandaie, calciatori, attori, politici   2. legno, cartapesta, sughero, muschio, argilla

19·7 *Answers will vary.*

20   Capodanno e Epifania

20·1 1. anno   2. spumante   3. cenone   4. caramella   5. vecchietta   6. lenticchie

20·2

20·3 *Answers will vary.*

20·4 1. a. con un veglione   b. con un cenone.   2. a. una grande cena b. ricco di portate   3. a. lo zampone o il cotechino   b. le lenticchie   4. a. dicendo: "Buon Anno, Buona Fortuna"   b. brindando con lo spumante   5. a. vanno in discoteca   b. vanno a casa di amici   6. a. può giocare a carte   b. può giocare a tombola   7. Il Capodanno si festeggia con petardi e fuochi d'artificio.   8. Gli italiani buttano roba vecchia dalla finestra per liberarsi di tutto il negativo dell'anno passato.   9. Gli italiani si scambiano gli auguri brindando con lo spumante.   10. Lo zampone, il cotechino e le lenticchie sono i cibi sempre presenti nel Cenone di Capodanno.   11. Si mangiano le lenticchie perchè rappresentano i soldi che si accumuleranno durante l'anno.   12. I giovani possono andare in discoteca, a casa di amici o nelle piazze. 13. l'adorazione del Bambino Gesù da parte dei Re Magi.   14. Gaspare, Melchiorre, Baldassarre, dall'Oriente   15. oro, incenso, mirra   16. non andò con loro a vedere Gesù Bambino   17. scopa 18. caramelle, cioccolatini   19. carbone   20. Befana   21. I Re Magi erano re dell'Oriente. Si chiamavano Gaspare, Melchiorre e Baldassarre.   22. I Re Magi portarono oro, incenso, e mirra a Gesù Bambino.   23. La Befana è una vecchia brutta, ma buona. Si festeggia il 6 gennaio.   24. *Answers may vary.*   25. La Befana mette i regali nella calza appesa al letto di ciascun bambino.

20·5 1. auguri   2. lenticchie   3. spumante   4. cioccolatini   5. ha dato il benvenuto   6. illuminano   7. hanno festeggiato

20·6	Passato remoto	Infinito	Passato prossimo
	si fermarono	fermarsi	si sono fermati
	offrì	offrire	ha offerto
	invitarono	invitare	hanno invitato
	rifiutò	rifiutare	ha rifiutato
	cambiò	cambiare	ha cambiato
	raccolse	raccogliere	ha raccolto
	andò	andare	è andato

20·7	Singolare	Plurale
	fuoco	fuochi
	ricco	ricchi
	felice	felici
	discoteca	discoteche
	popolare	popolari
	religioso	religiosi
	buono	buoni
	nero	neri
	caratteristico	caratteristici
	ricca	ricche

20·8 *Answers will vary.*

21 Il Carnevale

21·1 1. confetti   2. festa   3. festivo   4. Quaresima   5. maschera   6. Martedì Grasso   7. parata   8. festeggiano

21·2 1. anche   2. da allora   3. quindi   4. Lungo   5. infatti   6. ogni anno

21·3 *Answers will vary.*

21·4 1. riti pagani   2. dio pagano, propiziatore di raccolti abbondanti   3. ruoli   4. l'identità delle persone/le differenze sociali   5. festeggiamenti   6. giorno che precedeva la Quaresima (Martedì Grasso)   7. campanile di San Marco, Palazzo Ducale   8. pirati   9. folla   10. mezzo milione di persone   11. più famosa maschera di Venezia   12. mantello, cappello   13. Arlecchino, Pulcinella, Colombina, Pantalone, Gianduia, Brighella   14. Carnevale   15. Toscana   16. carri   17. tasse   18. gruppi musicali, majorette e gruppi folcloristici   19. la maschera ufficiale, scacchi, rosso, bianco   20. Piemonte   21. tiranno   22. ribellione   23. fagioli, coriandoli   24. berretto frigio   25. stelle filanti   26. forno   27. dolce, cioccolato   28. un gioco molto divertente   29. caramelle, confetti   30. bendati

21·5	Imperfetto	Infinito
	imponeva	imporre
	erano proibiti	proibire
	bisognava	bisognare
	precedevano	precedere
	era permesso	permettere

21·6 1. visitatori   2. spettacoli   3. sfilate   4. costumi   5. maschere   6. indimenticabili

21·7 1. numero di persone presenti al Carnevale   2. protesta di alcuni ricchi contro l'aumento delle tasse   3. numero dei carri allegorici che sfilano a Viareggio   4. anno di nascita di Burlamacco

21·8 *Answers will vary.*

21·9 *Answers will vary.*

22 Pasqua

22·1 1. e   2. c   3. d   4. b   5. f   6. a

22·2 1. campane   2. regalo   3. pace   4. ha annunciato   5. uovo   6. astinenza   7. festeggia   8. rito   9. digiunano

22·3 *Answers will vary.*

22·4 *Answers may vary. Some possibilities:*

1. Resurrezione, Cristo   2. equinozio, primavera   3. quaranta giorni   4. arrivo, Gesù   5. riti
6. era considerato simbolo della vita e della natura   7. per festeggiare il giorno della Resurrezione di
Cristo   8. la colomba è simbolo di pace   9. è il simbolo di Gesù Cristo che ha sacrificato se stesso per
salvare l'umanità   10. durante la Settimana Santa le campane non suonano affatto   11. rimangono in
famiglia   12. ciccioli, salumi, e formaggi   13. colomba   14. farina, ricotta, uova, grano, acqua di fiori
d'arancio, spezie e zucchero   15. pastiera   16. sorpresa

22·5

Presente	Imperfetto	Passato remoto	Infinito
è	era preceduta	salutò	essere osservata
Celebra	durava		scambiarsi
ha			
cade			
indicano			
deve			
è detta			
comincia			
c'è			
si compiono			

22·6

Singolare	Plurale
l'uovo	le uova
il servo	i servi
antico	antichi
l'agnello	gli agnelli
la città	le città
tradizionale	tradizionali
il formaggio	i formaggi
il dio	gli dèi

22·7

suonare	prevedere	correre	offrire
suonai	previdi	córsi	offrii
suonasti	prevedesti	corresti	offristi
suonò	previde	corse	offrì
suonammo	prevedemmo	corremmo	offrimmo
suonaste	prevedeste	correste	offriste
suonarono	previdero	corsero	offrirono

22·8

Singolare		Plurale	
Maschile	Femminile	Maschile	Femminile
questo	questa	questi	queste
quello, quell', quel	quella, quell'	quegli, quelli, quei	quelle

22·9 *Answers will vary.*

23 La Festa dei Ceri di Gubbio

23·1 1. partecipano   2. accendiamo   3. ripide   4. paglia   5. ordinato   6. sorpassato   7. cera
8. miracoli

23·2 *Answers may vary. Some possibilities:*

1. cara   2. rapido   3. sento   4. cedere   5. multa   6. pipa   7. fuori

23·3 *Answers will vary.*

23·4 *Answers may vary. Some possibilities:*

1. si svolge da circa 500 anni   2. Sant'Ubaldo divenne vescovo nel 1129   3. Sant'Ubaldo distribuì le sue
ricchezze tra i poveri   4. la difese contro undici città nemiche e contro Federico Barbarossa

5. Sant'Ubaldo passò la vita al servizio della sua gente   6. gigantesche strutture di legno
7. Sant'Ubaldo, San Giorgio, Sant'Antonio   8. baccalà alla ceraiola   9. ceri   10. quattro chilometri
11. Sant'Ubaldo   12. molto forti, molto abili   13. fermarsi ed aspettare che si rialzi   14. corsa dei
Ceri Mezzani e dei Ceri Piccoli   15. lavoratori   16. appartiene

23·5   1. b   2. c   3. a   4. e   5. d

23·6   1. risale, ha, mettono, portano, segue, inizia, devono, è, possono, devono, è, cade, seguono, devono, precede, può, si svolgono, partecipano, corrono   2. sono trasportate, sono portate, vengono distribuiti, vengono messe   3. accendere, correre, sorpassarsi, arrivare, trasportare, stare, fermarsi, aspettare, continuare, entrare, chiudere, entrare

23·7

Preposizioni semplici	Preposizioni articolate
di	al
a(d)	al
di	del
a	sulle
da	
di	
per	
per	
per	
in	

23·8   libero, ovvio, rispettivo, tradizionale

23·9   *Answers will vary.*

24   La regata storica di Venezia

24·1   1. barca   2. tifoso   3. incoraggia   4. premia   5. regata   6. gondolieri   7. remo   8. sfila

24·2   barca, barcaiolo, corteo d'acqua, gondoliere, imbarcazione, regata, regatante, remo, voga, vogatore

24·3   *Answers will vary.*

24·4   *Answer may vary. Some possibilities:*

1. assistere alla Regata Storica   2. praticare la voga   3. a difendere la città dai nemici   4. organizzò la prima regata   5. la potenza commerciale e militare di Venezia   6. la regina di Cipro   7. abdicò
8. vogatori, personaggi in costume   9. le autorità cittadine   10. imbarcazioni su cui gareggiano i giovanissimi   11. le mascarete   12. il trasporto dei materiali lungo i fiumi   13. gondolini
14. colore, numero   15. rosso, bianco, verde e blu   16. porcellino di vetro di Murano

24·5   1. competere   2. cambiare   3. confortare   4. proteggere   5. preparare   6. mantenere
synonym of avere: tenere

24·6   alle quali, su cui, che, che, per le quali, che, che, che, che

24·7   *Answers will vary.*

25   Il Palio di Siena

25·1   1. c   2. e   3. a   4. b   5. d   6. g   7. f

25·2

Animali	Animali mitologici	Altri nomi
Aquila	Drago	Nicchio
Bruco	Leocorno	Onda
Chiocciola		Selva
Civetta		Torre
Giraffa		
Istrice		
Lupa		
Oca		
Pantera		
Tartuca		
[Valdi]montone		

25·3 *Answers will vary.*

25·4 *Answer may vary. Some possibilities:*

1. una corsa di cavalli   2. Piazza del Campo, Siena   3. il 2 luglio e il 16 agosto
4. palli straordinari   5. cavalli   6. rivali   7. intorno a Piazza del Campo   8. sconfitta, città
9. Terzi   10. contrade, diciassette   11. priore   12. animali   13. chiesa, museo, santo protettore
14. dieci   15. veterinari   16. barbero   17. cavallo   18. Rinascimento   19. Drappellone,
l'immagine della Madonna   20. vincere   21. cavallo, fantino   22. capotavola   23. a. una corsa di
cavalli   b. drappo dipinto   c. il premio assegnato alla contrada vincitrice

25·5

Presente	Imperfetto	Passato remoto	Infinito
è	era	fu	essere
si svolge	si svolgeva	si svolse	svolgersi
può	poteva	potè	potere
decido	decidevo	decisi	decidere
organizzo	organizzavo	organizzai	organizzare
avviene	avveniva	avvenne	avvenire
celebro	celebravo	celebrai	celebrare
festeggia	festeggiava	festeggiò	festeggiare
ha	aveva	ebbe	avere
organizzano	organizzavano	organizzarono	organizzare
comincia	cominciava	cominciò	cominciare
dedica	dedicava	dedicò	dedicare
sono	erano	furono	essere
si accentua	si accentuava	si accentuò	accentuarsi
aiuta	aiutava	aiutò	aiutare
vinco	vincevo	vinsi	vincere
ha	aveva	ebbe	avere
si corre	si correva	si corse	correre
si isola	si isolava	si isolò	isolarsi
vive	viveva	visse	vivere
diventano	diventavano	diventarono	diventare
diviene	diveniva	divenne	divenire

25·6 1. aquile   2. bruchi   3. chiocciole   4. civette   5. draghi   6. istrici   7. oche   8. pantere

25·7 1. diciassette   2. dieci   3. sette   4. tre   5. Quattro

25·8 1. corteo   2. situato   3. stendardo   4. immagine   5. contrada   6. traguardo

25·9 1. del   2. alla, agli, Alla, alle, al   3. dai, dalle   4. nella, nel

25·10 *Answers will vary.*

26 La Festa di San Gennaro a Napoli

26·1 1. b   2. c   3. a   4. f   5. d   6. e

26·2 **Orizzontali:**   2. duomo   3. terribile   4. testa   5. reliquie   6. re
Verticali: 1. conservare   2. definitivamente

26·3 *Answers will vary.*

26·4 *Answers may vary. Some possibilities:*

1. San Gennaro si festeggia il 19 settembre.   2. Gennaro nacque a Benevento.   3. San Gennaro divenne
vescovo a venti anni.   4. San Gennaro andò a Pozzuoli per visitare la comunità.   5. Sossio non potè
incontrare Gennaro perchè fu arrestato.   6. Gennaro si recò in prigione per ottenere la liberazione di
Sossio.   7. Gennaro fu arrestato perchè non accettò di adorare gli dei pagani.   8. Gennaro e gli altri due
cristiani furono condannati ad assere sbranati dai leoni.   9. Furono decapitati.   10. Eusebia raccolse il
sangue di Gennaro in due ampolle.   11. Le ampolle sono conservate in una teca d'argento nella cappella di
San Gennaro nel Duomo di Napoli.   12. Le reliquie furono traslate nel 1497.   13. Le reliquie ora sono in
una cripta sotto l'altare maggiore del Duomo di Napoli.   14. La Cappella del Tesoro fu costruita perchè i
napoletani volevano ringraziare San Gennaro per averli protetti dall'epidemia del 1526–1529.   15. Il sabato
precedente la domenica di maggio si commemora la riunificazione delle reliquie di San Gennaro; il 19

settembre si commemora il suo martirio; il 16 dicembre l'elezione a patrono di Napoli e della diocesi.
16. Se il sangue non si liquefa, possono succedere guerre, terremoti, epidemie.   17. L'arcivescovo agita un panno bianco e mostra ai fedeli il sangue liquefatto.   18. I fedeli baciano la teca per invocare la protezione del santo su se stessi e sulle loro famiglie.   19. Il Tesoro comprende oggetti, mobili, affreschi, dipinti ed ex voto.
20. Il Tesoro ha un valore inestimabile perchè presenta sette secoli di storia, arte e costume della società italiana.   21. La prima festa di San Gennaro a New York fu organizzata dagli immigrati napoletani nel 1926.   22. La processione attraversa le strade di *Little Italy*.   23. Più di un milione di persone partecipa alla festa.   24. Gli eventi più importanti sono la celebrazione della Messa nella chiesa del Preziosissimo Sangue, i cortei, le parate e i concerti.   25. Questa festa è importante perchè unisce persone dello stesso paese d'origine e fa conoscere la cultura italiana a chi vi partecipa.

26·5   1. comunità   2. a lui intitolata   3. fu arrestato   4. fu cambiata   5. a causa delle proteste   6. sono custodite

26·6   1. vivere   2. divenire   3. nominare   4. recarsi   5. partire   6. arrestare   7. andare
8. liberare   9. fare   10. condannare   11. cambiare   12. decapitare   13. raccogliere

26·7   1. assistette   2. estrasse, mostrò   3. si liquefece   4. agitò   5 Cominciò   6. aspettarono

26·8   1. origini   2. si celebra   3. immigrati   4. Messa   5. avvenimento   6. richiama   7. quartiere
8. celebrazioni

26·9   *Answers will vary.*

 # SCRITTORI CONTEMPORANEI

27   *Ti prendo e ti porto via*, Niccolò Ammaniti

27·1   1. abbronzato/a, spiaggia   2. bidello, compagno, risultati   3. sperare, aver paura   4. risultato, tabellone   5. risultato, tabellone

27·2   1. c   2. d   3. e   4. a   5. b

27·3   *Answers will vary.*

27·4   1. F   2. F   3. V   4. V

27·5   *Answers may vary. Some possibilities:*

1. Pietro immagina di trascorrere le vacanze andando al mare, facendo gite in bicicletta con Gloria e pescando nei fiumiciattoli.   2. Pietro Moroni è un ragazzo di 12 anni. È magro, ha i capelli neri, gli occhi nocciola e un naso all'insù.   3. Pietro cerca Gloria.   4. I suoi compagni sono al bar Segafredo. Aspettano i risultati, mangiano un gelato, e cercano un po' d'ombra.

27·6   1. F   2. V   3. V   4. F

27·7   *Answers may vary. Some possibilities:*

1. Pietro capisce che i risultati non ci sono ancora dal fatto che il cancello della scuola è chiuso.   2. Gloria non ha paura di essere bocciata perchè sa già di essere stata promossa.   3. Pietro ammira Gloria per la sua bellezza, ma ha paura di essere bocciato.

27·8   1. F   2. V   3. V   4. F   5. V

27·9   *Answers may vary. Some possibilities:*

1. Pietro non vuole andare a vedere i quadri perchè è convinto di essere stato bocciato.   2. Pietro arriva alla bacheca camminando a quattro zampe tra le gambe dei compagni e poi salendo le scale di corsa.
3. Pietro nota che tutti gli altri alunni lo guardano e parlano tra di loro.   4. Pietro legge che non è stato ammesso alla classe terza.   5. No, non ci sono altri alunni non promossi.   6. Pietro si chiede perchè Pierini, Ronca e Bacci non siano stati bocciati.   7. Pietro sta per piangere.

27·10   1. dodici anni   2. capelli, occhi   3. scuola, promosso/ammesso   4. Gloria, paura   5. bidello, bacheca   6. seconda, rosso, Pietro Moroni   7. Ronca, ammessi   8. va, piangere

27·11   1. le ginocchia   2. la fronte   3. il naso   4. gli occhi

27·12   1. b   2. d   3. a   4. c   5. f   6. e

27·13	Presente	Infinito
	si risvegliano	risvegliarsi
	si accalcano	accalcarsi
	vi fate	farsi
	si avvia	avviarsi
	si sanno	sapersi
	si accuccia	accucciarsi
	si lancia	lanciarsi
	mi ricordo	ricordarsi
	si chiama	chiamarsi
	si ritrova	ritrovarsi
	ti chiami	chiamarsi
	mi chiamo	chiamarsi

27·14   *Answers will vary.*

27·15   *Answers will vary.*

28   *Io non ho paura*, Niccolò Ammaniti

28·1   1. cartella   2. coperte   3. buio   4. cieca   5. pazzo   6. ha afferrato   7. soffochiamo
8. buchi   9. vogliono bene   10. riscatto

28·2   1. d   2. f   3. a   4. b   5. c   6. e

28·3   *Answers will vary.*

28·4   1. F   2. V   3. F

28·5   *Answers may vary. Some possibilities:*

1. Michele ha visto la madre del bambino in televisione.   2. La madre del bambino ha detto che gli vuole
bene e che non si deve preoccupare.   3. Michele descrive una poltrona marrone, un quadro con una nave e
un trenino elettrico.   4. Il bambino è convinto della morte dei suoi familiari perchè nessuno va nel buco a
prenderlo.   5. Michele non può rispondere perchè non può dirgli che suo padre è coinvolto nel rapimento.

28·6   1. V   2. V   3. F   4. V   5. V

28·7   *Answers may vary. Some possibilities:*

1. Michele si arrabbia perchè il bambino non vuole credere alle notizie che lui gli ha dato.   2. Michele
rimane nel buco perchè il bambino gli promette di non fare più il pazzo.   3. Michele gli offre una bottiglia
d'acqua.   4. Il bambino è nato a settembre e Michele a novembre.   5. Michele lava il viso del bambino
con la sua maglietta.

28·8   1. madre   2. vuole bene, deve preoccupare   3. magra, bella   4. morti   5. rimanere   6. nove,
quarta   7. faccia   8. cieco   9. tornare

28·9	Infinito	Presente	Passato prossimo
	volere	vuole/vuoi	
	rispondere		ha risposto
	mettersi		mi sono messo
	vedere	vedo	ho visto/ho vista
	venire	viene	sono venuto
	dare		ha dato
	uscire	esci	
	dire	dice	ha detto/ho detto

28·10   lo (ha detto – *2 volte*), l'(ho vista – *3 volte*), lo (giuro), l'(ho visto), l'('ho più), l'(ha buttato), lo (so – *3 volte*)

28·11	rimanere	tagliare
	rimarrò	taglierò
	rimarrai	taglierai
	rimarrà	taglierà
	rimarremo	taglieremo
	rimarrete	taglierete
	rimarranno	taglieranno

28·12 1. i capelli   2. le dita   3. le orecchie   4. il collo   5. i denti   6. le palpebre   7. le labbra

28·13 *Answers will vary.*

29   *Tre metri sopra il cielo*, Federico Moccia

29·1 *Answers will vary.*

29·2 1. corteggiatori   2. pioggia   3. in punizione   4. si frequentano   5. guance   6. ha una cotta   7. è sparito   8. hanno marinato   9. complice

29·3 1. b   2. g   3. a   4. c   5. e   6. d   7. f

29·4 1. Daniela, stupita   2. Babi   3. Babi

29·5 1. V   2. F

29·6 1. Nella stanza ci sono Daniela, Babi e i loro genitori.   2. La telefonata è per Babi.   3. Babi prende delicatamente il cordless perchè ha paura di romperlo e quindi di interrompere la telefonata.   4. Babi è emozionata perchè Step le ha telefonato.   5. Babi cambia stanza per essere più libera di parlare con Step.

29·7 1. F   2. V   3. V   4. V   5. F   6. V

29·8 *Answers may vary. Some possibilities:*

1. Step non può andare a casa di Babi perchè ci sono i genitori.   2. I genitori hanno punito Babi perchè è tornata a casa tardi.   3. Step pensa che Babi sia una ragazza molto furba.   4. Step si alza verso le dieci/undici quando Pollo lo sveglia. Altrimenti verso mezzogiorno, l'una.   5. Babi propone a Step di andare a prenderla a scuola.   6. Si incontreranno alle otto e dieci.

29·9 1. V   2. V   3. F   4. V

29·10 *Answers may vary. Some possibilities:*

1. Step deve svegliarsi presto per poter andare a prendere Babi alle otto e dieci.   2. Babi è preoccupata per Step perchè fuori piove e fa freddo.   3. Daniela non può parlare con Babi perchè la madre è seduta accanto a lei.   4. Dopo la telefonata Babi è felice, ma ha paura di mostrare agli altri la sua felicità.

29·11 1. film   2. risponde   3. Step, Babi   4. telefono, camera sua   5. uscire con, punizione   6. mettersi   7. ami   8. vedersi/incontrarsi   9. tardi   10. farà sega a scuola/marinerà la scuola

29·12 1. terrorizzata   2. felice   3. nervosa   4. impazzita   *(Sentences for Exercise 29·12 will vary.)*

29·13 1. la (passo)   2. lo (prende)   3. lo (toccar*lo*)   4. lo (stringer*lo*)   5. lo (far*lo*)   6. lo (porta)   7. la (guarda)

29·14

Forma verbale	Tempo	Infinito
ti sei messo	passato prossimo	mettersi
si morde	presente	mordersi
mi vesto	presente	vestirsi
ti alzi	presente	alzarsi
svegliarmi	infinito	svegliarsi
dirsi	infinito	dirsi
salutarsi	infinito	salutarsi
si muovono	presente	muoversi
ricordarsi	infinito	ricordarsi
si è svegliato	passato prossimo	svegliarsi
si siede	presente	sedersi
farsi	infinito	farsi
accontentarsi	infinito	accontentarsi
si allontana	presente	allontanarsi
si guarda	presente	guardarsi

29·15

Presente **ricordarsi**	Passato prossimo **mettersi**
mi ricordo	mi sono messo/a
ti ricordi	ti sei messo/a
si ricorda	si è messo/a
ci ricordiamo	ci siamo messi/e
vi ricordate	vi siamo messi/e
si ricordano	si sono messi/e

29·16   *Answers will vary.*

29·17   *Answers will vary.*

30   *Bagheria*, Dacia Maraini

30·1   1. testardo   2. ha accettato   3. pelle   4. ha riportato   5. rimpiange   6. ha proposto   7. ambasciatore   8. beneficenza   9. proibisce

30·2   *Answers will vary.*

30·3   *Answers may vary. Some possibilities:*

1. a. la scrittrice   b. Sonia, la nonna della scrittrice   2. Ortuzar, bisnonno della scrittrice e padre di Sonia e Enrico, nonno della scrittrice e marito di Sonia   3. a. Cile   b. Parigi   c. Milano   d. Sicilia e. Casteldaccia   f. Valguarnera   g. Palermo   h. Bagheria

30·4   1. b   2. b   3. b   4. c

30·5   1. b   2. c   3. a

30·6   1. b   2. a   3. b

30·7   1. a   2. a   3. b   4. c   5. c

30·8   1. a   2. b

30·9   1. V   2. F   3. V   4. V   5. F   6. V   7. F

30·10   *Answers may vary. Some possibilities:*

1. L'autrice ricava la descrizione della nonna da una fotografia.   2. La nonna usava ancora molto la lingua d'origine perchè non aveva imparato a parlare bene l'italiano.   3. Si capisce che la nonna apparteneva ad una famiglia dell'alta società dal fatto che suo padre era un ambasciatore e che aveva studiato pianoforte e canto a Parigi.   4. Il cantante Enrico Caruso e il discografico Ricordi avevano apprezzato le sue doti.   5. Sonia faceva scenate per riuscire ad ottenere dal padre quello che voleva.   6. Enrico permise a Sonia di cantare, ma solo nelle serate di beneficenza.   7. Sonia usava l'arte della seduzione e se questa non funzionava passava alle scenate.   8. Sonia non è stata una donna felice perchè non ha realizzato i suoi sogni e non si è adattata ai vari cambiamenti che la vita le proponeva di volta in volta.   9. I rapporti tra Sonia ed Enrico cominciarono a peggiorare dopo la morte dell'unico figlio maschio, tanto che i due vissero separatamente da quel momento in poi.   10. Sonia indossava abiti da teatro molto vistosi, come se dovesse sempre andare in scena.

30·11   *Answers may vary. Some possibilities:*

Nonna Sonia	Nonno Enrico
bruna	bello
bella	timido
brava	silenzioso
non contenta	ironico
grassa	mite
sfatta	docile
frustrata	gentile

30·12	Trapassato prossimo	Infinito
	aveva studiato	studiare
	avevano incoraggiata	incoraggiare
	aveva proibito	proibire
	aveva resistito	resistere
	era scappata	scappare
	era approdata	approdare
	aveva conosciuto	conoscere
	aveva avviata	avviare
	aveva giudicato	giudicare

30·13	Passato remoto	Passato prossimo
	fu	è stato
	conobbe	ha conosciuto
	se (ne) innamorò	si è innamorata
	potè	ha potuto
	portò	ha portato
	fece	ha fatto

30·14 *Answers will vary*

31 *La solitudine dei numeri primi*, Paolo Giordano

31·1 1. gemella   2. astronave   3. cubetti   4. frignano   5. scatola   6. cassiera   7. brutta figura   8. scrollare le spalle   9. portafoglio

31·2 *Answers will vary.*

31·3 *Answers will vary.*

31·4 1. V   2. F   3. V   4. F   5. V   6. V

31·5 1. F   2. V   3. F   4. F

31·6 1. F   2. V   3. V   4. F   5. V

31·7 1. fratelli/gemelli, classe   2. compagno, compleanno   3. madre, Benetton, vestiti   4. scatola   5. cervello, stare   6. dieci minuti   7. sorella   8. portarla   9. lasciò, andò

31·8 *Answers may vary. Some possibilities:*

1. Mattia provò una grande emozione.   2. Mattia non sapeva quale regalo comprare perchè non conosceva bene il compagno.   3. Mattia non voleva portare la sorella alla festa perchè si vergognava del suo comportamento.   4. L'unica differenza era che il cervello di Michela non funzionava.   5. Mattia pensò di andare da solo alla festa lasciando la sorella nel parco.   6. Le disse di sedersi e di aspettarlo. 7. Ogni volta che Mattia pensava agli occhi impauriti di sua sorella provava rimpianto per quello che aveva fatto.   8. Cominciò a camminare all'indietro continuando a guardarla.   9. Sentì che qualcosa di terribile stave per accadere.

31·9	Condizionale passato	Infinito
	sarebbe riuscito	riuscire
	sarebbe stata appiccicata	appiccicare
	si sarebbe rovesciata	rovesciarsi
	si sarebbe messa	mettersi

31·10 1. fate, fai (presente); farà (futuro)   2. sorrise (passato remoto)   3. sembrò (passato remoto)   4. costeggiavano (imperfetto)   5. si convinse (passato remoto)   6. disse (passato remoto)   7. camminano (presente)   8. finisce (presente)

31·11 *Answers will vary.*

31·12 *Answers will vary.*